한 권으로 그리는
컴퓨터과학 로드맵

Computer Science Distilled:
Learn the Art of Solving Computational Problems
by Wladston Ferreira Filho

Copyright © Wladston Viana Ferreira Filho. 2017
Korean Translation Copyright © 2018 Insight Press

The Korean edition was published by arrangement with Wladston Viana Ferreira Filho, Las Vegas through Agency-One, Seoul.

이 책의 한국어판 저작권은 에이전시 원을 통해 저작권자와의 독점 계약으로 인사이트에 있습니다. 저작권법에 의해 한국 내에서 보호를 받는 저작물이므로 무단전재와 무단복제를 금합니다.

한 권으로 그리는 컴퓨터과학 로드맵

알고리즘, 데이터 구조, 데이터베이스, 컴퓨터 구조, 프로그래밍 원리

초판 1쇄 발행 2018년 4월 19일 **3쇄 발행** 2022년 4월 11일 **지은이** 블라드스톤 페헤이라 필루 **옮긴이** 박연오 **펴낸이** 한기성 **펴낸곳** (주)도서출판인사이트 **편집** 문선미 **제작·관리** 이유현, 박미경 **용지** 에이페이퍼 **인쇄** 에스제이피앤비 **후가공** 이지앤비 **제본** 서정바인텍 **등록번호** 제2002-000049호 **등록일자** 2002년 2월 19일 **주소** 서울특별시 마포구 연남로5길 19-5 **전화** 02-322-5143 **팩스** 02-3143-5579 **이메일** insight@insightbook.co.kr **ISBN** 978-89-6626-219-9 책값은 뒤표지에 있습니다. 잘못 만들어진 책은 바꾸어 드립니다. 이 책의 정오표는 http://blog.insightbook.co.kr에서 확인하실 수 있습니다.

한 권으로 그리는

컴퓨터 과학 로드맵

블라드스톤 페헤이라 필루 지음 | 박연오 옮김

인사이트

친구는 우리가 선택할 수 있는 가족입니다. "그놈의 책, 얼른 마무리 해!" 하며 끊임없이 격려해준 내 친구들 - 호물루, 레오, 모토, 크리스에게 이 책을 바칩니다.

둘에 둘을 더하면 넷이라는 것 정도는 저도 압니다. 할 수 있다면 증명도 하고 싶네요. 하지만 둘과 둘을 합쳐서 다섯으로 만들 수 있다면 더욱 큰 기쁨이 될 것이라고 말씀 드리고 싶군요.

- 조지 고든 바이런George Gordon Byron
1813년 미래의 부인 애나벨라에게 보낸 편지.
바이런과 애나벨라의 딸 에이다 러브레이스Ada Lovelace는 최초의 프로그래머입니다.

....

* (옮긴이) '최초의 프로그래머' 에이다 러브레이스, '해석기관'을 발명한 찰스 배비지, 그리고 그에 지지 않는 개성을 가진 에이다의 부모와 스승들의 흥미로운 이야기가 궁금하다면, 그래픽 노블 『에이다, 당신이군요. 최초의 프로그래머』(시드니 파두아 저, 곰출판)를 읽어 보시기를 권합니다.

차례

옮긴이의 글 11
서문 13

chapter 01
문제 해결을 위한 기초 지식   17

1.1 생각을 모델로 나타내기   18
1.2 논리적으로 따져 보기   23
1.3 꼼꼼하게 세는 법   37
1.4 확률 계산하기   47
    장을 마치며   52
    참고자료   54

chapter 02
복잡도 측정하기   55

2.1 계산에 드는 시간 측정하기   58
2.2 빅-오 표기법: 복잡도의 핵심만 나타내기   63

2.3 지수 시간 알고리즘을 피해야 하는 이유   65
2.4 계산에 드는 메모리 측정하기   67
    장을 마치며   68
    참고자료   70

chapter 03
문제 해결 전략   71

3.1 반복 전략   72
3.2 재귀를 이용해 반복하기   76
3.3 무식하게 풀기: 모든 후보 검사하기   80
3.4 역추적: 불필요한 탐색 그만두기   83
3.5 발견법 : 정답에 가까운 답 구하기   87
3.6 분할 정복: 더 작은 문제로 나누어 풀기   92
3.7 동적 계획법 : 계산 결과를 기억하며 풀기   102
3.8 분기한정법: 답의 범위를 좁히며 풀기   107
    장을 마치며   112
    참고자료   113

chapter 04
데이터 취급하기   115

4.1 추상 데이터 유형: 데이터를 취급하기 위한 명세   118
4.2 추상 데이터 유형의 종류   121
4.3 데이터 구조: 데이터를 실제로 취급하는 방법   128
    장을 마치며   144
    참고자료   145

chapter 05
여러 가지 알고리즘   147

5.1 정렬 알고리즘   148
5.2 탐색 알고리즘   151
5.3 그래프 다루기   153
5.4 운용 과학   163
    장을 마치며   168
    참고자료   169

chapter 06
데이터베이스   171

6.1 관계형 데이터베이스   173
6.2 비관계형 데이터베이스   187
6.3 분산 데이터베이스   195
6.4 지리 정보 저장하기   201
6.5 정보 교환을 위한 직렬화 형식   202
    장을 마치며   204
    참고자료   205

chapter 07
컴퓨터의 동작 원리   207

7.1 컴퓨터의 기본 구조   208
7.2 컴파일이란 무엇이며 왜 필요한가   220
7.3 효율적인 정보 저장을 위한 메모리 계층 구조   231

| 장을 마치며 | 241 |
| 참고자료 | 242 |

chapter 08
프로그래밍 기법   243

8.1 프로그래밍 언어의 세 가지 기본 요소	244
8.2 값을 가리키는 변수	248
8.3 프로그래밍 패러다임	252
장을 마치며	266
참고자료	267

맺으며 269
부록 271
콜로폰 279

옮긴이의 글

목차를 보는 순간 입문자를 배려한 친절한 책이란 걸 알 수 있었습니다. 컴퓨터과학을 구성하는 여러 과목의 핵심 주제를 부담 없는 분량으로 간결하게 소개했습니다. 이산 수학·문제 해결 전략·알고리즘·데이터 구조·컴퓨터 구조·데이터베이스·프로그래밍 기법 등 대학 학부 과정에서 여러 학기에 걸쳐 배울 지식이 이 얇은 책 한 권에 망라되어 있습니다. 현업에서 많은 주목을 받는 함수형 프로그래밍 패러다임과 비관계형 데이터베이스에 관한 설명도 빠트리지 않았습니다.

여러분이 컴퓨터과학이라는 성을 쌓고자 하는 대학 신입생이라면, 블록을 하나하나 다듬기에 앞서 전체 전개도를 한번 훑어보라고 권하고 싶습니다. 두꺼운 전공 서적들은 과목들의 세부사항은 자세히 알려주지만, '이 과목을 왜 배우는지', '지금 배우는 것이 어디에 쓰이는지', '학습 과정의 다음 단계는 무엇인지' 같은 의문은 잘 풀어주지 못합니다. 이 책은 파편화되기 쉬운 컴퓨터과학의 핵심 주제들을 한데 모아 보여주고, 앞으로 채워 나갈 지식의 윤곽선을 또렷이 그려 줍니다. 전체 커리큘럼에 대한 '메타 인지'를 활성화하여 학습 효과를 높이기 바랍니다.

비전공자 현업 프로그래머에게도 이 책을 권하고 싶습니다. 비전공자라고 실력이 떨어지는 건 아닌데도, 전공 지식을 갖추지 않은 채 일해도 되는 걸까 고민하는 분을 가끔 봅니다. 모든 것을 깊게 알 필요는 없지만 지식의 틈이 있다면 메워 두는 편이 좋습니다. 그동안 실무에 필요한 지식만 빠르게 익히느라 기술의 기반이 되는 지식을 상상으로 벌충해 왔다면, 이 책을 통해 아는 것과 모르는 것을 파악할 수 있습니다. 맡은 일에 도움이 될 지식을 발견해 탐구하는 계기가 되면 더욱 좋겠습니다.

'파이썬 프로그래밍 입문서(가제)'를 집필하는 중에 문선미 편집자의 소개로 이 책을 알게 되었습니다. 책이 마음에 들고 친구들에게 빨리 소개하고 싶은 욕심에 고집을 부려 번역을 맡았습니다. 이 책이 나올 수 있도록 함께 작업해 준 도서출판 인사이트의 한기성 대표와 문선미 편집자에게 감사드립니다.

서문

모든 사람은 프로그래밍을 배워야 한다. 프로그래밍은 생각하는 방법을 가르쳐주기 때문이다.

– 스티브 잡스 Steve Jobs

컴퓨터가 전례 없는 능력으로 세상을 바꾸는 동안, 하나의 학문이 발전했습니다. **컴퓨터과학**이라는 학문이. 컴퓨터과학은 컴퓨터가 문제 해결에 어떻게 활용될 수 있는지 보여주었습니다. 기계가 가진 잠재력을 한계까지 이끌어내고, 그밖에 어마어마한 일들을 이뤄냈죠. 컴퓨터과학은 우리 사회 모든 곳에 녹아 들었습니다.

프로그램을 효과적으로 작성하려면 컴퓨터과학을 필수적으로 배워야 합니다. 그럼에도 많은 분들이 컴퓨터과학을 실용성 없고 따분한 이론 과목쯤으로 여깁니다. 컴퓨터과학을 아예 공부하지 않는 프로그래머들도 있습니다. 컴퓨터가 할 수 있는 일은 많은데, 정작 컴퓨터를 제대로 사용하는 사람은 많지 않습니다.

독자 여러분이 컴퓨터를 효율적으로 사용하도록 독려하여 세상에 소박하게나마 기여하고 싶습니다. 그래서 이 책을 쓰게 됐습니다. 컴퓨터과학의 개념을 선별하고 함축하여 핵심만을 이 책에 담았습니다. 그러면서도 학술적으로 딱딱하게 서술하지 않으려 노력했습니다. 이 책을 통해 여러분의 정신에 컴퓨터과학이 확고히 자리잡아, 훌륭한 코드를 작성할 수 있게 되기를 희망해 봅니다.

그림 0.1 컴퓨터 문제. *http://xkcd.com*[1]

이 책이 나에게 맞을까?

서너 행짜리 코드를 작성해 본 적이 있고 for, while 같은 프로그램 문장

---

[1] (옮긴이) xkcd는 랜들 먼로가 연재하는 과학 만화입니다. 작가는 이 에피소드에 "이것이 제 고양이에게 컴퓨터 문제를 설명하는 방법입니다."라는 부제를 달았습니다. 컴퓨터 기술을 전혀 모르는 사람에게 컴퓨터 문제를 설명하려고 시도하는 내용이죠. 고양이(컴퓨터 문제를 이해하지 못하는 사람)에게 컴퓨터 문제란 단지 화면의 상(빛의 패턴)이 잘못된 것에 불과할 것입니다. 그리고 문제를 해결하는 과정은 될 때까지 버튼을 무작위로 누르는 것으로만 보일 겁니다. 자신이 문제를 고양이의 눈으로 봐 왔다면 이 책을 통해 시점을 업그레이드해 봅시다.

을 읽을 수 있는 수준이면 충분합니다. 이 수준에 미치지 못한다면, 온라인 프로그래밍 강좌[2]를 수강하기를 권합니다. 컴퓨터과학을 공부한 적이 있는 독자가 읽어도 도움이 될 겁니다. 이전에 배운 지식을 되새기고 확실히 다질 수 있을 테니까요.

컴퓨터과학은 전공자에게만 필요한 것 아닐까?

이 책은 컴퓨터과학과 상관이 없는 사람에게도 도움이 됩니다. 이 책은 계산적 사고— 문제를 계산 가능한 체계로 바꾸는 방법을 다루는데, 계산적 사고는 일상에서 마주하는 문제를 해결할 때도 쓸 수 있는 원리입니다. 예를 들면, 프리패치prefetch와 캐시cache[3]로 짐 꾸리는 과정을 간소화할 수 있습니다. 또, 병렬 처리parallelism[4] 방법을 응용해 작업을 빠르게 할 수도 있습니다. 물론 코드를 훌륭하게 작성하는 데도 필요합니다. 😉

포스가 함께 하길

지은이 래드

---

2 코드카데미라는 사이트를 추천합니다. 이 책을 이해하는 데 충분한 지식을 얻을 수 있으실 겁니다. 일주일에 한번씩 무료로 이용할 수 있어요. *http://code.energy/coding-courses*
3 (옮긴이) 작업에 필요한 재료를 미리 가져와 작업대 곁에 쌓아두는 것. 짐을 꾸리기에 앞서 가방 옆에 물건들을 미리 옮겨둔다면, 여러 번 왔다갔다하지 않아도 됩니다.
4 (옮긴이) 여러 가지 작업의 흐름을 나란히 진행하는 것. 한 불판에서 볶음밥을 조리하는 동시에 옆 불판에서 그 위에 올릴 달걀부침을 조리하면, 음식을 준비할 수 있습니다.

Chapter 01

문제 해결을 위한 기초 지식

Basic

천문학이 망원경을 다루는 학문이 아니듯, 컴퓨터과학은 기계를 다루는 학문이 아니다. 수학과 컴퓨터과학에는 본질적으로 동일한 면이 있다.

– 에츠허르 데이크스트라 *Edsger Wybe Dijkstra*

컴퓨터로 문제를 해결하려면, 컴퓨터가 다룰 수 있을 만큼 작은 단위로 문제를 분할해야 합니다. 문제를 작고 간단하게 나누기 위해서는 수학이 조금 필요합니다. 미분방정식 같은 걸 풀자는 게 아니니 너무 걱정하지는 마세요. 코드를 작성하는 데 복잡한 방정식이 필요한 경우는 드뭅니다. 이 장에서는 다음과 같이 문제 해결에 꼭 필요한 기초 지식을 다룹니다.

- 💡 순서도와 의사코드를 이용해 생각을 나타내고 모델로 정리하기
- ✔ 논리적으로 따져보고 옳고 그름 판단하기

- 💯 사물을 꼼꼼하게 세는 법
- 🎲 확률을 안전하게 계산하기

1.1 생각을 모델로 나타내기

까다로운 일을 할 때는 중요한 사항을 모두 종이에 적어둬야 합니다. 뇌의 작업 기억[1]으로는 수많은 정보와 생각을 한꺼번에 다 기억할 수 없기 때문이죠. 종이에 적어둔 메모가 부족한 기억을 최대한 보조해 줄 겁니다. 그래서 체계적으로 작업을 관리하려면 내용을 적는 과정을 빠뜨리면 안됩니다. 물론, 간단한 메모는 누구나 할 줄 압니다. 하지만 적는 데도 여러 가지 방법이 있고, 프로그래밍에 적합한 메모 방법도 따로 있습니다. 이 절에서는 먼저 순서도를 이용해 절차를 나타내는 방법을 알아볼 겁니다. 그리고 이어서 절차(곧바로 프로그램으로 옮기는 게 가능한)를 의사코드로 간단히 쓰는 법을 알아보겠습니다. 마지막으로 간단한 문제에서 수학적 모델을 이끌어 풀어볼 것입니다.

순서도

위키백과 편집자들이 협업 절차를 논의할 때는, 순서도를 만들어 두고 논의를 진행하면서 계속 다듬어 나갔다고 합니다. 수정안을 그림으로 볼 수 있었기 때문에 논의를 진행하는 데 큰 도움이 됐는데요. 그들이 사용한 순서도를 살펴볼까요?

---

[1] (옮긴이) 뇌가 현재 수행하는 작업에 필요한 정보를 일시적으로 저장하는 기억. '단기 기억'이라고도 부릅니다. 한번에 7±2개만 기억할 수 있다고 알려져 있습니다.

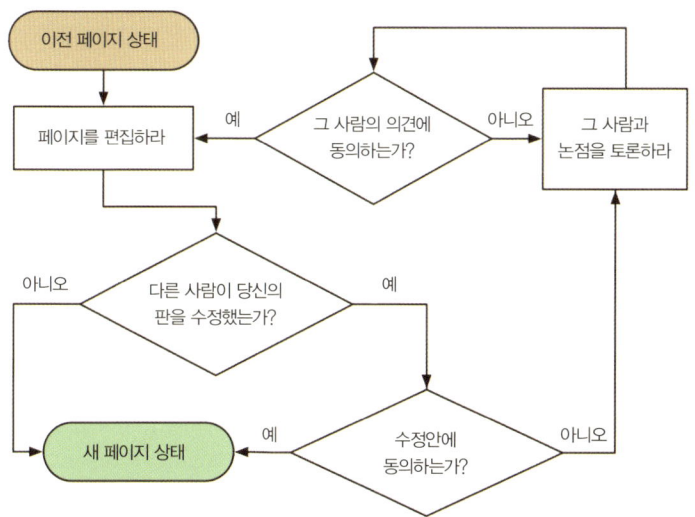

그림 1.1 위키백과의 판 편집 절차, *http://wikipedia.org* 각색

위키백과의 판 편집 절차처럼, 컴퓨터 프로그램도 결국 절차입니다. 프로그래머는 계산 절차를 작성할 때 순서도를 사용하곤 합니다. 이때 다른 사람이 봐도 이해할 수 있도록 그리려면 다음과 같은 규정[2]을 따라야 합니다.

- 상태, 지시 항목은 직사각형 안에 표기한다.
- 결정 항목(절차가 다양한 방향으로 흐를 수 있는)은 마름모형 안에 표기한다.

---

2 소프트웨어 체계를 다이어그램으로 그리는 방법을 명확히 규정한 ISO 표준안도 마련되어 있습니다. UML이라고 합니다. *http://code.energy/UML*

- 지시 항목을 결정 항목과 섞지 않는다.
- 순차적으로 이어지는 단계를 화살표로 연결한다.
- 시작점과 종료점을 표기한다.

그러면 프로그래머가 실제로 다루는 절차를 살펴볼까요? 다음은 세 변수 사이에서 가장 큰 값을 찾는 절차를 나타낸 순서도입니다.

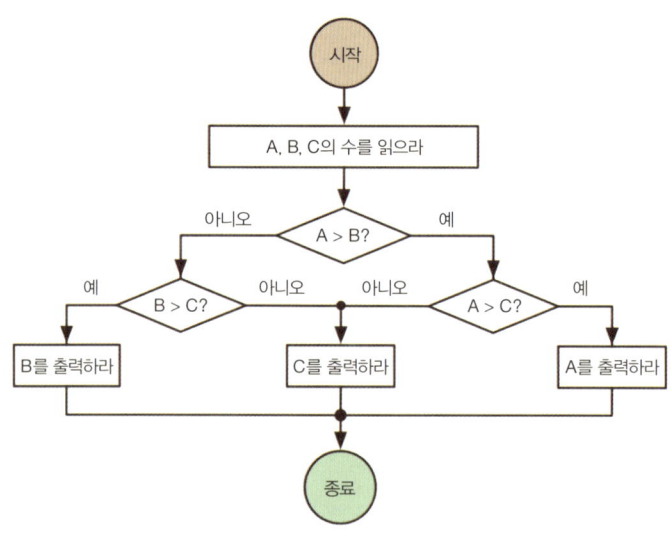

그림 1.2 세 변수 사이에서 가장 큰 값 찾기

의사코드

순서도와 마찬가지로, 의사코드pseudocode는 계산 절차를 나타냅니다. 의사코드는 기계가 이해할 수 없지만 사람이 읽기에는 더 편리합니다. 다음의 코드는 그림 1.2와 동일한 역할을 합니다. 잠시 시간을 갖고 A, B, C

에 값을 대입해 테스트해 보세요.[3]

```
function maximum(A, B, C)
    if A > B
        if A > C
            max ← A
        else
            max ← C
    else
        if B > C
            max ← B
        else
            max ← C
    print max
```

이 예에서 보듯 의사코드는 프로그래밍 언어의 문법 규칙에 구애받지 않습니다. 의사코드를 작성할 때만큼은 일상 대화체로도 표현할 수 있다는 말씀! 순서도를 이용해 개요를 대강 구성할 때처럼, 의사코드를 작성할 때도 창의성을 자유롭게 발휘해 봅시다(그림 1.3 😄).

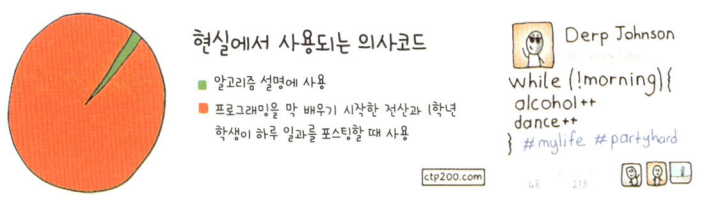

그림 1.3 실생활에서의 의사코드, *http://ctp200.com*

수학적 모델

모델은 문제에서 불필요한 요소를 빼고 핵심 특성만을 추려낸 것입니다.

---

3 여기서 ←는 대입 연산자입니다. x←1은 x에 1을 대입하라는 뜻이죠.

모델을 이용하면 문제를 추론하고 풀이하는 데 도움이 됩니다. 문제에서 모델을 이끌어내는 것은 매우 중요합니다. 매우 중요해서 학교 수업에서도 가르칩니다. 고등학교에서 가르치는 수학이란, 문제에서 수와 방정식을 도출한 뒤 여러 도구를 적용하여 답을 구하는 과정입니다(그래야 합니다).

문제를 수학적 모델로 표현하면 큰 이점이 있습니다. 탄탄하게 확립된 수학 기법을 컴퓨터가 사용할 수 있게 되는 것입니다. 모델에 그래프가 있나요? 그래프 이론을 사용하면 됩니다. 모델에 방정식이 있나요? 대수를 사용하면 됩니다. 이 도구들을 만들어 낸 거인들의 어깨 위에서 문제를 바라보는 것입니다. 나머지는 그 도구들이 해결해 줄 것입니다. 그러면 간단한 고등학교 문제를 통해 수학 모델이 어떻게 사용되는지 한번 살펴보겠습니다.

> **농장 울타리 치기**
> 철조망 100미터를 이용해 가축을 가둘 직사각형 울타리를 만들려고 한다. 가축에는 두 종류가 있는데, 두 가축종이 서로 섞이지 않도록 분리해서 수용해야 한다. 농장 면적을 최대한 넓게 하려면 울타리를 어떻게 둘러쳐야 할까?

구해야 하는 게 무엇인지부터 생각해 봅시다. 농장의 가로 길이를 w, 세로 길이를 l이라고 하면, 면적은 $w \times l$로 나타낼 수 있습니다. 면적을 최대한 넓게 하려면 철조망을 전부 사용해야 하겠죠? 따라서 w와 l은 100(철조망의 길이)과의 관계식으로 나타낼 수 있습니다.

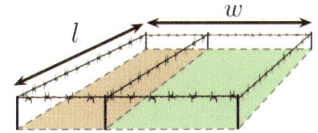

$A = w \times l$,
$100 = 2w + 3l$.
면적 A를 가장 넓게 하는 w와 l을 구해야 합니다.

l을 기준으로 두 번째 방정식을 정리해 $l = \frac{(100-2w)}{3}$을 도출한 후, 첫 번째 방정식에 대입하면 다음 식을 구할 수 있습니다.

$$A = \frac{100}{3}w - \frac{2}{3}w^2$$

이차방정식이 도출되었군요! 고등학교에서 배우는 이차방정식 공식을 이용하면 이 식의 최댓값을 쉽게 구할 수 있습니다. $A=0$을 대입하여 방정식의 해를 구할 수 있으며, 두 근 사이의 중앙이 최댓값입니다. 요리사에게 칼이 있다면, 여러분에게는 이차방정식이 있습니다. 좋은 도구는 소중합니다. 시간을 아껴주니까요. 이차방정식은 다양한 문제를 빠르게 풀 수 있도록 도와줍니다. 문제를 푸는 것, 그것이 프로그래머의 사명 아닙니까? 요리사는 자기 도구를 쓸 줄 압니다. 여러분도 그래야 하지 않겠습니까? 그래서 수학적 모델이 필요한 것입니다. 그리고 논리도요!

1.2 논리적으로 따져 보기

프로그래머들은 논리를 많이 다루는 탓에, 사고 방식도 조금 별난 것 같습니다. 그런데 많은 사람들이 논리학을 제대로 학습하지 않으며, 논리를 사용하더라도 그게 논리인 줄 모르는 경우를 종종 봅니다. 형식논리학을 배워 두면 문제를 풀 때 논리를 적절히 적용할 수 있는데 말이죠.

그림 1.4 프로그래머의 논리, *http://programmers.life*

이번에는 먼저 특별한 연산자와 특별한 대수로 논리 명제를 다뤄 볼 겁니다. 그런 다음, 진리표를 이용해 문제를 해결해 보고 컴퓨터의 동작에 논리가 어떤 역할을 하는지 살펴보겠습니다.

연산자

공통 수학에서는 변수와 연산자(+, ×, -, …)를 이용해 수에 관한 문제를 모델로 표현합니다. 이와 마찬가지로, 수리논리학에서도 변수와 연산자를 이용해 사물의 타당성을 나타냅니다. 차이가 있다면, 수가 아니라 참과 거짓을 표현한다는 점이죠. "만약 수영장의 물이 따뜻하면, 나는 수영하겠다."라는 표현을 예로 들어 봅시다. 이 명제가 타당하기 위해서는 다음 두 명제(논리 변수 A와 B에 대입해 두었습니다)가 타당해야 합니다.

A: 수영장의 물이 따뜻하다.

B: 나는 수영한다.

이러한 명제는 참(True) 또는 거짓(False) 둘 중 하나만 될 수 있습니다.[4] A = True는 수영장의 물이 따뜻하다는 뜻이며, B = False는 수영을 하지 않는다는 뜻이죠. 나는 반만 수영할 수는 없으므로, B가 절반만 진실일 수는 없습니다. 변수 사이의 의존 관계는 조건 연산자(→)로 나타냅니다. $A \to B$는 A = True로부터 곧 B = True를 유추할 수 있다는 뜻입니다.

$A \to B$: 만약 수영장의 물이 따뜻하면,
나는 수영하겠다.

연산자를 추가하여 더 다양한 생각을 표현할 수도 있습니다. 예컨대, 생각을 부정할 때는 **부정 연산자** !를 사용합니다. !A는 A의 반대를 나타냅니다.[5]

!A: 수영장의 물이 차갑다.

!B: 나는 수영하지 않는다.

---

4 퍼지(fuzzy) 논리에서는 참과 거짓 사이의 값도 존재할 수 있으나, 이 책에서 다룰 내용은 아닙니다.
5 (옮긴이) 편의상 수영장의 물이 따뜻하거나 차갑거나 둘 중 한 가지 상태만 된다고 합시다.

대우

$A \rightarrow B$ 명제에서 내가 수영을 하지 않았다고 할 때, 수영장의 물은 어떠한 상태일까요? 따뜻한 수영장의 물은 수영을 **강제**하므로, 수영을 하지 않으면서 수영장의 물이 따뜻한 것은 불가능합니다. 모든 조건명제는 대우를 가집니다.

아무 명제 A와 B에 대하여,

$A \rightarrow B$는 $!B \rightarrow !A$와 동일하다.

한 가지 예를 더 살펴봅시다. "만약 당신이 좋은 코드를 작성하지 못한다면, 당신은 이 책을 읽지 않은 것이다."라는 명제의 대우는 "만약 당신이 이 책을 읽는다면, 당신은 좋은 코드를 작성할 수 있다."가 됩니다. 두 명제 모두 동일한 개념을 다른 방식으로 말한 것이죠.[6]

상호조건명제

하나 주의할 점이 있습니다. "만약 수영장의 물이 따뜻하면, 나는 수영하겠다."는 내가 따뜻한 물에서만 수영할 것을 뜻하지는 않습니다. 이 명제는 차가운 수영장 물에 대해서는 아무것도 약속하지 않습니다. 달리 말해, $A \rightarrow B$는 $B \rightarrow A$를 의미하지 않습니다. 만약 두 명제가 서로 의존한다는 것($A \rightarrow B$이기도 하고 $B \rightarrow A$이기도 하다는 것)을 나타내려면 어떻게 해야 할까요? 그럴 때 사용하는 것이 **상호조건명제**입니다. 다음은 상호조건명제의 예입니다.

---

[6] 참고로, 둘 다 맞는 말입니다. 😤 후훗…

$A \leftrightarrow B$: 만약 수영장의 물이 따뜻하다면,
그리고 오직 수영장의 물이 따뜻해야만, 나는 수영하겠다.

여기서는 수영장의 물이 따뜻하다는 것과 내가 수영을 한다는 것이 동일합니다. 수영장의 물에 대해 안다는 것은 내가 수영할지를 안다는 것과 같으며, 그 반대도 마찬가지인 셈입니다. 하지만 이는 어디까지나 상호조건명제에서만 그렇습니다. $A \rightarrow B$에서 $B \rightarrow A$를 추론해서는 안 됩니다. '도치inverse의 오류'를 범하지 않도록 주의를 기울입시다.

AND, OR, 배타적 OR

논리 연산자 AND, OR, XOR(배타적 OR)는 코드에 직접 입력할 때가 많습니다. 프로그래머라면 누구나 알 법한 논리 연산자라고 생각합니다. AND는 두 명제가 모두 참임을 표현하고, OR는 두 명제 중 하나 이상이 참임을 표현합니다. XOR가 조금 생소한 분도 있으실 텐데요, 둘 중 한 명제만 참이라는 뜻입니다. 좀 더 쉽게 이해하기 위해, 와인과 위스키만을 제공하는 파티를 생각해 봅시다.

A: 당신은 와인을 마셨다. 🍷
B: 당신은 위스키를 마셨다. 🍸
A OR B: 당신은 술을 마셨다. 🎉
A AND B: 당신은 술을 섞어 마셨다. 😢
A XOR B: 당신은 술을 섞지 않고 마셨다. 😇

지금까지 살펴본 연산자들을 확실히 이해하도록 합시다. 논리 변수 두 개

에 여러 연산자를 적용한 결과를 아래의 표에 정리해 두었습니다. $A \rightarrow B$ 가 $!A$ OR B와 동일하다는 것과 A XOR B가 $!(A \leftrightarrow B)$와 동일하다는 점을 눈여겨보세요.

A	B	$!A$	$A \rightarrow B$	$A \leftrightarrow B$	A AND B	A OR B	A XOR B
✓	✓	✗	✓	✓	✓	✓	✗
✓	✗	✗	✗	✗	✗	✓	✓
✗	✓	✓	✓	✗	✗	✓	✓
✗	✗	✓	✓	✓	✗	✗	✗

표 1.1 A와 B가 가질 수 있는 네 가지 값에 대한 논리 연산

불 대수

복잡한 수식을 간단하게 정리할 때는 기초 대수를 사용합니다. 마찬가지로, 논리식을 정리할 때는 불(Boolean) 대수[7]를 이용할 수 있습니다.

결합법칙

기초 대수에서는 덧셈을 연달아 하거나 곱셈을 연달아 할 때, 계산 순서를 바꿀 수 있습니다. 이를 결합법칙이라 합니다. 그런데 불 대수에서도 결합법칙이 성립하는 경우가 있습니다. AND 연산을 연달아 하거나, OR 연산을 연달아 할 때가 그렇습니다. 결합법칙이 성립하므로 계산 순서를 바꾸어도 됩니다.

---

[7] 조지 불(George Boole)의 이름에서 딴 것. 조지 불은 1854년에 발간한 저서에서 논리학과 수학을 결합시켰고, 논리 대수를 창안했습니다.

$$A \text{ AND } (B \text{ AND } C) = (A \text{ AND } B) \text{ AND } C.$$

$$A \text{ OR } (B \text{ OR } C) = (A \text{ OR } B) \text{ OR } C.$$

분배법칙

기초 대수에서는 $a \times (b+c) = (a \times b) + (a \times c)$와 같이 덧셈 식에 적용되는 곱셈 식에서 인수분해를 할 수 있습니다. 이를 분배법칙이라 하는데, 불 대수에서도 분배법칙이 적용되는 경우가 있습니다. OR 연산 직후의 AND 연산은 두 AND 연산의 결과를 OR 연산한 것과 같습니다. 물론 그 반대도 마찬가지죠.

$$A \text{ AND } (B \text{ OR } C) = (A \text{ AND } B) \text{ OR } (A \text{ AND } C).$$

$$A \text{ OR } (B \text{ AND } C) = (A \text{ OR } B) \text{ AND } (A \text{ OR } C).$$

드 모르간의 법칙

계절이 여름인 동시에 겨울일 수는 없습니다. 따라서 계절은 여름이 아니거나 겨울이 아닙니다. 또한, 계절이 여름이 아니면서 동시에 겨울도 아닌 때는 '계절이 여름이 아니거나 겨울이 아닐 때'뿐입니다. 이를 일반화한 것을 드 모르간의 법칙[8]이라 합니다. 다음의 식은 이 법칙에 따른 변환 규칙을 나타낸 것입니다.

$$!(A \text{ AND } B) = !A \text{ OR } !B,$$

---

[8] 드 모르간(Augustus De Morgan)은 불의 친구였으며, 에이다 러브레이스의 어릴 적 스승이었습니다. 러브레이스는 최초의 프로그래머가 되었는데, 이는 최초의 컴퓨터가 만들어지기 한 세기도 전의 일입니다.

$$!A \text{ AND } !B = !(A \text{ OR } B)$$

드 모르간의 법칙에 따라 AND 식을 OR 식으로 바꾸거나, 반대로 OR 식을 AND 식으로 바꿀 수 있습니다.

그렇다면 지금까지 소개한 논리 식과 여러 가지 불 대수를 실제 문제에도 활용할 수 있을까요? 다음 문제를 통해 논리 모델을 이끌어내고, 논리 모델을 이해하기 쉬운 형태로 바꿔 보겠습니다.

> **서버 과열** ☀
> 서버가 과열되었을 때 에어컨이 꺼져 있다면 서버는 멈춘다. 또, 서버가 과열되었는데 서버 내장 냉각장치가 고장났을 때도 서버는 멈춘다. 서버는 어떤 조건에서 정상적으로 작동하는가?

서버가 돌아가는 조건이 꽤나 까다로워 보이는군요. 먼저 서버가 멈추는 데 필요한 여러 조건을 각각 논리 변수로 정의해 봅시다. 그러면 서버가 멈추는 상황을 단 하나의 식으로 정리할 수 있습니다. 아래와 같이 말이죠.

A: 서버가 과열되었다.
B: 에어컨이 꺼져 있다.
C: 내장 냉각장치가 고장났다.
D: 서버가 멈춘다.

$$(A \text{ AND } B) \text{ OR } (A \text{ AND } C) \to D$$

이렇게 구한 식에 분배법칙을 적용하면, 다음과 같이 인수분해할 수 있습니다.

$$A \text{ AND } (B \text{ OR } C) \rightarrow D$$

서버가 정상적으로 작동할 때는 $!D$일 때입니다. 위 식은 서버가 멈추는 상황을 나타내므로, 아래와 같이 그 대우를 구합시다.

$$!D \rightarrow !(A \text{ AND } (B \text{ OR } C))$$

아직도 식이 좀 복잡합니다. 드 모르간의 법칙을 이용해 괄호를 제거해 봅시다.

$$!D \rightarrow !A \text{ OR } !(B \text{ OR } C)$$

여기에 드 모르간의 법칙을 한 번 더 적용할 수 있겠군요.

$$!D \rightarrow !A \text{ OR } (!B \text{ AND } !C)$$

드디어 서버가 정상 작동하는 모든 상황을 설명해주는 식을 구했습니다. 서버는 $!A$(서버가 과열되지 않음)이거나 $!B \text{ AND } !C$(에어컨과 서버의 냉각장치 둘 다 정상 작동함)이면 정상적으로 작동합니다. 문제를 글로 읽기만 했을 때보다 훨씬 쉽게 와닿지요?

진리표

논리 모델을 분석하는 방법을 하나 더 알아봅시다. 논리 변수의 상태를 조합해 일어날 수 있는 모든 경우를 꼼꼼하게 검사하는 방법입니다. 검사한 변수의 조합과 결과는 표로 정리하면 되는데, 이 표를 **진리표**라고 합니다.

진리표에서는 각 변수를 열로 표현하고, 변수가 가질 수 있는 모든 상태의 조합을 행으로 나타냅니다.

변수가 하나일 때는 변수가 참일 때와 거짓일 때를 각각 나타낼 수 있도록 행 두 개가 필요합니다. 여기에 변수를 추가하면 행이 두 배로 늘어납니다. 그 전에 있던 행 하나마다, 새로 추가된 변수가 '참인 경우'와 '거짓인 경우'를 덧붙여야 하기 때문입니다(그림 1.5). 변수가 하나 늘어날 때마다 진리표의 크기가 두 배씩 늘어나는 것입니다. 따라서 진리표는 변수가 몇 개 안 될 때만 만들 수 있습니다.[9]

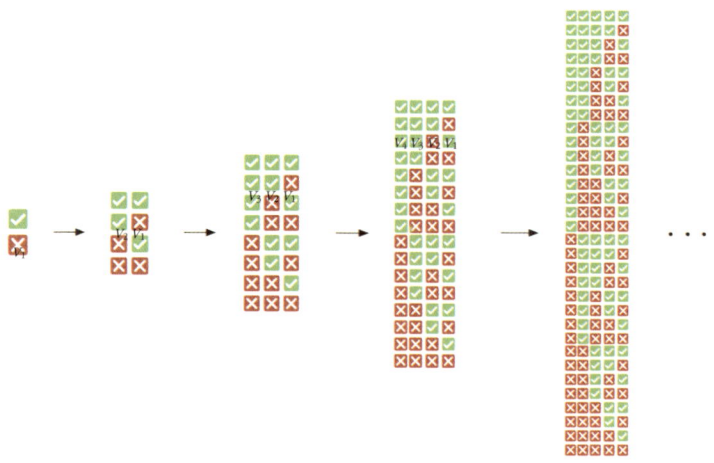

그림 1.5 1개 – 5개의 논리 변수의 조합의 나열한 진리표

그러면 진리표를 문제 분석에 실제로 적용해 봅시다.

---

9 변수 30개짜리 진리표의 행은 십억 개를 넘어갑니다. 🥵

> **섬세한 데이터베이스 시스템**
>
> 다음 요구사항을 만족하는 데이터베이스 시스템을 구축해야 한다.
>
> - I: 데이터베이스가 잠겼다면, 데이터를 저장할 수 있다.
> - II: 쓰기 작업 대기열이 가득 찼을 때는, 데이터베이스를 잠글 수 없다.
> - III: 쓰기 작업 대기열이 가득 차지 않았다면, 캐시가 로드된 상태다.
> - IV: 캐시가 로드되었다면, 데이터베이스는 잠기지 않는다.
>
> 이런 데이터베이스 시스템을 구축하는 것이 가능한가? 이 데이터베이스는 어떤 조건에서 동작할 수 있는가?

이번 문제도 글로만 읽으면 조건을 꼼꼼히 따져보기가 어렵습니다. 각 요구사항을 논리식으로 표현합시다. 논리 변수 네 개에 각 상황을 묘사하는 명제를 대입하면 됩니다. 그리고 논리 연산자를 이용해 이 논리 변수들의 관계를 나타냅시다.

A: 데이터베이스가 잠겼다. I: $A \rightarrow B$

B: 데이터를 저장할 수 있다. II: $!(A \text{ AND } C)$

C: 쓰기 작업 대기열이 가득 찼다. III: $C \text{ OR } D$

D: 캐시가 로드되었다. IV: $D \rightarrow !A$

가능한 모든 경우에 대한 진리표를 만들어 봅시다. 진리표에는 요구조건을 조사하기 위한 열도 추가해야 합니다.

상태번호	A	B	C	D	I	II	III	IV	모두충족
1	✗	✗	✗	✗	✓	✓	✗	✓	✗
2	✗	✗	✗	✓	✓	✓	✓	✓	✓
3	✗	✗	✓	✗	✓	✓	✓	✓	✓
4	✗	✗	✓	✓	✓	✓	✓	✓	✓
5	✗	✓	✗	✗	✓	✓	✓	✓	✗
6	✗	✓	✗	✓	✓	✓	✓	✓	✓
7	✗	✓	✓	✗	✓	✓	✓	✓	✓
8	✗	✓	✓	✓	✓	✓	✓	✓	✓
9	✓	✗	✗	✗	✗	✓	✓	✗	✗
10	✓	✗	✗	✓	✗	✓	✓	✗	✗
11	✓	✗	✓	✗	✗	✗	✓	✗	✗
12	✓	✗	✓	✓	✗	✗	✓	✗	✗
13	✓	✓	✗	✗	✓	✓	✓	✗	✗
14	✓	✓	✗	✓	✓	✓	✓	✗	✗
15	✓	✓	✓	✗	✓	✗	✓	✗	✗
16	✓	✓	✓	✓	✓	✗	✓	✗	✗

표 1.2 네 식의 타당성을 탐색하기 위한 진리표

모든 요구사항이 충족되는 경우는 상태 2, 3, 4, 6, 7, 8입니다. 이들은 모두 A = False이며, 데이터베이스를 절대 잠글 수 없습니다. 상태 3과 7에서만 캐시가 로드되지 않는다는 점도 눈여겨봅시다. 이처럼 진리표를 이용하면 모든 경우를 꼼꼼히 분석할 수 있습니다.

  진리표를 직접 작성해 보고 싶다면, 얼룩말 퍼즐[10]에 한번 도전해 보세요. 얼룩말 퍼즐은 아인슈타인이 만들었다고 잘못 알려진 논리 문제입니다. 이 문제를 풀 수 있는 사람은 전체 인구 중에서 오직 2퍼센트뿐이라고 하던데요, 딱히 그렇지도 않습니다. 커다란 진리표를 만들고 논리식을

---

[10] 다양한 조건이 주어진 상태에서 얼룩말을 키우는 사람의 국적을 찾는 문제. *http://code.energy/zebra-puzzle*

적절히 정리하고 조합하면 누구나 해결할 수 있습니다.

두 가지 경우 중 하나로 추론되어야 하는 대상을 다뤄야 하는 상황에 직면했나요? 그럴 때는 대상을 논리 변수로 나타내는 방법을 시도해 보세요. 여러분은 이제 문제가 아무리 복잡해도 논리식을 도출하고 정리하여 올바른 결론을 이끌어낼 수 있습니다. 논리는 생각보다 더 유용하고 널리 사용됩니다. 전자 컴퓨터의 가장 기본적인 구성요소가 바로 논리를 활용해 만들어졌기 때문이죠. 이 내용을 바로 이어서 살펴봅시다.

컴퓨터의 계산에 사용되는 논리

논리는 수를 나타내고 연산하는 데도 쓰일 수 있습니다. 논리 변수를 여러 개 묶으면 이진법으로 수를 표현할 수 있습니다.[11] 그리고 이 이진수에 수행할 수 있는 논리 연산들을 조합하면, 여러 가지 수치 계산도 할 수 있습니다. 이 원리를 이용해 만든 것이 바로 **논리 게이트**입니다. 논리 게이트는 전류를 대상으로 논리 연산을 수행하는 부품입니다. 엄청난 속도로 계산을 뚝딱 해치우는 전기 회로가 이 논리 게이트를 이용해 만들어졌습니다.

논리 게이트는 입력 전선을 통해 값을 전달받아 연산을 수행하고, 출력 전선을 통해 결과를 냅니다. 논리 게이트의 종류로는 AND 게이트, OR 게이트, XOR 게이트 등이 있습니다. 논리를 다루는 데 필요한 참과 거짓은 전류에 걸린 전압이 높은지 낮은지로 구별하면 됩니다. 논리 게이트를 이용하면 복잡한 논리식을 순식간에 계산할 수 있습니다. 다음은 두 수를

---

11 True = 1, False = 0이며, 이진수 101은 5를 나타냅니다. 이 원리를 잘 모르겠다면 부록 I의 기수법에 관한 설명을 읽어 보세요.

합하는 전기 회로인데, 이 회로를 예로 살펴봅시다.

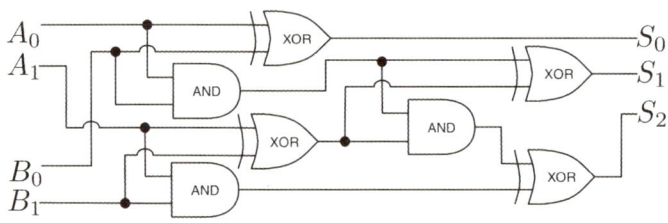

그림 1.6 논리 변수의 쌍으로 표현된 2비트 수(A_1A_0, B_1B_0) 두 개를 3비트 수($S_2S_1S_0$) 하나로 합하는 회로

다음은 이 회로의 동작 과정을 묘사한 그림입니다. 잠시 시간을 들여서 회로에서 수행되는 연산을 꼼꼼히 추적해 보시고, 전기의 흐름을 이용해 수를 계산하는 원리를 이해하시기 바랍니다.

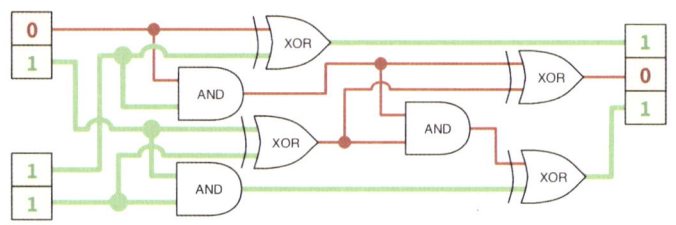

그림 1.7 2 + 3 = 5의 계산 과정 (이진수로는, 10 + 11 = 101)

컴퓨터는 논리회로를 통한 고속 계산법을 활용하는 장치입니다. 컴퓨터 과학자들은 회로를 계산에 활용할 수 있도록, 수를 다루는 문제를 이진수와 논리를 다루는 문제로 변환합니다. 회로의 논리식을 표현하고 검사하

는 복잡한 일이 진리표를 이용하면 훨씬 간결해집니다. 불 대수를 이용하면 논리식을 정리할 수 있으며, 회로를 더 단순하게 구성할 수 있습니다.

초창기의 논리 게이트는 부피가 크고 비효율적이며 비싸기까지 한 진공관으로 만들어졌습니다. 진공관이 트랜지스터로 교체되면서 논리 게이트가 대량 생산될 수 있었지요. 컴퓨터 업계는 그 후로 계속해서 트랜지스터를 더 작게 만드는 방법을 연구해 왔습니다.[12] 과거와 오늘날의 컴퓨터는 모습도 다르고 성능도 천지 차이이지만 CPU의 근본 동작 원리는 여전히 불 대수를 기초로 합니다. CPU는 그저 수백만 개의 미세한 전선과 논리 게이트로 구성된 회로에 불과합니다.

1.3 꼼꼼하게 세는 법

계산 문제를 다룰 때는 무언가를 세야 할 일이 많습니다.[13] 이때 대상을 정확하게 세는 것이 중요합니다. 이 절에서 소개하는 수학 지식은 앞에서 다룬 내용보다 약간 더 까다로울 수 있습니다. 수학 이야기만 나오면 주눅드는 사람도 있는데요. 그럴 필요는 없습니다. 수학을 못하면 좋은 프로그래머가 될 수 없다고 생각하는 사람들이 있죠. 하지만 저도 고등학교 시절에는 수학을 잘하지 못했습니다. ☹ 그럼에도 프로그래머가 됐고 이 책도 쓰지 않았습니까? 😄 프로그래머에게 필요한 수학은 학교에서 시험을 잘 보려고 배우는 수학과는 다릅니다.

---

[12] 2016년에 1nm(나노미터) 비율의 트랜지스터가 개발되었습니다. 참고로 금의 원자의 반지름이 약 0.15nm입니다.
[13] 세는 법과 논리는 이산수학이라는 컴퓨터과학의 핵심 분야에 속합니다.

실무에서는 공식이나 계산 과정을 달달 외울 필요가 없습니다. 필요하면 인터넷에서 찾아 보면 그만이죠. 계산을 꼭 연필과 종이로 할 필요도 없습니다. 프로그래머에게 필요한 것은 바로 직관력입니다. 세는 법을 잘 익혀 두면 이 직관력을 키우는 데 도움이 됩니다. 그러면 사물을 정확히 세는 데 필요한 도구 몇 가지를 순서대로 다듬어 보도록 합시다. 곱셈, 순열, 조합 순으로 알아보겠습니다.

곱셈

한 사건이 n가지 구별되는 방식으로 일어나고, 또 다른 사건이 m가지 구별되는 방식으로 일어난다고 합시다. 이때, 두 사건이 모두 일어날 수 있는 구별되는 방식은 $n \times m$가지입니다. 간단한 문제 두 가지를 예로 들어 보겠습니다.

> **PIN 암호 깨기** 🔓
> PIN 암호는 숫자 두 개와 그 뒤에 따르는 알파벳 하나로 구성된다. PIN 하나를 시도하는 데 1초가 걸린다. 최악의 경우를 상정하고, PIN 암호를 깨는 데 몇 초가 걸리는지 계산해 보라.

숫자 두 개는 100가지 방법(00-99)으로 선택할 수 있고, 알파벳 하나는 26가지 방법(A-Z)으로 선택할 수 있습니다. 그러므로 2,600(100 × 26)가지 PIN이 존재할 수 있습니다. 최악의 경우를 상정하면, 맞는 PIN을 찾기 위해서는 가능한 모든 PIN을 검사해 보아야 합니다. 2,600초(43분)면 암호를 깰 수 있겠네요.

> **팀 만들기 1**
> 연오는 새해를 맞아 운동 팀을 결성하기로 했다. 팀에 가입하려는 후보는 23명이고 각 후보마다 동전을 던져 앞면이 나온 경우에만 기용하려 한다. 가능한 팀의 구성은 총 몇 가지인가?

후보를 아무도 기용하지 않은 경우는 팀원이 당신 혼자인 경우 하나뿐입니다. 동전을 한 번 던질 때마다 만들 수 있는 팀의 조합은 두 배씩 늘어납니다. 이 과정을 23번 반복해야 하므로, 2의 23승을 계산하면 가능한 팀의 구성이 몇 가지인지 알 수 있습니다.

$$\underbrace{2 \times 2 \times \cdots \times 2}_{23\text{회}} = 2^{23} = 8{,}388{,}608 \text{가지의 팀 조합}$$

당신 혼자만 팀을 꾸리게 되는 경우도 있다는 것을 놓치지 마세요.

순열

n개의 항목이 있을 때, 이를 n 계승($n!$) 가지의 구별되는 방법으로 배열할 수 있습니다. 계승은 폭발적으로 증가하는 연산이라서 n이 그리 크지 않은 수라 하더라도 $n!$은 어마어마한 값이 될 수 있습니다. 계승은 팩토리얼이라고도 부르며, 다음과 같이 계산합니다.

$$n! = n \times (n-1) \times (n-2) \times \cdots \times 2 \times 1$$

$n!$이 왜 n가지 항목을 배열하는 방법의 가짓수일까요? 조금만 생각해 보면 알 수 있을 겁니다. n개의 항목 중에서 첫 번째로 선택할 수 있는 항

목은 몇 가지인가요? 하나를 선택한 후, 두 번째로 선택할 수 있는 항목은 몇 가지인가요? 그 후 세 번째 선택지로는 몇 개가 남아 있죠? 이에 관해 생각해 보시고, 다음 예를 살펴봅시다.[14]

> **외판원 문제**
> 어느 트럭 회사는 15개 도시를 돌며 배달을 한다. 모든 도시를 들르되 연료 소모를 최소로 줄이려면 어떤 순서로 도시를 돌아야 할지 구하고자 한다. 한 노선의 길이를 계산하는 데 1마이크로초가 걸린다고 할 때, 조합할 수 있는 모든 경로의 길이를 계산하는 데는 얼마의 시간이 걸리는가?

15개 도시를 나열하는 순열을 모두 구하면, 그 순열은 도시를 방문하는 노선과 각각 대응됩니다. 순열의 수를 구하면 노선의 수를 구할 수 있습니다. 계승은 구별되는 순열의 수이므로, 노선의 종류는 15! (15 × 14 × … × 1), 약 1조 3억 가지입니다. 이를 마이크로초로 환산하면, 약 15일이 걸린다는 결과를 구할 수 있군요. 20개의 도시를 돌아야 한다면 약 7만 7천 년이 걸릴 겁니다.

> **멜로디 연구**
> 어느 음악가가 13가지 음표의 범위를 연구하고 있다. 음표 6개로 표현할 수 있는 멜로디를 전부 연주해 보려 한다. 음표 하나는 멜로디당 한 번씩만 연주될 수 있으며, 각 멜로디의 음표 6개는 각각 1초씩만 연주되어야 한다. 전체 연주 시간은 몇 초인가?

---

14 편의상 0! = 1로 정의합니다. 0개의 항목을 배열하는 방법은 한 가지뿐입니다.

13가지 음표 중에서 6개를 뽑은 순열을 계산해야 합니다. 뽑히지 않은 음표의 순열을 세지 않아야 하므로, 계승을 6번째 항목까지만 구해야 합니다. 이를 n가지 항목에서 m가지를 선택하는 순열의 수로 표현할 수 있고, 이는 $n!/(n-m)!$ 가지로 표현할 수 있습니다. 이 일반식을 이 문제에 적용하면 다음과 같습니다.

$$\frac{13!}{(13-6)!} = \frac{13 \times 12 \times 11 \times 10 \times 9 \times 8 \times 7!}{7!}$$

$$= \underbrace{13 \times 12 \times 11 \times 10 \times 9 \times 8}_{\text{여섯 번째 항목까지}}$$

$$= 1{,}235{,}520\text{개의 멜로디}$$

멜로디의 시간을 계산해 보면 1백 2십만 초가 넘습니다. 전부 들으려면 약 343시간이 걸리겠군요. 멜로디를 다 들어 보는 것은 좋은 방법이 아닌 것 같네요.

중복 항목이 존재하는 순열

계승 $n!$을 이용하면 n개 항목의 순열의 가짓수를 구할 수 있습니다. 하지만 서로 겹치는 항목이 있다면 어떻게 될까요? 동일한 순열을 여러 번 세는 문제가 생깁니다. A, B, C, C를 나열한다고 할 때, 두 개의 C는 서로 구별되지 않기 때문에 C의 순서를 서로 바꾸더라도 새로운 순열이 되지는 않습니다. 이렇게 중복되는 항목의 위치만 바꾼 순열은 세면 안 됩니다.

n개 항목 가운데 r개 항목이 중복된다고 할 때, 중복 항목을 재배열하

는 방법의 가짓수는 $r!$가지입니다. 따라서 $n!$은 $r!$개만큼의 순열을 중복으로 세는 셈입니다. 서로 구별되는 순열의 수를 구하기 위해서는 $n!$에서 초과분만큼 나누어야 합니다. 예를 들어, 'CODE ENERGY'의 문자의 구별되는 순열의 수는 $10!/3!$가지입니다.

> **DNA 염기서열 연구**
> 한 생물학자가 유전병에 관련된 DNA 염기서열을 연구하고 있다. 이 DNA 염기서열 하나는 염기쌍 23개로 구성되는데, 염기쌍 9개는 반드시 A-T이고 나머지 염기쌍 14개는 반드시 G-C다. 가능한 종류의 DNA 염기서열을 전부 시뮬레이션하려면, 시뮬레이션이 몇 번 필요한가?

먼저, 염기쌍 23개로 가능한 모든 순열의 수를 계산합시다. 그 뒤 중복되는 A-T 염기쌍 9개와 중복되는 G-C 염기쌍 14개의 순열의 수를 계산해 나누면 됩니다.

$$\frac{23!}{(9! \times 14!)} = 817,190 \text{ 염기쌍 순열}$$

잠깐, 문제가 아직 끝나지 않았습니다. 다음 그림에서 알 수 있듯이, 염기쌍의 방향도 고려해야 합니다.

왼쪽과 오른쪽의 염기쌍은 같지 않다.

염기쌍 23개로 만들 수 있는 순열 각각은 2^{23}가지의 구별되는 방향 설정을 가질 수 있습니다. 따라서 앞서 구한 결과에 방향 설정을 곱해야 합니다. 그 결과는 다음과 같습니다.

$$817{,}190 \times 2^{23} \approx 7조 \text{ 개의 염기서열}$$

엄청난 양입니다. 하지만 이는 분포가 밝혀진 고작 23개 염기쌍의 염기서열에 불과합니다. 복제 가능한 가장 작은 DNA는 돼지 써코바이러스에서 추출한 세포인데요. 이 세포는 1,800개의 염기쌍을 갖고 있답니다! DNA 코드와 생명은 정말 경이로워요. 인간의 DNA는 약 30억 개의 염기쌍을 가지며, 인체를 구성하는 3조 개의 세포 각각에 복제되어 있습니다. 상상하기도 어려울 정도입니다.

조합

13장의 ♠ 스페이드 카드를 모두 포함하는 덱을 생각해 봅시다. 상대방에게 카드 6장을 전달하는 방법은 몇 가지가 있을까요? 13가지 항목 중 6개를 선택하는 순열의 가짓수는 $13!\,/\,(13-6)!$로 구할 수 있습니다. 그런데 이때 선택한 카드의 순서를 구분하는 것은 의미가 없죠. 따라서 이를 6!로 나누어야 합니다. 이를 종합하면 다음 식과 같습니다.

$$\frac{13!}{6!\,(13-6)!} = 1{,}716\text{가지 조합}$$

조합을 나타낼 때는 특별한 표기법을 사용합니다. 이항 계수 $\binom{n}{m}$은 n개 항목의 집합에서 순서를 고려하지 않고 m개 항목을 선택하는 방법의 수를 나타냅니다. 다음과 같이 계산하면 됩니다.

$$\binom{n}{m} = \frac{n!}{m!(n-m)!}$$

이항 계수를 읽을 때는 'n 선택 m(n choose m)'이라고 읽습니다.

> **체스 퀸 놓기** ♛
> 빈 체스판 위에 퀸 여덟 개를 아무 곳에나 놓으려 한다. 퀸을 모두 놓는 방법은 몇 가지인가?

체스판은 8×8의 격자 형식이며, 64개의 칸으로 구성됩니다. 64개의 칸에서 8개의 칸을 선택하는 방법의 가짓수는 $\binom{64}{8} \approx$ 44억 가지입니다.[15]

합계

세는 문제를 다루다 보면, 수열의 합을 계산해야 할 때가 많습니다. 수열의 합은 **시그마(Σ)** 표기법을 이용합니다. 이 표기법으로 식에서 각 i의 값을 합산하는 방법을 지시할 수 있습니다.

$$\sum_{i\text{의 시작값}}^{i\text{의 종료값}} i\text{에 대한 식}$$

예를 들어, 가장 작은 홀수 5개를 합산하는 방법은 다음과 같이 표기합니다.

---

15 고수의 한마디: 구글에서 '64 choose 8'을 검색하면 결과가 계산됩니다.

$$\sum_{i=0}^{4}(2i+1)=1+3+5+7+9$$

이 식의 각 단계에서 더할 수는 무엇인가요? i가 0과 4 사이의 수로 교체되므로, 합계의 대상이 되는 수는 1, 3, 5, 7, 9가 됩니다. 마찬가지로, 가장 작은 n개의 자연수의 합계는 다음과 같이 표기할 수 있습니다.

$$\sum_{i=1}^{n} i = 1+2+\cdots+(n-1)+n$$

위대한 수학자 가우스Johann Carl Friedrich Gauß는 자연수를 하나씩 더하는 귀찮은 문제를 풀기 위해 다음과 같은 깔끔한 계산법을 고안해 냈습니다. 무려 열 살 무렵에 말이죠.

$$\sum_{i=1}^{n} i = \frac{n(n+1)}{2}$$

가우스가 이 계산법을 어떻게 발견했는지 짐작이 되시나요? 이 계산법은 부록 II에서 자세히 다루므로, 여기서는 단순히 이 공식을 적용해 문제를 풀어 보도록 하겠습니다.

저렴한 항공편 찾기

30일 이내에 항공편을 이용해 다른 도시에 다녀와야 한다. 항공편의 가격은 출발일과 귀환일에 따라 불규칙하게 변동된다. 30일 이내에 왕복 항공편을 가장 저렴하게 이용하려면 몇 가지의 출발일-귀환일 쌍을 확인해야 하는가?

귀환일이 출발일 이후이기만 하면 오늘(1일)부터 마지막날(30일) 사이의 모든 쌍이 유효합니다. 따라서 1일차에는 30가지 쌍이 유효하며, 2일차에는 29가지 쌍이 유효하고, 3일차에는 28가지 쌍이 유효한 식으로 전개됩니다. 마지막으로 30일차에는 한 가지 쌍만이 유효합니다. 따라서 확인해야 할 날짜 쌍은 총 $30 + 29 + \cdots + 2 + 1$쌍입니다. 이를 $\sum_{i=1}^{30} i$로 나타낼 수 있습니다. 이 식에 가우스의 공식을 적용해 봅시다.

$$\sum_{i=1}^{30} i = \frac{30(30+1)}{2} = 465 \text{개 쌍}$$

이 외에도 조합을 이용해서 이 문제를 푸는 방법이 있습니다. 30개의 날짜 중에서 2개를 고르는 것입니다. 한 날짜가 출발일, 다른 날짜가 도착일로 고정되므로 순서는 무시됩니다. 따라서 $\binom{30}{2} = 435$입니다. 그런데 잠깐! 출발일과 도착일이 동일한 경우도 고려해야 합니다. 그런 경우는 30개가 존재하므로, 답은 $\binom{30}{2} + 30 = 465$가 됩니다.

1.4 확률 계산하기

도박, 기상예보, 백업 시스템이 고장날 확률 등, 무작위성의 원리가 활용되는 분야가 많습니다. 무작위성의 원리는 간단하지만, 대부분의 사람들이 잘못 이해하고 있는 것이기도 합니다.

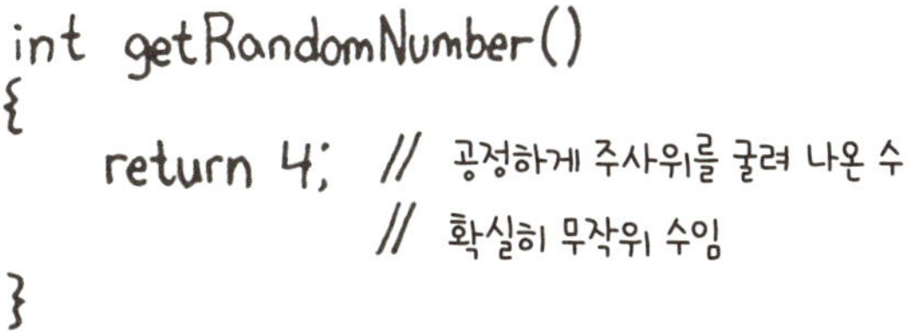

```
int getRandomNumber()
{
    return 4;   // 공정하게 주사위를 굴려 나온 수
                // 확실히 무작위 수임
}
```

그림 1.8 무작위 수, http://xkcd.com

이 절에서는 먼저, 앞에서 배운 세는 법들을 이용해 확률을 계산해 보겠습니다. 그 뒤, 여러 가지 상황 유형을 고려하여 문제를 해결하는 방법을 알아봅니다. 마지막으로, 도박사가 패가망신하는 이유도 짚어 봅니다.

결과를 세는 법

주사위를 한 번 굴려서 나올 수 있는 결과는 {⚀, ⚁, ⚂, ⚃, ⚄, ⚅} 6가지입니다. 따라서 ⚄가 나올 확률은 1/6입니다. 그렇다면 홀수를 얻을 확률은 얼마일까요? ⚀, ⚂, ⚄ 세 가지 방법으로 홀수를 얻을 수 있으므로, 확률은 3/6 = 1/2입니다. 이를 공식화하면, 어떤 사건이 일어날 확률을 다음과 같이 나타낼 수 있습니다.

$$P(\text{사건}) = \frac{\text{사건이 일어날 수 있는 방법의 수}}{\text{사건이 일어날 수 있는 모든 결과의 수}}$$

이 공식으로 확률을 계산할 수 있는 이유는 각 결과가 일어날 가능성이 모두 동일하기 때문입니다. 주사위의 6면이 모두 동일하고 던지는 사람도 속임수를 쓰지 않을 때 가능합니다.

팀 만들기 2
연오는 새해를 맞아 운동 팀을 결성하기로 했다. 팀에 가입하려는 후보는 23명이고 각 후보마다 동전을 던져 앞면이 나온 경우에만 기용하려 한다. 아무도 기용하지 않을 가능성은 얼마인가?

이전 문제에서 2^{23} = 8,388,608가지 팀의 구성이 가능하다는 것은 이미 알아보았습니다. 아무도 기용하지 않는 경우는 동전이 23번 연달아 뒷면이 나올 때뿐입니다. 그러므로 이 사건이 일어날 확률은 $P(1인 팀)$ = 1/8,388,608입니다. 이 확률은 여러분이 탄 여객기가 추락할 확률(약 5백만 분의 일)과 비슷한 정도입니다.

독립사건

동전을 하나 던지고 주사위를 하나 굴린다고 합시다. 동전의 앞면이 나오고 주사위의 ⋮⋮이 나올 가능성은 약 8퍼센트($1/2 \times 1/6 = 1/12 \approx 0.08$)입니다. 한 사건의 결과가 다른 사건의 결과에 영향을 미치지 않는 경우, 두 사건은 독립사건입니다. 두 독립사건이 모두 일어날 확률은 두 사건이 일어날 개별 확률을 서로 곱한 만큼입니다.

> **안전한 백업 방식**
> 어떤 데이터를 1년간 보관해야 한다. A디스크는 고장 날 확률이 10억 개당 하나이다. B디스크는 가격이 A디스크의 20퍼센트에 불과하지만 고장 날 확률이 2천 개당 하나이다. 어느 것을 사는 게 효율적일까?

B디스크 세 개를 사용하는 경우를 계산해 봅시다. 데이터를 잃게 되는 상황은 디스크가 전부 고장 났을 때뿐입니다. 디스크가 전부 고장 날 확률은 $(1/2{,}000)^3 = 1/8{,}000{,}000{,}000$입니다. 이렇게 B디스크를 여러 개 사용하면, A디스크를 사용하는 것보다도 데이터 손실 위험도 적을뿐 아니라, 비용도 60퍼센트밖에 들지 않네요.

상호배타적 사건

주사위를 한 번 굴렸을 때 ⋮ 와 홀수가 동시에 나오는 것은 불가능합니다. 따라서 주사위에서 ⋮ 가 나오거나 홀수가 나올 확률은 $1/6 + 1/2 = 2/3$입니다. 이처럼 두 사건이 동시에 일어나는 것이 불가능한 경우, 두 사건을 **상호배타적**이라고 합니다. 상호배타적인 사건 중 하나가 일어날 확률을 구해야 한다면 개별 사건이 일어날 확률의 합을 구하면 됩니다.

> **이용권 선택 확률** ☑
> 어느 웹사이트는 세 가지 종류(무료, 기본, 전문)의 이용권을 제공한다. 기본과 전문 이용권은 유료이다. 새로운 가입자가 무료 이용권을 선택할 확률은 70퍼센트, 기본 이용권을 사용할 확률이 20퍼센트, 전문 이용권을 선택할 확률이 10퍼센트다. 새 고객이 유료 이용권을 사용할 가능성은 얼마인가?

사용자 한 명이 기본 이용권과 전문 이용권을 동시에 선택하는 것은 불가능합니다. 따라서 이 경우 각 사건은 서로 상호배타적입니다. 사용자가 유료 이용권을 사용할 가능성은 $0.2 + 0.1 = 0.3$입니다.

상호보완적 사건

주사위를 한 번 굴렸을 때 3의 배수(⋰, ⋮⋮)와 3으로 나누어 떨어지지 않는 수가 동시에 나오는 것은 불가능합니다. 하지만 주사위의 결과는 반드시 그 중의 하나가 됩니다. 3의 배수를 얻을 확률이 $2/6 = 1/3$이므로, 3으로 나누어 떨어지지 않는 수를 얻을 확률은 $2/3(1-1/3)$입니다. 상호배타적인 두 사건이 일어날 수 있는 모든 결과를 망라하는 경우, 두 사건을 **상호보완적**이라고 합니다. 상호보완적 사건들의 개별 확률을 모두 합하면 100퍼센트가 됩니다.

> **타워 디펜스 게임** 🏰
> 성으로 가는 길목을 다섯 개의 탑이 차례대로 지키고 있다. 각 탑은 20퍼센트 확률로 침략자를 제압할 수 있다. 침략자가 성에 도착하기 전에 막을 수 있는 확률은 얼마인가?

0.2 + 0.2 + 0.2 + 0.2 + 0.2 = 1이므로, 100퍼센트의 확률로 적을 제압할 수 있지 않을까요? 그렇지 않습니다! 독립사건의 확률을 더해서는 안 됩니다. 하지만 사람들은 그런 실수를 쉽게 저지르곤 하죠. 확률을 올바르게 계산하려면 다음과 같이 상호보완적 사건을 두 번 사용해야 합니다.

20퍼센트 확률로 적을 제압하는 사건은 80퍼센트 확률로 명중시키지 못하는 사건의 상호보완적 사건입니다. 모든 탑이 침략자를 막지 못할 확률은 $0.8^5 \approx 0.33$입니다.

'모든 탑이 제압하지 못하는' 사건은 '단 하나의 탑이라도 적을 제압하는' 사건의 상호보완적 사건입니다. 이를 계산해 보면, 적을 막아낼 확률은 1 - 0.33 = 0.67입니다.

도박사의 오류

평범한 동전 하나를 열 번 던졌는데, 열 번 모두 앞면이 나왔다고 합시다. 그러면 열한 번째에는 뒷면이 나올 가능성이 더 높지 않을까요? 또 다른 예로, '로또' 복권을 산다고 합시다. 번호를 1, 2, 3, 4, 5, 6으로 연달아 고르는 것보다는 골고루 섞어서 고르는 편이 당첨 확률이 좀 더 높지 않을까요?

이런 잘못된 추론을 '도박사의 오류'라고 합니다. 과거에 일어난 사건은 독립 사건의 결과에 영향을 미치지 않습니다. 전혀요. 조작되지 않은 제비뽑기를 할 때를 예로 들면, 한 번호를 뽑을 확률은 다른 번호를 뽑을 확률과 완전히 같습니다. 어떤 번호가 이전에 좀 더 적게 뽑혔다고 해서 미래에 더 많이 뽑히지는 않습니다. 그런 '숨겨진 규칙' 같은 것은 없답니다.

고급 확률론

확률 이론은 여기서 다룰 수 있는 것보다 훨씬 방대합니다. 복잡한 문제를 붙잡고 씨름해야 할 때는 사용할 수 있는 다른 도구가 없는지 찾아봐야 합니다. 고급 확률 이론이 필요한 예를 하나 소개해 보겠습니다.

> **팀 만들기 3**
> 연오는 새해를 맞아 운동 팀을 결성하기로 했다. 팀에 가입하려는 후보는 23명이고 각 후보마다 동전을 던져 앞면이 나온 경우에만 기용하려 한다. 7명 이하의 후보를 기용할 가능성은 얼마인가?

정말 어려운 문제입니다. 이 문제를 어떻게 풀어야 할지 조사하다 보면 '이항 분포'라는 개념이 필요하다는 것을 알게 됩니다. 이항 분포는 이 책의 범위 밖의 내용이라 다루지 않습니다. 기회가 되실 때 더 알아보시면 좋겠네요. 지금은 아쉬운 대로, 수식 계산 사이트 울프럼 알파[16]에서 B(23,1/2) <= 7을 입력하여 이 문제의 풀이를 그림으로 확인해 보시기 바랍니다. 여기에서는 통계 문제를 해결하기 위한 도구들이 다양하다는 것만 기억합시다.

장을 마치며

이 장에서는 실제 코드 속에는 포함되지 않지만 문제 해결에 꼭 필요한 기초 지식들을 알아보았습니다. 1.1절에서는 생각을 적어야 하는 이유와 적는 방법을 설명했습니다. 문제를 풀 때는 무턱대고 달려들지 말고, 문제를 나타내는 모델을 만들고, 모델에 대수·논리 등의 도구를 적용해 풀어야 합니다. 1.2절에서는 불 대수와 진리표로 논리를 다루는 법을 배웠습니다. 1.3절에서는 다양한 문제에서 나올 수 있는 결과나 구성의 가짓수를 세는 것이 왜 중요한지 살펴보았습니다. 이런 가짓수 계산은 어떤 연산이 잘 수행될지 아닐지를 간단히 파악하는 데도 사용됩니다. 초보 프로그래머는 너무 많은 상황을 분석하며 시간을 낭비할 때가 있는데, 그러면 안 됩니다. 마지막으로, 1.4절에서 확률 계산의 기본 규칙을 설명했습니다. 우리가 살고 있는 현실 세계는 흥미진진한 만큼이나 불확실합니다. 이런 세상과 상호작용하는 프로그램을 개발할 때, 확률은 매우 유용한 도구가 됩니다.

이것으로 대학에서 '이산수학'이라는 과목으로 가르치는 내용의 핵심을 살펴보았습니다. 이 장의 마지막에서 소개한 참고자료나 위키백과를 살펴보시면 흥미로운 정리를 더 많이 찾아보실 수 있습니다. 예를 들어, '비둘기집 원리'를 이용하면 서울시에 머리카락 개수가 정확히 똑같은 사람이 최소 두 명 있다는 것을 증명할 수 있답니다!

이 장에서 다룬 주제 중에서, '꼼꼼하게 세는 법'은 2장의 내용과 특히 긴밀한 관련이 있습니다. 2장에서 살펴볼 내용은 어쩌면 컴퓨터과학에서 가장 중요한 측면이 아닐까 싶군요.

---

16 *http://wolframalpha.com*

참고자료

- 『이산수학(Discrete Mathematics and its Applications, 7th Edition)』, 케네스 H. 로젠 저 – *https://code.energy/rosen*
- 지네트 윙 교수의 계산적 사고에 관한 슬라이드 – *https://code.energy/rosen*

Chapter 02

복잡도 측정하기

Complexity

> 대부분의 계산 문제는 풀이 과정을 다양한 방식으로 재조정할 수 있다. 계산에 드는 시간이 가장 적은 방식을 선택하는 것이 핵심이다.
>
> – 에이다 러브레이스

무작위로 섞인 카드 26장을 정렬하는 데 시간이 얼마나 걸릴까요? 카드가 52장이라면, 26장일 때의 두 배가 걸리는 것일까요? 천 장이 넘는 카드를 정렬해야 한다면 시간이 얼마나 더 걸릴까요? 어떤 방법으로 카드를 정렬하느냐에 따라 달라집니다.

방법method이란 어떤 목적을 달성하기 위해 해야 할 작업을 명확하게 지시한 것입니다. 그리고 방법 중에서도 작업의 횟수가 항상 유한한 것[1]을 특별히 **알고리즘**algorithm이라고 부릅니다. 예를 들어, 카드 정렬 알고리

---

[1] (옮긴이) 시간이 아무리 오래 걸리더라도 언젠가 반드시 끝나는 방법.

즘은 26장의 카드를 별·번호에 따라 정렬하기 위한 작업을 항상 유한한 횟수만큼 제시하는 방법입니다.

연산량이 적으면 필요한 계산 자원도 줄어듭니다. 프로그래머들은 알고리즘의 연산 횟수에 민감합니다. 여러분도 프로그램의 계산이 빠르게 수행되기를 원할 겁니다. 하지만 아쉽게도 알고리즘 중에는 입력량이 늘어나면 연산량이 급격히 증가하는 것이 많습니다. 카드를 정렬하는 알고리즘 중에 어떤 것은, 카드가 26장일 때보다 52장(두 배)일 때, 필요한 연산이 네 배나 증가합니다!

문제의 규모가 커짐에 따라 예상치 못한 문제가 일어날 수도 있다는 이야기입니다. 그래서 프로그래머들은 이 문제를 피하기 위해 알고리즘의 **시간 복잡도**time complexity를 구합니다. 이 장에서는 시간 복잡도와 관련된 다음 주제들을 살펴보겠습니다.

- ⏱ 시간 복잡도를 측정하고 해석하기
- 📈 복잡도의 증가율을 **빅–오 표기법**으로 멋지게 나타내기
- 👑 지수적 증가 알고리즘 멀리하기
- 💾 컴퓨터의 메모리가 충분한지 확인하기

본격적인 주제를 논하기에 앞서, 시간 복잡도라는 용어부터 정의해 봅시다.

시간 복잡도는 $\mathbb{T}(n)$과 같이 표기합니다. 이 표기법은 어떤 알고리즘이 n 크기의 입력량을 처리하는 데 수행되는 연산의 횟수를 나타냅니다. $\mathbb{T}(n)$을 알고리즘의 실행 비용이라고 생각할 수도 있습니다. 어떤 카드 정렬 알고리즘이 $\mathbb{T}(n) = n^2$의 시간 복잡도를 따른다면, 카드의 양을 두

배로 늘렸을 때 시간이 얼마나 더 걸릴지를 $\mathbb{T}(2n)/\mathbb{T}(n) = 4$와 같이 예측할 수 있는 것이죠.

최선의 경우를 바라되, 최악의 경우를 대비하라

카드의 양이 동일하더라도, 거의 다 정렬된 카드는 마구 뒤섞인 카드보다 더 빠르게 정렬할 수 있지 않나요? 좋은 지적입니다. 알고리즘이 수행해야 하는 연산 횟수는 입력량 말고도 여러 가지 요소에 영향을 받을 수 있습니다. 이런 영향을 어떻게 고려해야 할까요? 한 알고리즘이 동일한 n 값에 대해 여러 가지 $\mathbb{T}(n)$값을 가질 수 있다면, 예상할 수 있는 시나리오는 다음 세 가지 중 하나입니다.

- 최선의 경우: 입력 데이터의 규모가 동일할 때 가장 적은 횟수의 연산으로 처리되는 경우. 정렬 알고리즘을 예로 들면, 입력 데이터가 이미 정렬된 경우이다.
- 최악의 경우: 입력 데이터의 규모가 동일할 때 가장 많은 횟수의 연산으로 처리되는 경우. 정렬에서는 입력 데이터가 역순으로 정렬된 경우가 해당된다.
- 평균적인 경우: 입력 데이터가 동일한 규모의 입력의 평균적인 횟수의 연산으로 처리되는 경우. 정렬에서는 대개 입력물이 무작위로 섞인 경우가 해당된다.

일반적으로 가장 중요한 경우는 최악의 경우입니다. 최소한의 기준점이 되기 때문이죠. 최악의 상황을 상정하면 더 나쁜 상황은 있을 수 없는 거니까요. 상황에 대한 설명이 주어지지 않았다면, 최악의 상황을 상정해야 하는 겁니다. 그러면 최악의 상황을 직접 분석하는 방법을 알아보기로 할까요?

그림 2.1 시간 예측하기, http://xkcd.com

2.1 계산에 드는 시간 측정하기

알고리즘의 시간 복잡도를 구하려면, 알고리즘이 미지수 n 크기의 입력량을 처리하기 위해 필요한 기초 연산이 몇 번인지 세면 됩니다. 시간 복잡도를 실제로 구해 볼까요? 중첩 루프를 사용하는 정렬 알고리즘 – **선택 정렬**selection sort이 연습 대상입니다. 선택 정렬을 모른다면, 다음의 의사 코드를 천천히 살펴보세요. 이 알고리즘에는 두 개의 for가 중첩되어 있습니다. 바깥쪽 루프는 현재 정렬 위치를 갱신하고, 안쪽 루프는 현재 정렬 위치에 들어갈 항목을 고르는 역할을 합니다.[2]

---

2 처음 보는 알고리즘을 쉽게 이해하려면, 작은 샘플 데이터를 종이 위에 손으로 직접 쓰면서 테스트해 보는 것이 좋습니다.

```
function selection_sort(list)
    for current ← 1 ... list.length - 1
        smallest ← current
        for i ← current + 1 ... list.length
            if list[i] < list[smallest]
                smallest ← i
        list.swap_items(current, smallest)
```

그러면 이 알고리즘으로 항목이 n개인 리스트를 정렬할 때 어떤 일이 일어나는지, 최악의 경우를 기준으로 살펴봅시다. 바깥쪽 루프는 $n-1$회 반복 실행되며, 매 실행마다 연산을 두 번(대입 연산과 교환 연산)씩 실행합니다. 따라서 실행되는 연산은 총 $2n-2$회입니다. 그리고 안쪽 루프의 반복 실행 횟수는 $n-1$회, $n-2$회, $n-3$회 등으로 이어집니다. 이런 수열의 합을 구하는 법은 앞 장에서 설명했는데, 기억이 나시나요?[3]

$$\text{안쪽 루프의 반복 실행 횟수} = \overbrace{\underbrace{n-1}_{\text{바깥쪽 루프 1회차 실행}} + \underbrace{n-2}_{\text{바깥쪽 루프 2회차 실행}} + \cdots + 2 + 1}^{\text{바깥쪽 루프의 반복 실행 횟수 }(n-1\text{회})}$$

$$= \sum_{i=1}^{n-1} i = \frac{(n-1)(n)}{2} = \frac{n^2-n}{2}$$

최악의 경우를 상정하면, if 선택문의 조건은 항상 만족할 것입니다. 따라서 안쪽 루프는 매 실행마다 연산을 두 개(비교 연산과 대입 연산)씩 실행하게 됩니다. 그리고 안쪽 루프의 반복 실행 횟수는 $(n^2-n)/2$회이므로, 안쪽 루프에서 실행되는 연산의 개수는 n^2-n개입니다. 이를 정리하면, 시간 복잡도를 다음과 같이 구할 수 있습니다.

---

[3] 1.3절 참고. $\sum_{i=1}^{n} i = n(n+1)/2$

$$\mathbb{T}(n) = n^2 + n - 2$$

이제 어떻게 할까요? 정렬해야 하는 리스트의 크기를 $n = 8$에서 $n = 16$으로 늘려 봅시다. 리스트의 크기가 두 배 증가했을 때 정렬에 필요한 시간을 다음과 같이 구할 수 있습니다.

$$\frac{\mathbb{T}(16)}{\mathbb{T}(8)} = \frac{16^2 + 16 - 2}{8^2 + 8 - 2} \approx 3.86$$

리스트의 크기를 두 배 더 늘리면 정렬 시간이 3.90으로 증가합니다. 두 배 계산을 거듭 반복하면 3.94, 3.97, 3.98이 나옵니다. 점점 4에 가까워지는 것이 보이시나요? 추론해 봅시다. 2백만 개의 항목을 정렬하는 데 걸리는 시간은 1백만 개의 항목을 정렬할 때의 약 네 배가 될 것입니다.

증가율 추산

어떤 알고리즘에 입력하는 데이터가 매우 많다고 하고, 그 양이 앞으로 계속 늘어난다고 해 봅시다. 실행 시간이 얼마나 늘어날지 그 증가율을 예측하는 데 $\mathbb{T}(n)$의 모든 항을 다 알아야만 할까요? **지배적 항**dominant term[4]만으로도 $\mathbb{T}(n)$의 근사치를 구할 수 있습니다.

색인 카드 정렬
연오는 어제 실수로 색인 카드를 한 박스 쏟았다. 선택 정렬로 카드를 다시 정렬했는데, 꼬박 두 시간이 걸렸다. 그런데 오늘은 열 박스를 쏟았다. 카드를 다시 정렬하려면 시간이 얼마나 걸릴까?

선택 정렬이 $\mathbb{T}(n) = n^2 + n - 2$를 따른다는 것은 앞에서 확인했지요. 지배적 항이 n^2이므로, $\mathbb{T}(n) \approx n^2$이라 할 수 있습니다. 카드가 박스당 n장씩 있다고 가정하면 다음과 같이 계산할 수 있습니다.

$$\frac{\mathbb{T}(10n)}{\mathbb{T}(n)} \approx \frac{(10n)^2}{n^2} = 100$$

대략 $100 \times (2\text{시간}) = 200$시간이 걸리는군요! 다른 방법으로 정렬하면 어떨까요? 예를 들어, 거품 정렬bubble sort이라는 알고리즘은 시간 복잡도가 $\mathbb{T}(n) = 0.5n^2 + 0.5n$입니다. 여기서 가장 빠르게 증가하는 항만을 고려하여 추산식 $\mathbb{T}(n) \approx 0.5n^2$을 구할 수 있습니다. 이를 다음과 같이 정리할 수 있습니다.

$$\frac{\mathbb{T}(10n)}{\mathbb{T}(n)} \approx \frac{0.5 \times (10n)^2}{0.5 \times n^2} = 100$$

약분을 하면 계수 0.5가 사라집니다! 혹시, $n^2 + n - 2$와 $0.5n^2 + 0.5n$이 둘 다 n^2처럼 증가한다는 개념을 받아들이기가 어렵나요? 함수에서 지배적 항이, 다른 수를 모두 무시하고 증가율을 장악한다는 사실을 그림으로 한번 살펴봅시다.

---

4 (옮긴이) 식 $n^2 + n + 1$을 예로 들면, n이 증가함에 따라 일차항(n)이나 상수항(1)에 비해 훨씬 빠르게 증가하는 이차항(n^2)이 지배적 항이다.

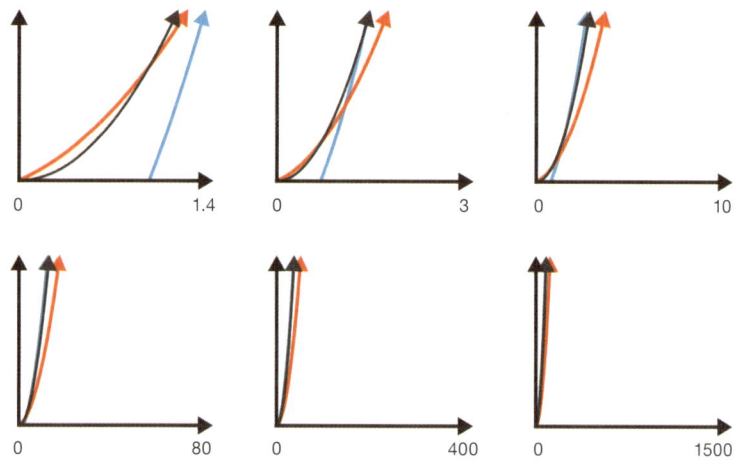

그림 2.2 n^2(검은색), $n^2 + n - 2$(하늘색), $0.5n^2 + 0.5n$(주황색) 을 점점 더 멀리서 바라본 그래프

그림 2.2는 앞에서 살펴본 두 가지 시간 복잡도를 n^2과 비교하여, 점점 더 멀리서 바라본 그래프입니다. 그래프로 그리는 n의 값을 크게 잡을수록(축의 범위를 넓게 잡을수록) 세 복잡도 곡선이 서로 가깝게 표현됩니다. $\mathbb{T}(n) = \bigcirc n^2 + \bigcirc n + \bigcirc$와 같은 형태의 식에서, 빈칸에 어떤 수를 넣더라도 n^2와 같은 형태로 증가할 겁니다.

단, 이처럼 곡선이 서로 가까워지는 현상은 지배적 항이 동일할 때뿐입니다. 일차 함수(n)는 이차 함수(n^2)와 가까워지지 않으며, 이차 함수 역시 삼차 함수(n^3)와 가까워지지 않습니다.

처리할 데이터가 많을 때 이차 함수 알고리즘이 일차 함수 알고리즘보다 연산 비용이 훨씬 많이 드는 이유가 바로 이것입니다. 물론 삼차 함수 알고리즘과 비교하면 훨씬 빠르겠지만요. 이 개념을 이해하셨다면 다음 절의 내용은 쉽게 이해하실 수 있습니다. 다음 절에서는 이런 비용 차이를 간단하게 나타내는 프로그래머용 표기법을 소개합니다.

2.2 빅-오 표기법: 복잡도의 핵심만 나타내기

이 절에서는 빅-오 표기법big-O notation을 소개합니다. 빅-오 표기법은 시간·공간 복잡도의 증가율을 여러 범주로 나누어 표현합니다. 예를 들면, 지배적 항이 2^n이하인 함수는 $O(2^n)$이고, 이차 함수(n^2) 이하로 증가하는 함수는 $O(n^2)$이며, 일차 함수(n) 이하로 증가하는 함수는 $O(n)$입니다. 이 표기법[5]은 알고리즘이 최악의 경우(시간 복잡도 표현의 일반 기준) 연산 비용이 얼마나 되는지를 지배적 항으로 표현하는 데 사용됩니다.

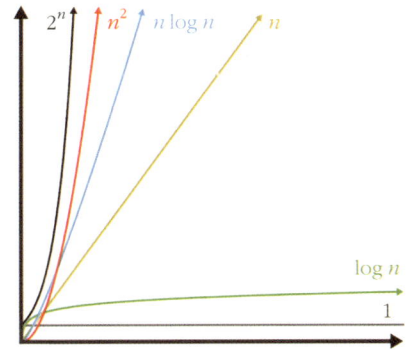

그림 2.3 다양한 차수의 증가율. 빅-오 표기법에 자주 사용된다.

앞 절에서 살펴본 선택 정렬과 거품 정렬은 둘 다 시간 복잡도가 $O(n^2)$

---

5 읽을 때는 '오.'라고 합니다. 예: "그 정렬 알고리즘은 오-엔-제곱이다."

인 이차 함수 알고리즘이었습니다. 같은 작업을 겨우 $O(n \log n)$ 비용만으로 처리해 내는 알고리즘도 곧 알아보겠습니다. $O(n^2)$ 알고리즘에서는 입력량이 10배 증가할 때 실행 비용이 100배 증가합니다. 반면, $O(n \log n)$ 알고리즘을 사용하면 입력량이 10배 증가할 때 실행 비용이 $10 \log 10 \approx 34$배밖에 증가하지 않습니다.

n이 1백만이라면, n^2은 1조가 됩니다. 하지만 $n \log n$은 몇 백만에 그칩니다. 이차식 알고리즘으로 처리하려면 몇 년씩이나 걸리는 규모의 데이터가, $O(n \log n)$ 알고리즘으로 처리하면 고작 몇 분만에 해결되는 것입니다. 다뤄야 할 데이터가 많을 때 시간 복잡도를 분석해야 하는 이유를 아시겠지요?

프로그램을 설계할 때는 가장 많이 수행될 연산이 무엇일지 예측해야 합니다. 그러면 그 연산에 사용할 수 있는 다양한 알고리즘의 빅-오 비용을 비교할 수 있습니다.[6] 또한, 대부분의 알고리즘은 처리할 수 있는 데이터의 구조가 정해져 있습니다. 알고리즘을 먼저 선정해 두면 그에 따라 입력할 데이터의 구조도 저절로 결정됩니다.

알고리즘 중에는 입력 데이터의 크기와 관계없이 실행 시간이 일정한 경우도 있습니다. 이를 상수 시간 알고리즘이라 하며, 이 경우의 증가율은 $O(1)$입니다. 어떤 수가 홀수인지 짝수인지 검사하는 함수를 예로 들어 봅시다. 입력된 수의 마지막 숫자가 홀수인지 짝수인지만 확인하면 검사가 끝납니다. 입력된 수가 아무리 크더라도 실행하는 데 걸리는 시간이 늘어나지 않습니다. 상수 시간 알고리즘, 정말 멋지지 않나요? 다음 장에

---

[6] 자주 사용되는 알고리즘의 빅-오 복잡도, *http://code.energy/bigo*

서 몇 가지 더 살펴볼 테니 기대하시고, 우선 멋지지 않은 알고리즘부터 살펴보기로 합시다.

2.3 지수 시간 알고리즘을 피해야 하는 이유

증가율이 $O(2^n)$인 알고리즘을 지수 시간 알고리즘이라 합니다. 다양한 차수의 증가율을 나타낸 앞의 그래프(그림 2.3)에서는 이차 함수 n^2과 지수 함수 2^n의 차이가 두드러지지 않았습니다. 하지만 n의 값을 크게 잡아 그래프를 축소해 더 멀리서 바라보면, 지수 함수의 증가율이 이차 함수의 증가율을 완전히 압도한다는 사실을 분명히 확인할 수 있습니다.

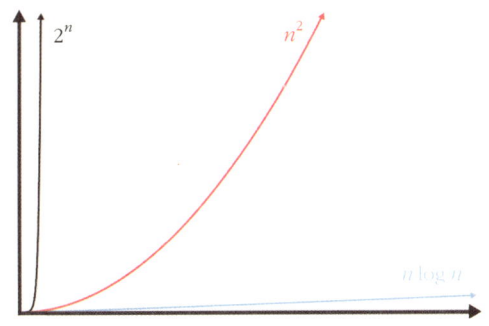

그림 2.4 다양한 차수의 증가율을 나타낸 그림 2.3의 그래프를 축소하여 멀리서 바라본 것. 지수 함수(2^n) 곡선과 이차 함수(n^2) 곡선이 이제 멀리 떨어졌습니다. 일차 함수(n)의 곡선과 로그 함수($\log n$)의 곡선은 너무 느리게 증가하는 탓에, 가로 축과 딱 붙어 그림에서 구별할 수가 없습니다.

지수 시간 알고리즘의 시간 복잡도는 너무나 가파르게 증가합니다. 그래서 이런 알고리즘은 '실행 불가'한 것으로 간주됩니다. 물론, 입력 데이터가 아주 적다면 가능하겠지만, 이런 경우는 극히 드뭅니다. 지수 시간 알고리즘은 계산 자원[7]을 어마어마하게 빨아들입니다. 프로그램을 한 땀 한 땀 최적화하고 슈퍼 컴퓨터를 동원해 실행하더라도 소용 없습니다.

지수적 증가의 폭발성이 어느 정도인지 눈으로 확인해 봅시다. 그림 2.5에서는 그래프를 한층 더 축소하고, 수를 조정해 보았습니다. 지수 함수는 밑수를 2에서 1.5로 줄이고 1천으로 나누어, 더 작아지도록 했습니다($0.001(1.5)^n$). 반면에 다항 함수는 지수를 2에서 3으로 높이고 1천을 곱해, 더 커지도록 했습니다($1,000n^3$). 하지만 보다시피, 밑수나 지수를 조정했음에도 지수 함수가 다항 함수보다 훨씬 가파르게 증가합니다.

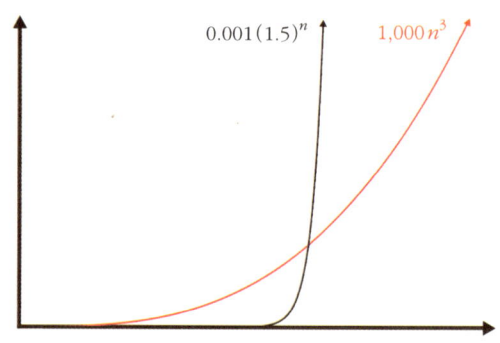

그림 2.5 다항 함수는 지수 함수를 꺾을 수 없습니다.
이 배율에서는 그림 2.4에서는 보였던 $n \log n$ 곡선조차 가로 축과 딱 붙어 더 이상 보이지 않습니다.

그렇다면 지수 시간 알고리즘이 최악의 알고리즘일까요? 더 나쁜 알고리즘도 있습니다. 시간 복잡도가 $O(n!)$인 '계승 시간' 알고리즘이 그렇

---

[7] (옮긴이) 계산 자원이란 계산에 사용할 수 있는 시간과 기억 공간을 가리킵니다.

습니다. 지수·계승 시간 알고리즘은 끔찍하지만, 가장 어렵기로 유명한 NP-완전 문제를 해결하려면 꼭 필요합니다. 다음 장에서 NP-완전 문제의 주요 사례를 몇 가지 살펴보겠습니다. 여담이지만, NP-완전 문제를 해결하는 비(非)지수 시간 알고리즘을 가장 먼저 발견하는 사람에게는 클레이 수학연구소가 1백만 달러💰를 상금으로 준다고 합니다.[8]

다뤄야 할 문제가 어떤 범주에 속하는지 알아내는 일은 매우 중요합니다. 그 문제가 NP-완전 문제라는 것을 확인했다면 더 효율적인 해법을 찾으려 애쓰지 마십시오. 1백만 달러를 노리는 게 아니라면 무의미한 노력이니까요.

2.4 계산에 드는 메모리 측정하기

연산 수행 속도가 무한대라고 가정하더라도, 다른 제한이 있습니다. 알고리즘이 제대로 수행되려면, 진행 중인 계산을 저장해 두기 위한 작업 기억이 필요합니다. 컴퓨터의 작업 기억은 바로 **메모리**입니다. 메모리가 무한한 자원이 아니라는 것은 아시죠?

알고리즘을 실행하는 데 필요한 작업 기억 영역의 양을 **공간 복잡도** space complexity라고 합니다. 공간 복잡도는 시간 복잡도 분석과 비슷하게 구할 수 있습니다. 연산이 아니라 메모리를 센다는 점이 다를 뿐이죠. 시

---

[8] 하나의 NP-완전 문제를 해결하는 비(非)지수 알고리즘에서, 모든 NP-완전 문제를 해결하는 일반 알고리즘을 유도할 수 있다는 사실은 증명되었습니다. 하지만 그런 알고리즘이 존재하는지는 밝혀지지 않았습니다. 그래서 NP-완전 문제를 비지수 알고리즘으로 해결할 수 없다는 것을 증명하는 것으로도 1백만 달러를 탈 수 있답니다!

간 복잡도를 구할 때와 마찬가지로, 입력량의 증가에 따라 공간 복잡도가 어떻게 증가하는지를 살펴보면서 구합니다.

예를 들어, 선택 정렬(2.1 절)은 고정된 변수 몇 개만 있으면 실행이 가능합니다. 그리고 입력량이 달라지더라도 변수의 개수는 증가하지 않습니다. 따라서 선택 정렬의 공간 복잡도는 O(1)인 것이죠. 즉, 입력량에 관계없이 작업에 필요한 메모리가 항상 동일하다는 의미입니다.

하지만 입력 양이 많아질수록 필요한 작업 공간이 증가하는 알고리즘도 많습니다. 심지어 알고리즘에 필요한 메모리를 확보하는 자체가 불가능한 경우도 있습니다. 정렬 알고리즘 중에서, 시간 복잡도가 $O(n \log n)$이면서 동시에 공간 복잡도가 O(1)인 알고리즘을 한번 찾아보십시오. 그런 알고리즘은 없습니다. 메모리의 한계를 감안해 시간 비용을 절충해야 할 때가 있습니다. 성능이 떨어지는 $O(n^2)$ 시간 복잡도의 알고리즘이라 할지라도 공간 복잡도가 O(1)이라면 그 알고리즘을 채택해야 할 수도 있는 것입니다.

장을 마치며

이 장에서는 알고리즘마다 계산 시간과 메모리를 잡아먹는 정도가 다르다는 것을 알아보았습니다. 그리고 그 양을 시간·공간 복잡도 분석으로 측정하는 방법도 살펴봤습니다. 알고리즘이 수행하는 연산의 정확한 개수를 계산하는 함수 $T(n)$을 구하는 법을 알아보았고, 정확한 시간 복잡도를 계산해 보았습니다. 그리고 시간 복잡도를 간단히 표현하는 빅-오 표기법(O)도 배웠습니다. 이 책 곳곳에서 이 표기법으로 알고리즘의 시간 복잡도를 간단히 분석할 것이니 익숙해질 기회가 더 있습니다.

이 장에서는 먼저 알고리즘들의 $T(n)$을 구한 후에 그것을 바탕으로 빅-오 복잡도를 계산했는데요. 사실 그렇게 꼼꼼하게 계산하지 않고도 빅-오 복잡도를 추론할 수 있는 경우가 많습니다. 다음 장에서 복잡도를 계산하는 좀 더 쉬운 방법을 소개하겠습니다.

지수 알고리즘에서 입력 데이터가 클 때 실행 비용이 폭발적으로 증가하는 원리와 증가한 비용 때문에 그 알고리즘을 실행할 수 없다는 것도 확인했습니다. 이를 통해, 여러분은 다음과 같은 질문에 답할 수 있게 되었습니다.

- 여러 가지 알고리즘들이 있을 때 각 알고리즘의 실행에 필요한 연산량을 비교하려면 어떻게 해야 하는가?
- 입력 데이터의 양이 특정 비율로 증가할 때, 알고리즘의 실행에 드는 시간은 어떻게 되는가?
- 입력 데이터의 양이 증가했을 때에도 특정 알고리즘이 적정한 수준의 연산을 수행할 것인지 확인하려면 어떻게 해야 하는가?
- 어떤 알고리즘이 특정한 입력량의 데이터를 처리하기에 너무 느릴 때, 알고리즘의 실행 과정을 좀 더 최적화하거나 슈퍼컴퓨터를 사용해 실행하면 문제가 해결되는가?

다음 장에서는 알고리즘 설계의 밑바탕이 되는 여러 문제 해결 전략들을 알아봅니다. 이들이 시간 복잡도와 어떻게 연관되어 있는지 초점을 두고 읽으면 더 재미있을 겁니다.

참고자료

- 『컴퓨터 프로그래밍의 예술: 조합적 알고리즘 1부(The Art of Computer Programming, Vol. 1,)』, 도널드 커누스 저 – *https://code.energy/knuth*
- hackerdashery의 영상 「계산 복잡도 동물원(The Computational Complexity Zoo)」 – *https://code.energy/pnp*

Chapter 03

문제 해결 전략

Strategy

좋은 수를 발견했다면, 그보다 더 좋은 수는 없는지 찾으라.

– 에마누엘 라스커 *Emanuel Lasker*

역사 책을 들춰보면 페이지마다 위대한 업적을 이뤄 낸 장군들의 이야기가 가득합니다. 전쟁이라는 중대한 프로젝트에서 승리를 거머쥐려면 올바른 전략이 꼭 필요하죠. 그래서 위대한 장군들은 위대한 전략가이기도 했습니다. 장군들만의 이야기일까요? 전략은 프로그래밍과 일상 생활의 문제를 해결하는 데도 필요합니다. 이 장에서는 다음과 같이 여러 알고리즘의 기초가 되는 중요한 전략을 몇 가지 알아봅니다.

- 👣 되풀이되는 작업을 반복을 통해 처리하기
- 💃 재귀를 사용해 품위 있게 반복하기

- 💪 생각하기는 귀찮은데 힘은 넘칠 때 무식하게 풀기
- 🚶 부적절한 안을 검사하고 **되돌아가기(역추적)**
- 🏆 발견법으로 적당한 답을 구해 시간 절약하기
- ⚔️ 강한 상대를 **분할 정복**하기
- 🖌️ 이미 계산한 부분을 **동적**으로 구별해 낭비를 줄이기
- 답이 빠져나가지 못하도록 문제를 한정하기

살펴봐야 할 전략이 많아 보입니다. 하지만 걱정하지 않으셔도 됩니다. 간단한 문제를 푸는 단순한 방법부터 알아볼 테니까요. 이전 전략을 보완하는 새로운 전략을 하나씩 살펴보면서 좀 더 효율적인 풀이 방법을 알아갑시다. 이 장을 다 읽은 후에는 여러분도 다양한 계산 문제를 깔끔하게 풀어내실 수 있을 겁니다.

3.1 반복 전략

반복iteration 전략은 루프(for, while 등의 반복문) 속에서 조건이 충족될 때까지 절차를 반복하는 것입니다. 이 전략은 입력받은 모든 데이터에 동일한 연산을 실행하고자 할 때 적합합니다. 예를 살펴봅시다.

> **물고기 리스트 합치기** 🐟
> 바닷물고기 리스트와 민물고기 리스트가 각각 가나다순으로 정렬되어 있다. 물고기 전체의 가나다순 리스트를 구하라.

두 리스트에서 가장 위에 있는 항목을 가나다순으로 비교하고, 둘 중 앞서는 항목을 선택합니다. 이 과정을 계속 반복하면 풀 수 있습니다. 다음 그림과 같이 말이죠.

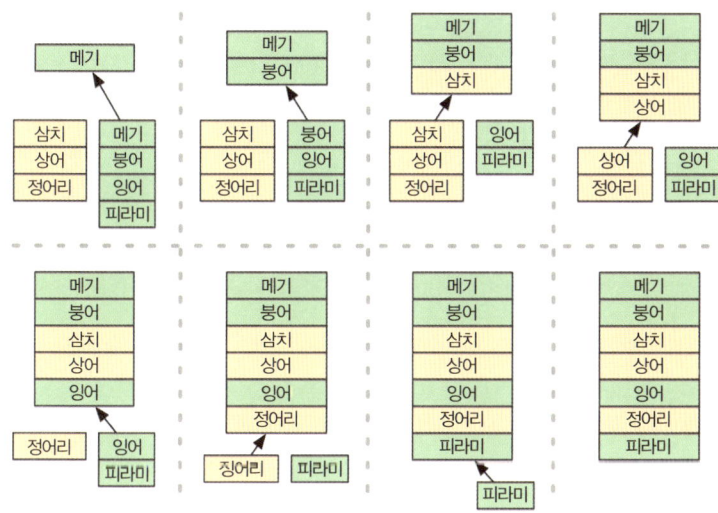

그림 3.1 정렬된 두 리스트를 정렬된 새로운 리스트로 합치기

이 절차는 다음과 같이 while 루프 하나로 간단하게 작성할 수 있습니다.

```
function merge(sea, fresh)
    result ← List.new

    while not (sea.empty and fresh.empty)
        if sea.top_item > fresh.top_item
            fish ← sea.remove_top_item
        else
            fish ← fresh.remove_top_item
        result.append(fish)

    return result
```

이 알고리즘은 루프 속에서 입력 데이터의 모든 물고기 이름을 순회하며, 각 물고기 이름마다 고정된 횟수의 연산을 수행합니다.[1] 이런 방식으로 두 리스트를 합치는 알고리즘을 **병합merge** 알고리즘이라고 합니다. 물고기 이름 개수에 따라 연산 비용이 선형적으로 증가하므로, 병합 알고리즘의 시간 복잡도는 $O(n)$입니다.

중첩 루프와 멱집합

이전 장에서 루프를 두 개 중첩하여 구현하는 선택 정렬(`selection_sort`)을 살펴보았습니다. 이번에는 중첩 루프를 이용해 **멱집합**을 구하는 방법도 알아봅시다. 멱집합이란 어떤 집합의 원소로 만들 수 있는 모든 부분집합의 집합입니다. 즉, 집합 S에 대해, S의 멱집합은 S의 모든 부분집합의 집합입니다.[2]

> **향 조합하기** 🌷
> 꽃에서 추출한 향을 조합하여 새로운 향을 만들고자 한다. 꽃의 집합 F가 있을 때, 조합할 수 있는 모든 향의 목록을 구하려면 어떻게 해야 하는가?

향 조합은 F의 부분집합으로 만들어지므로, 조합할 수 있는 모든 향이란 F의 멱집합입니다. 멱집합을 구하는 데도 반복 전략을 활용할 수 있습니다.

---

[1] 입력 데이터의 양은 두 리스트의 모든 항목을 합한 만큼이고, while 루프에서는 각 항목마다 연산을 세 번씩 수행합니다. 따라서 $T(n) = 3n$입니다.
[2] 부록 III에서 집합에 대해 좀 더 자세히 설명합니다.

꽃이 하나도 없을 때 만들 수 있는 향은 한 가지('무향')뿐입니다. 그리고 여기서 꽃을 하나 추가할 때마다, 이전에 만든 향을 복사하고 추가된 꽃을 덧붙이면 됩니다. 그림으로 보시면 좀 더 이해하기 쉬울 겁니다.

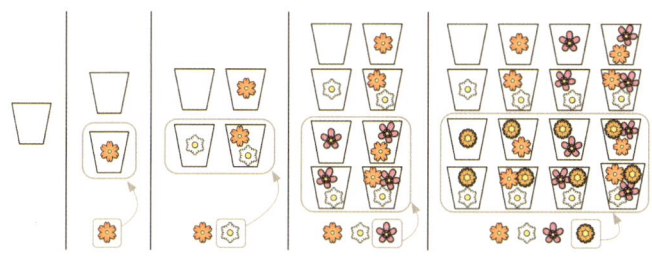

그림 3.2 꽃 네 개로 만들 수 있는 모든 향을 반복 전략으로 나열하기

이 절차는 중첩 루프를 이용해 작성할 수 있습니다. 바깥쪽 루프에서는 다음에 추가할 꽃을 추적하고, 안쪽 루프에서는 이전의 향을 복사하고 추가된 꽃을 덧붙입니다.

```
function power_set(flowers)
    fragrances ← Set.new
    fragrances.add(Set.new)
    for each flower in flowers
        new_fragrances ← copy(fragrances)
        for each fragrance in new_fragrances
            fragrance.add(flower)
        fragrances ← fragrances + new_fragrances
    return fragrances
```

꽃 하나를 추가할 때마다 만들 수 있는 향(**fragrances**)은 두 배씩 증가합니다. 이것은 지수적 증가($2^{k+1} = 2 \times 2^k$)를 뜻하지요. 이처럼, 입력 항목이 하나 증가할 때마다 필요한 연산이 배로 증가하는 알고리즘은

$O(2^n)$ 시간 복잡도를 갖는 지수 알고리즘입니다.

멱집합을 생성하는 것은 진리표(1.2절)를 생성하는 것과 똑같습니다. 각각의 꽃을 진리표의 논리 변수라고 생각하면, 변수의 True/False 조합으로 향의 조합을 표현할 수 있습니다. 이 요령으로 진리표를 작성하면 각 행이 향의 조합법이 됩니다.

3.2 재귀를 이용해 반복하기

재귀recursion란 어떤 함수가 자기 자신이나 자신의 복제본에 작업을 전파하는 것입니다. 재귀 알고리즘은 '자기 자신'을 처리하는 문제를 다룰 때 자연스럽게 작성할 수 있습니다. 피보나치 수열을 예로 들어 봅시다. 이수열은 처음에 두 개의 숫자로 시작합니다. 그 후 이어지는 수는 이전의 두 수를 합해 구합니다. 즉, 1, 1, 2, 3, 5, 8, 13, 21, …식으로 전개되는 것이죠. 규칙이 간단해서 눈으로만 봐도 다음 수가 무엇이 나올지 쉽게 가늠할 수 있을 겁니다. 그렇다면, n번째 피보나치 수를 반환하는 함수는 어떻게 코드로 작성해야 할까요?

```
function fib(n)
    if n ≤ 2
        return 1
    return fib(n - 1) + fib(n - 2)
```

fib 함수 안에서 fib 함수를 호출한 것을 확인하셨나요? 이처럼 재귀를 이용하면 알고리즘을 직관적이고 간결하게 작성할 수 있습니다. 문제에 재귀를 적용하기 위해서는 문제를 '그 자신'이라는 개념으로 정의할 수 있어야 합니다. 그러려면 창의력이 조금 필요하지요.

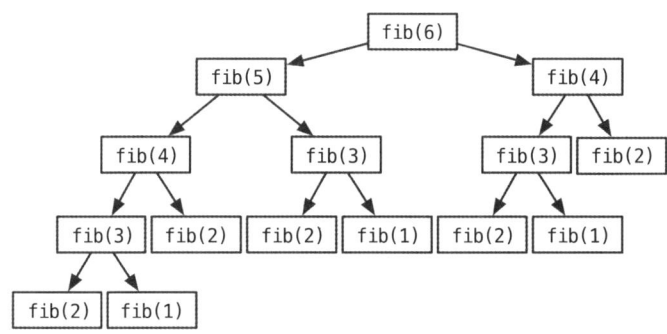

그림 3.3 여섯 번째 피보나치 수를 재귀적으로 계산하기

회문[3]을 검사하는 방법을 생각해 봅시다. 단어를 역순으로 뒤집었을 때 원래의 단어와 달라지는지를 확인하면 됩니다. 재귀적으로도 확인할 수 있습니다. 어떤 단어의 첫 글자와 끝 글자가 같고, 그 사이의 글자늘이 '회문이라면' 그 단어는 회문입니다. 이 패턴을 발견했다면 회문 검사 알고리즘을 재귀적으로 만들 수 있습니다. 다음과 같이 회문 검사 함수 속에서 자기 자신을 호출하여 첫 글자와 끝 글자 사이의 단어가 회문인지를 검사하는 것입니다.

```
function palindrome(word)
    if word.length ≤ 1
        return True
    if word.first_char ≠ word.last_char
        return False
```

---

3 회문(palindrome)은 'Ada', 'racecar', '오디오'처럼 거꾸로 읽어도 바로 읽는 것과 같은 문장·단어입니다.

```
    w ← word.remove_first_and_last_chars
    return palindrome(w)
```

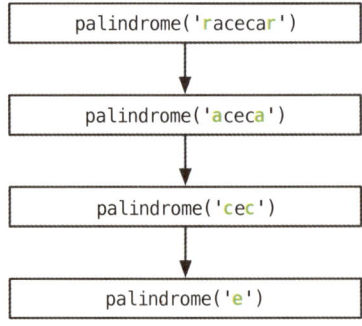

그림 3.4 racecar가 회문인지 재귀적으로 검사하기

재귀 알고리즘에는 기저base case가 존재합니다. 기저란 입력 데이터가 더 이상 작아질 수 없는 경우로, 재귀적 호출이 끝나는 지점입니다. `fib` 알고리즘의 기저는 수 1과 2이고, `palindrome` 알고리즘의 기저는 문자가 1개 또는 0개인 단어입니다.

재귀와 반복의 비교

재귀 알고리즘은 일반적으로 반복 알고리즘에 비해 간결하다는 장점이 있습니다. 앞 절에서 반복 전략으로 작성했던 `power_set` 알고리즘을 재귀를 사용하는 방식으로 수정해 봅시다. 더 간결하고 이해하기도 쉽습니다.

```
function recursive_power_set(items)
    ps ← copy(items)
```

```
for each e in items
    ps ← ps.remove(e)
    ps ← ps + recursive_power_set(ps)
    ps ← ps.add(e)
return ps
```

하지만 단점도 있습니다. 재귀 알고리즘이 실행되면 수많은 자기 복제본이 만들어지고, 계산 비용이 별도로 발생합니다. 완료되지 않은 재귀 호출과 중간 계산 과정을 계속 추적해야 하기에 메모리가 더 많이 필요합니다. 게다가 여러 재귀 호출 사이를 왔다갔다하기 위해서 추가로 연산을 수행해야 합니다.

재귀 트리를 이용하면 이 문제를 그림으로 살펴볼 수 있습니다. 재귀 트리는 알고리즘의 계산 단계가 깊어질 때 추가 호출이 발생하는 형태를 묘사하는 다이어그램입니다. 앞에서 피보나치 수 계산 알고리즘(그림 3.3)과 회문 검사 알고리즘(그림 3.4)을 묘사한 그림을 살펴봤는데, 이들도 재귀 트리입니다.

성능을 최대한 높여야 하는 상황이라면 재귀 알고리즘을 순수한 반복 형태로 수정해서 추가 비용이 발생하지 않도록 하면 됩니다. 재귀로 작성한 알고리즘은 모두 반복 알고리즘으로 바꿀 수 있습니다. 반복 형태로 작성한 코드는 재귀 코드보다 일반적으로 실행 속도가 빠르지만 더 복잡하고 이해하기 어렵습니다. 무엇을 얻고 무엇을 잃는지 판단하여 알맞은 방법을 선택합시다.

3.3 무식하게 풀기: 모든 후보 검사하기

무식하게 풀기brute force 전략은 문제 해결을 위한 가장 단순하고도 확실한 전략입니다. 이 전략은 완전 탐색exhaustive search이라고도 부르며, 답이 될 수 있는 후보를 전부 조사하여 문제를 해결합니다. 후보의 개수가 수십억 개에 달하더라도 컴퓨터의 힘을 믿고 모든 답을 하나하나 검사합니다. 고지식하고 요령 없는 순수한 방식입니다.

그림 3.5 우연히 동창을 만났을 때. http://geek-and-poke.com

무식하게 풀기 전략으로 다음 문제를 풀어 봅시다.

최적 거래 문제

일정 기간 동안의 금 가격이 주어져 있다. 이 기간 중 며칠에 금을 사고 며칠에 금을 팔았을 때 이윤을 최대화할 수 있는지 알고 싶다. 금을 사고 파는 최적의 두 날짜를 구하라.

쉽게 생각하면 최저가에 사서 최고가에 파는 날을 구하면 됩니다. 하지만 최저가에 사서 최고가에 파는 것이 불가능한 경우도 있습니다. 가격이 최고가를 찍은 후에 최저가로 내려갈 수도 있는데, 시간을 거스르는 것은 불가능하기 때문이죠. 무식하게 풀기 전략으로 이 문제를 푸는 것은, **가능한 날짜 쌍을 모두 구해** 답을 찾는 것입니다. 각 날짜 쌍마다 발생하는 차액을 구해 그 전까지 구한 최적 거래 금액과 비교하는 것을, 반복하는 것이죠. 일정 기간 동안의 날짜 쌍의 수는 기간이 증가함에 따라 이차식으로 증가합니다.[4] 따라서 코드를 작성하지 않아도 시간 복잡도가 $O(n^2)$임을 알 수 있습니다.

무식하게 풀기 방법으로 이 문제를 풀면 지수 시간 복잡도를 가지므로, 비효율적이라는 것을 아실 겁니다. 이 문제를 더 낮은 시간 복잡도로 푸는 전략도 있으며, 잠시 후 살펴볼 것입니다. 하지만 시간 복잡도로 따졌을 때도 무식하게 풀기 전략이 최선인 경우가 있습니다. 다음 문제가 바로 그런 사례입니다.

---

[4] n일의 기간 동안에 $n(n+1)/2$개의 쌍이 있음을 1.3절에서 살펴보았습니다.

> **배낭 문제** 🎒
> 한 상인이 상품을 배낭에 골라 담아, 시장에 내다 팔려 한다. 각 상품의 무게와 가치가 주어져 있으며, 배낭에는 상품을 일정한 무게까지만 담을 수 있다. 배낭에 상품을 담아 갈 기회는 단 한 번이다. 배낭에 담은 상품의 가치를 가장 높게 하려면 어떤 상품들을 골라야 하는가?

전체 상품의 모든 조합을 구하려면 멱집합을 구하면 되겠지요? 멱집합을 구한 뒤에는 무식하게 풀기 전략에 따라 각 상품 조합의 총 무게와 판매가를 하나씩 확인하면 됩니다. 멱집합을 구하는 방법은 앞서 소개했습니다. 이를 활용하여 다음과 같이 알고리즘을 쉽게 작성할 수 있습니다.

```
function knapsack(items, max_weight)
    best_value ← 0
    for each candidate in power_set(items)
        if total_weight(candidate) ≤ max_weight
            if sales_value(candidate) > best_value
                best_value ← sales_value(candidate)
                best_candidate ← candidate
    return best_candidate
```

이 알고리즘의 시간 복잡도를 생각해 봅시다. 상품이 n개일 때 가능한 상품 조합은 2^n개입니다. 각각의 조합마다 무게의 합이 배낭의 용량을 넘지 않는지, 가격의 합이 이전까지 찾은 최고 가격보다 높은지를 검사해야 합니다. 이 연산들은 상품 조합 하나당 고정된 횟수만큼 수행되므로, 시간 복잡도는 $O(2^n)$임을 알 수 있습니다.

하지만 상품 조합을 모두 검사해야만 할까요? 상품 조합 중에는 가장 가벼운 상품 한두 개만 담거나 배낭을 반 이상 비워놓는 것들도 많을 텐데요. 그렇다면 좀 더 현명하게 풀 수도 있지 않을까요?[5] 다음 절에서는 가능성 없는 후보들을 제외하여 좀 더 효율적으로 탐색하는 전략을 알아봅시다.

3.4 역추적: 불필요한 탐색 그만두기

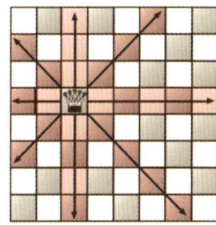

체스를 둬 본 적 있나요? 체스는 8×8개의 칸으로 나뉜 체스 판 위에서 말을 움직여 상대방 말을 잡는 게임입니다. 체스에서 가장 강력한 말은 퀸입니다. 퀸은 자신이 놓인 위치에서 가로·세로·대각선의 어느 곳이든 공격할 수 있죠. 이번 절에서는 유명한 체스 문제를 다루며 새로운 문제 해결 전략을 알아보기로 합시다.

> **여덟 퀸 문제** ♛
> 체스 판 위에 여덟 개의 퀸을 서로 공격할 수 없도록 배치하라.

퀸을 직접 배치하면서 이 문제의 답을 한번 구해 보기 바랍니다. 생각보다 간단한 문제가 아니라는 걸 알게 될 겁니다.[6] 퀸이 서로를 공격할 수

---

[5] 하지만 배낭 문제 자체는 2.3절에서 언급한 NP-완전 문제 중 하나입니다. 이 문제를 다른 전략으로 접근하더라도 지수 시간 알고리즘으로만 풀 수 있습니다.
[6] 웹 사이트에서 직접 해 보세요. *https://code.energy/8queens*

없도록 배치하는 방법에는 여러 가지가 있습니다. 그 중 한 가지 배치가 아래 그림입니다.

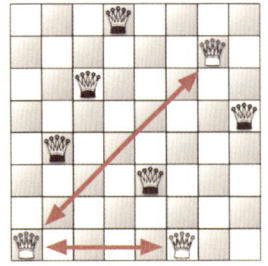 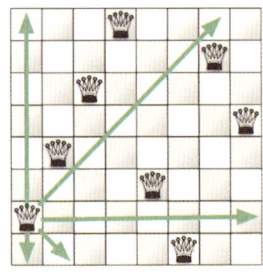

그림 3.6 왼쪽 그림은 잘못된 예입니다. 가장 좌측에 있는 퀸이 다른 퀸을 공격할 수 있습니다. 오른쪽 그림에서는 문제가 되는 퀸을 한 칸 위로 올렸습니다. 이렇게 두면 퀸이 서로를 공격하지 않습니다.

1.3절에서 풀어 본 문제에서, 퀸 여덟 개를 체스판에 놓는 방법이 40억 가지를 넘는다는 것을 살펴봤습니다. 탐색해야 할 후보가 너무 많기 때문에, 이 문제를 무식하게 풀기 전략으로 해결하는 것은 현명한 방법이 아니겠군요.

첫 번째로 놓은 퀸과 두 번째로 놓은 퀸이 서로를 공격하는 경우를 떠올려 봅시다. 이럴 경우 나머지 다른 퀸을 어느 칸에 두더라도 정답이 될 수 없습니다. 무식하게 풀기 전략은 첫 단추를 잘못 끼운 경우도 끝까지 조사하기 때문에 시간을 낭비합니다.

좀 더 효율적인 방법은, 퀸을 올바르게 둘 수 있을 때만 탐색을 이어가는 것입니다. 첫 번째 퀸은 어디에 두더라도 괜찮습니다. 하지만 그 다음 퀸을 둘 수 있는 자리는 앞서 둔 퀸에 의해서 제한됩니다. 다른 퀸의 공격 범위에 퀸을 두면 잘못된 배치가 되니까요. 이 규칙에 따라 퀸을 놓다 보면, 퀸 여덟 개를 다 두기도 전에 더 이상 퀸을 둘 자리가 남지 않는 경우가 자주 나옵니다.

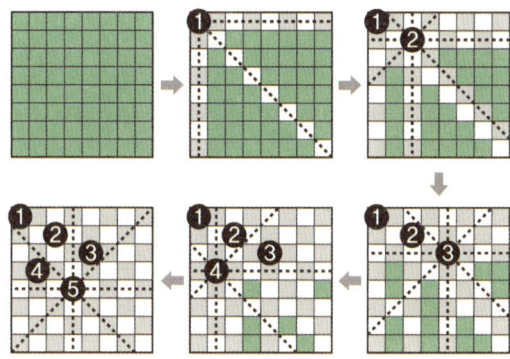

그림 3.7 퀸을 추가할 때마다 다음 퀸을 둘 수 있는 자리가 줄어듭니다.

여덟 번째 퀸을 두기 전에 더 이상 퀸을 둘 자리가 없다면, 가장 최근에 둔 수가 틀린 것입니다. 그러면 그 수를 물리고 다른 위치에 퀸을 두는 탐색을 계속해 나가면 되겠지요? 퀸을 올바른 위치에 두는 과정을 이어가다가, 더 이상 올바른 수를 둘 수 없는 상황에 다다르면 마지막 퀸 배치를 되돌리고 탐색을 이어가는 것. 이런 전략을 **역추적backtrack(되돌아가기)**이라고 하며 다음과 같이 재귀 알고리즘으로 나타낼 수 있습니다.

```
function queens(board)
    if board.has_8_queens
        return board
    for each position in board.unattacked_positions
        board.place_queen(position)
        solution ← queens(board)
        if solution
            return solution
```

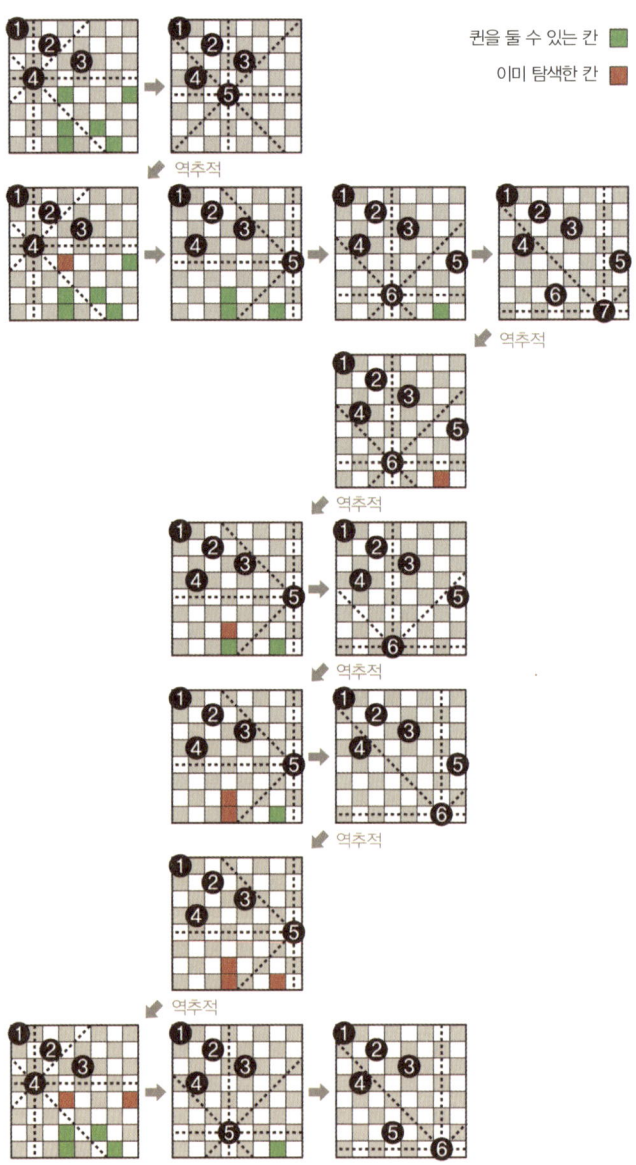

그림 3.8 여덟 개의 퀸 퍼즐의 역추적 과정

```
        board.remove_queen(position)
    return False
```

이 알고리즘은 퀸이 8개 모두 놓일 때까지 올바른 모든 자리를 순회하며 다음 퀸을 놓습니다. 재귀를 이용해 각 자리에 퀸을 두었을 때 정답이 되는지를 확인합니다. 이 과정을 그림 3.8을 통해 살펴봅시다.

문제에서 구하고자 하는 답이 선택의 연속이고, 앞에서 한 선택이 그 뒤의 선택을 제한하나요? 그런 문제는 역추적 전략을 활용하기 좋은 문제입니다. 역추적 전략은 어떤 선택이 정답이 되지 못한다는 것을 빠르게 파악할 수 있습니다. 잘못된 길에서 재빨리 발을 빼고, 다른 선택지를 시도할 수 있는 것이죠. 일찍 실패하고, 자주 실패하세요.

3.5 발견법 : 정답에 가까운 답 구하기

체스가 얼마나 복잡한 게임인지 생각해 봅시다. 체스에서 사용되는 말은 여섯 종, 32개입니다. 그리고 이 말들을 둘 수 있는 칸은 64개죠. 첫 수를 둘 수 있는 경우의 수는 4백 가지가 됩니다. 두 번째 수까지 두는 경우의 수는 7만2천 가지, 세 번째 수까지 두는 방법은 9백만 가지, 네 번째 수까지 두는 경우의 수는 2,880억 가지에 달하게 됩니다. 제아무리 내로라하는 세계대회급 고수라 하더라도, 자기 차례에서 가장 좋은 수가 무엇인지 알아내는 것은 불가능합니다. 그저 직관에 의존해 **충분히 좋은 수를 찾아낼** 뿐이지요.

알고리즘 세계에서도 이런 전략이 사용된답니다. 바로 **발견법**heuristic method(휴리스틱)이라는 방법입니다. 이 방법으로 반드시 최선·최적의 답을 찾으리라는 보장은 없습니다. 하지만 그에 가까운 답을 찾을 수는 있습니다. 무식하게 풀기나 역추적 같은 전략이 시간이 너무 많이 걸릴 때, 발견법의 도움을 받을 수 있습니다. 발견법 중에는 파격적인 방법이 많습니다. 이 책에서는 그 중에서도 가장 간단한 것을 소개해 드리겠습니다. 간단히 말해 역추적을 하지 않는 방법입니다.

탐욕법

발견법 가운데 가장 흔히 사용되는 것이 바로 **탐욕법**greedy approach입니다. 탐욕법은 이전의 선택으로 절대 돌아가지 않습니다. 이전의 선택으로 계속 되돌아가는 역추적 전략과는 정반대의 전략을 쓰죠. 각 단계마다 최선의 선택을 추구하되, 일단 선택하고 나면 과거의 선택을 되돌아보지 않는 것입니다. 이 전략으로 배낭 문제(3.3절 🎒)를 약간 비틀어 다뤄 보겠습니다.

> **배낭 문제 (약한 버전)** 🎒
> 탐욕스러운 절도범이 당신의 집에 숨어들어 상품을 훔쳐가려 한다. 절도범은 훔친 물건을 당신의 배낭에 담아 갈 생각이다. 어떤 물건을 훔쳐가려 할까? 집에 머물러 있는 시간이 짧을수록 잡힐 확률도 줄어들 것이다.

최적해optimal solution(가장 완벽한 답)를 구하려 한다면 앞서 풀어 보았던 배낭 문제와 완전히 동일한 문제입니다. 하지만 절도범 입장에서는 최적해에 관심을 둘 여유가 없습니다. 언제 주인이 돌아올지 모르는 상황에서, 모든 조합을 하나씩 검사해 본다거나 이미 담았던 물건을 다시 꺼내며 역추적할 시간은 없지 않을까요? 탐욕스러운 절도범은 더 이상 물건을 담을 수 없을 때까지 가장 가치가 높은 물건부터 순서대로 배낭에 담을 뿐입니다. 이를 알고리즘으로 나타내면 다음과 같습니다.

```
function greedy_knapsack(items, max_weight)
    bag_weight ← 0
    bag_items ← List.new
    for each item in sort_by_value(items)
        if max_weight ≥ bag_weight + item.weight
            bag_weight ← bag_weight + item.weight
            bag_items.append(item)
    return bag_items
```

탐욕법에서는 한번 결정한 선택(배낭에 담은 물건)이 앞으로의 선택에 어떤 영향을 미칠지를 따지지 않습니다. 덕분에 무식하게 풀기 전략보다 훨씬 빠르게 상품 조합을 구할 수 있습니다. 하지만 이렇게 구한 상품 조합이 반드시 최고가의 조합이라는 보장은 없겠지요.

기독교에서는 탐욕을 7대 죄악의 하나로 꼽습니다. 하지만 계산적 사고에서만큼은 탐욕을 꼭 나쁘게 생각할 필요가 없습니다. 선량한 상인이 짐을 꾸리거나 여행 계획을 짤 때 탐욕법을 활용할 수도 있는 것이죠.

> **외판원 문제 2** 🚗
> 한 외판원이 n개의 도시를 방문한 후 처음 도시로 돌아오려 한다. 어떤 순서로 이동해야 전체 이동 거리를 최소화할 수 있을까?

1.3절에서 살펴본 것처럼, 도시가 조금만 많아져도 도시를 배열할 수 있는 순열의 가짓수는 터무니없을 만큼 많아집니다. 도시의 개수가 수천 개

라면 이 문제의 정답을 구하는 데 필요한 연산 비용은 어마어마하게 클 것입니다. 사실상 정답을 구하는 것이 불가능할 수도 있습니다.[7] 그래도 여행 경로는 짜야 할 것 아닙니까? 바로 이럴 때 탐욕법을 쓰면 됩니다. 다음은 이 문제를 푸는 간단한 탐욕 알고리즘입니다.

1. 들르지 않은 도시 중 가장 가까운 도시로 간다.
2. 모든 도시를 방문할 때까지 반복한다.

어때요? 이보다 나은 발견법을 제시할 수 있겠습니까? 컴퓨터과학자들도 고민하고 연구하는 주제랍니다.

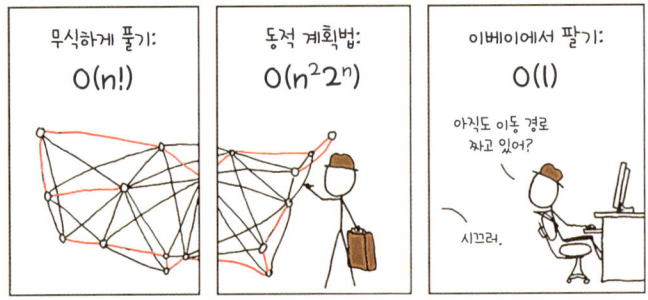

그림 3.9 외판원 문제, *http://xkcd.com*

탐욕이 힘을 얻는 순간

완벽한 답을 구하는 전통적인 알고리즘 대신 발견법을 선택한다면, 답을 빨리 구할 수 있지만 정확성이 떨어지는 점을 감수해야 합니다. 최적의

---

[7] 외판원 문제는 2.3절에서 언급한 NP-완전 문제입니다. 최적해를 구하고자 한다면, 지수 알고리즘보다 빠른 방법은 없습니다.

배낭, 최적의 이동 경로에서 어디까지 멀어져도 괜찮다고 할 수 있을까요? 이는 다루는 문제마다 판단해야 할 것입니다.

그렇다면 반드시 최적해를 구해야 하는 상황이라면, 발견법은 쳐다보지도 말아야 할까요? 꼭 그렇지는 않습니다. 발견법이 최적해를 향한 길잡이가 되어줄 때도 있기 때문입니다. 심지어 어떤 문제는 그 원리상, 탐욕법으로 답을 구하더라도 무식하게 풀기 전략과 똑같은 답을 구할 수 있습니다. 다음이 그런 특별한 문제의 한 예입니다.

> **전력망 연결** ⚡
> 전력이 연결되지 않은 여러 마을에 전력을 공급하고자, 그 중 한 마을에 발전소를 건설하고 있다. 전깃줄을 가장 적게 들여서 모든 마을에 전력을 공급하려면, 전깃줄을 어떻게 연결해야 하는가?

이 문제를 해결하는 방법은 간단합니다.

1. 전력이 공급되지 않은 마을과 전력이 공급되는 마을의 사이가 가장 가까운 것을 골라, 두 마을을 연결한다.
2. 모든 마을에 전력이 공급될 때까지 반복한다.

각 단계마다 그때를 기준으로 가장 가까운 두 마을을 선택해 연결하는 단순한 방법입니다. 선택을 할 때마다 미래에 끼칠 영향을 조사하지 않아도, 전력이 연결되지 않은 가장 가까운 마을을 연결하는 것은 언제나 올바른 선택이 됩니다. 공교롭게도 문제의 성격이 탐욕 알고리즘으로 해결하기에 완전히 알맞기 때문입니다. 이처럼, 문제의 특징에 따라 적합한 전략이 달라지기도 합니다. 다음 절에서는 역사 속 장군들이 좋아하는 전략과 그 전략으로 풀기에 좋은 문제의 구조를 살펴보겠습니다.

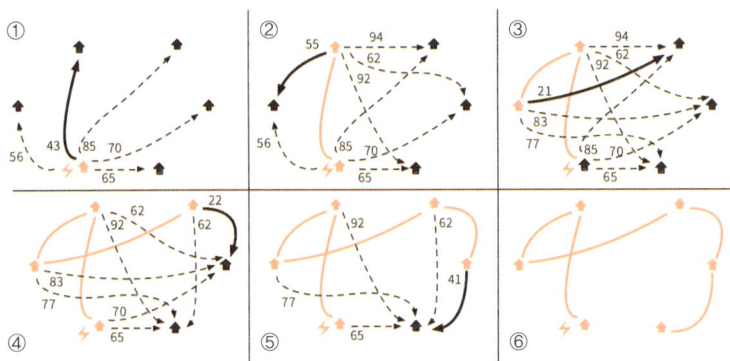

그림 3.10 탐욕스러운 선택으로 전력망 문제 풀기

3.6 분할 정복: 더 작은 문제로 나누어 풀기

카이사르와 나폴레옹은 어떻게 유럽을 지배할 수 있었을까요? 비결은 적을 조금씩 나누어 정복한 것이었습니다. 적이 강력하더라도 머릿수가 적으면 보다 수월하게 정복할 수 있습니다. 프로그래머도 이 전략을 구사하여 문제를 해결할 수 있습니다. 이 전략은 특히 **최적 부분 구조**optimal substructure로 구성된 문제를 해결하기에 적합합니다. 최적 부분 구조로 구성된 문제란, 비슷한 형태의 더 작은 부분 문제로 나눌 수 있는 문제입니다. 이렇게 나뉜 부분 문제 역시 같은 방식으로 계속 나눌 수 있습니다. 계속 나누다 보면 결국 쉽게 풀 수 있는 간단한 문제가 되겠죠? 이 간단한 문제들의 답을 각각 구한 뒤 서로 결합하면 원래 문제의 답을 구할 수 있습니다.

분할 정렬

방대한 리스트를 정렬해야 한다고 생각해 봅시다. 리스트를 반으로 나누면, 나누어진 각 리스트는 원래 문제의 부분 정렬 문제가 됩니다. 두 부분 문제의 답(절반의 리스트를 정렬한 것)을 구한 뒤, 병합 알고리즘(3.1절)을 이용해 하나의 리스트로 합치면 됩니다. 그런데 절반으로 나뉜 두 부분 문제는 또 어떻게 정렬해야 할까요? 이들 또한 '부분 부분 문제'로 나누어 정렬하고 병합하면 됩니다. 이렇게 나누어진 부분 부분 문제들도 마찬가지로 다시 나누고, 정렬하고, 병합할 수 있습니다. 이렇게 리스트를 나누는 과정은 리스트가 기저(하나의 항목으로 이루어진 리스트)에 도달할 때까지 계속됩니다. 리스트가 하나의 항목으로 이루어졌다는 것은 정렬이 되어 있는 상태라는 의미지요! 다음은 이를 알고리즘으로 나타낸 것입니다.

```
function merge_sort(list)
    if list.length = 1
        return list
    left ← list.first_half
    right ← list.last_half
    return merge(merge_sort(left),
                 merge_sort(right))
```

이 우아한 재귀 알고리즘을 **병합 정렬**merge sort이라고 부릅니다. 피보나치 수 알고리즘(3.2절)에서 살펴보았던 재귀 트리를 기억하시죠? 재귀 트리를 이용해 `merge_sort` 함수가 몇 차례나 재귀 호출되는지 살펴봅시다.

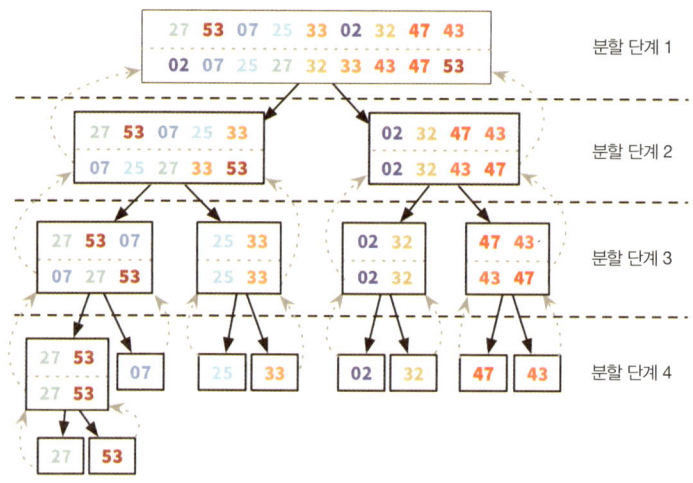

그림 3.11 병합 정렬의 사례. 각 사각형이 merge_sort 함수의 호출을 나타내며, 사각형의 위가 입력, 아래가 출력입니다.

그러면 병합 정렬의 시간 복잡도를 따져 봅시다. 이를 위해서는 첫 번째로 각 분할 단계에서 발생되는 연산 횟수를 구해야 합니다. 그 후 전체에서 발생하는 분할 단계가 몇 차례인지도 세어야 합니다.

단계별 연산 횟수 측정

항목의 개수가 n인 큰 리스트가 있다고 합시다. 이 리스트에 대해 merge_sort 함수를 호출하면 다음과 같은 연산이 실행됩니다.

- 리스트를 절반으로 나누는 작업: 리스트 항목의 개수에 관계 없이, $O(1)$
- 병합(merge): $O(n)$ (3.1절에서 알아보았습니다)

- merge_sort 함수의 재귀 호출 두 차례는 세지 않습니다.[8]

지배적 항(가장 빠르게 증가하는 항)만을 고려할 것이며, 재귀 호출은 세지 않습니다. 따라서 이 함수의 시간 복잡도는 $O(n)$입니다. 그러면 각 분할 단계의 시간 복잡도를 측정해 봅시다.

분할 단계 1. merge_sort 함수가 n개 항목을 가진 리스트를 대상으로 호출됩니다. 이 단계의 시간 복잡도는 $O(n)$입니다.

분할 단계 2. merge_sort 함수가 $n/2$개 항목을 가진 리스트를 대상으로 두 번 실행됩니다. $2 \times O(n/2) = O(n)$

분할 단계 3. merge_sort 함수가 n/4개 항목을 가진 리스트를 대상으로 네 번 실행됩니다. $4 \times O(n/4) = O(n)$

분할 단계 x. merge_sort 함수가 $n/2^x$개 항목을 가진 리스트를 대상으로 2^x번 실행됩니다. $2^x \times O(n/2^x) = O(n)$

각 분할 단계의 시간 복잡도는 모두 $O(n)$으로 동일하군요. 따라서 병합 정렬의 시간 복잡도는 $x \times O(n)$(x = 전체 실행에 필요한 분할 단계의 수)임을 알 수 있습니다.[9]

전체 단계의 수 측정

그렇다면 x는 어떻게 구해야 할까요? 앞서 알아보았듯이, 재귀 함수의 호출은 기저에 이르렀을 때 중단됩니다. 병합 정렬의 경우 기저는 항목이

---

8 재귀 호출에 따른 연산 횟수는 이어지는 분할 단계에서 측정합니다.
9 여기서 x는 상수가 아니기 때문에 무시해서는 안 됩니다. 리스트의 크기 n이 곱절로 증가한다면 분할 단계가 한 단계 더 필요하게 됩니다. n이 4배로 증가한다면 분할 단계가 두 단계 더 필요합니다.

하나뿐인 리스트입니다. 또한, 바로 위에서 x단계의 분할이 $n/2^x$개 항목의 리스트에 해당된다는 것을 확인했습니다. 이를 종합하면 다음 식을 도출할 수 있습니다.

$$\frac{n}{2^x} = 1 \quad \rightarrow \quad 2^x = n \quad \rightarrow \quad x = \log_2 n$$

혹시 로그 함수($\log_2$)가 낯설게 느껴지나요? 어려워하실 것 없습니다. $x = \log_2 n$은 $2^x = n$을 다른 방식으로 표기한 것에 불과합니다. 로그 함수는 처리해야 할 항목이 많아지더라도 연산 비용이 느리게 증가합니다. 그래서 프로그래머들은 로그 함수 증가율을 따르는 알고리즘을 매우 좋아합니다. 리스트의 전체 항목을 분할하는 데 필요한 단계의 수도 로그 함수 증가율을 따르며, 다음 표에서 확인할 수 있듯이 매우 느리게 증가합니다.[10]

입력 크기(n)	$\log_2 n$	필요한 분할 단계
10	3.32	4
100	6.64	7
1,024	10.00	10
1,000,000	19.93	20
1,000,000,000	29.89	30

표 3.1 입력 크기에 따라 필요한 분할 단계

---

[10] 각 단계마다 입력 데이터를, 특정 수(절반씩 나눈다면 2)로 나누어 감소시키는 모든 알고리즘은, 입력량의 로그값만큼의 단계(절반씩 나눈다면 $\log_2 n$ 단계)만 거치면 전체 입력을 완전히 작게 줄일 수 있습니다.

이를 모두 종합해서, 병합 정렬의 시간 복잡도는 $\log_2 n \times O(n)$ $= O(n \log n)$으로 구할 수 있습니다. 선택 정렬의 $O(n^2)$에 비하면 비교가 안 될 정도로 효율적입니다. 그림 2.4에서 로그-일차 함수 알고리즘 $O(n \log n)$과 이차 함수 알고리즘 $O(n^2)$의 성능 차이를 확인할 수 있습니다. 입력 크기가 작을 때는 컴퓨터 성능에 따라 $O(n^2)$ 알고리즘이 더 빠르게 실행될 수도 있습니다. 하지만 입력 크기가 470억 개로 커지자 컴퓨터 성능에 상관 없이 $O(n \log n)$ 알고리즘이 14만 배나 빠르게 실행됩니다. $O(n^2)$ 알고리즘을 아무리 좋은 컴퓨터에서 실행시키더라도, 결국은 $O(n \log n)$ 알고리즘보다 뒤처질 수밖에 없습니다.

입력 크기	이차 함수 (1천 배 빠른 컴퓨터에서 실행)	로그-일차 함수 (느린 컴퓨터에서 실행)
196 (세계의 국가)	38밀리초	2초
4만 4천 (세계의 공항)	32분	12분
17만 1천 (영어사전의 단어)	8시간	51분
1백만 (하와이 거주자)	12일	6시간
1천 9백만 (플로리다 거주자)	11년	6일
1억 3천만 (지금까지 출판된 책)	500년	41일
470억 (인터넷의 웹 페이지)	70만 년	5년

표 3.2 입력 크기에 따라 달라지는 알고리즘 성능

직접 한번 확인해 보시기 바랍니다. 로그-일차 정렬 알고리즘과 이차 정렬 알고리즘을 각각 작성한 뒤, 항목의 개수가 서로 다른 리스트를 입력해 성능을 비교해 보세요. 다루는 데이터의 크기가 크다면 복잡도를 개선하는 것이 필수적입니다. 그러면 이제 무식한 전략으로 풀었던 문제들을 분할 정복 전략으로 해결해 봅시다.

분할 정복으로 최적 거래 문제 풀기

최적 거래 문제(3.3절)를 다룰 때도 무식하기 풀기보다 분할 정복이 효과적입니다. 날짜별 가격 목록을 절반으로 나누어 앞쪽 절반과 뒤쪽 절반에서 각각 최적 거래를 찾는 두 개의 부분 문제로 나눕니다. 이렇게 문제를 나누어 놓으면, 전체 기간 동안의 최적 거래는 다음 세 답 중 하나가 됩니다.

1. 앞쪽 절반에서 사고 파는 최적 거래
2. 뒤쪽 절반에서 사고 파는 최적 거래
3. 앞쪽 절반에서 사고 뒤쪽 절반에서 파는 최적 거래

첫 번째 답과 두 번째 답은 각 부분 문제의 답입니다. 세 번째 답도 간단히 구할 수 있습니다. 앞쪽 절반의 가장 낮은 가격에 사서, 뒤쪽 절반의 가장 비싼 가격에 파는 것이죠. 물론 이 앞쪽 절반과 뒤쪽 절반 역시 '부분 부분 문제'로 계속 나눌 수 있습니다. 이 문제의 기저는 기간이 단 하루인 경우입니다. 같은 날 사고 팔게 되므로 이윤이 0인 거래만 가능합니다.

```
function trade(prices)
    if prices.length = 1
        return 0
    former ← prices.first_half
    latter ← prices.last_half
    case3 ← max(latter) - min(former)
    return max(trade(former), trade(latter), case3)
```

그림 3.12에서 사각형 안의 위쪽 수들은 각 함수에 입력된 가격 목록(prices)입니다. 아래쪽의 수들은 각 함수가 입력받은 가격으로 구한 최적 거래로, 왼쪽부터 각각 최저가, 최고가, 차익을 나타냅니다.

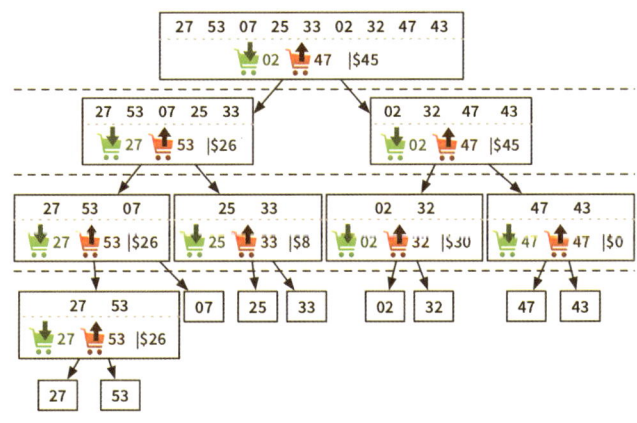

그림 3.12 trade의 실행 사례. 각 사각형이 trade 함수의 호출을 나타냅니다.

trade 함수를 호출하면 간단한 비교 연산과 분할 연산, 입력의 각 절반에서 최댓값과 최솟값을 구하는 연산이 실행됩니다. n개 항목에서 최댓값과 최솟값을 구하려면 n개 항목을 모두 살펴보아야 하므로, trade 함수의 독립적 호출 비용은 $O(n)$이 됩니다.

3.6 분할 정복: 더 작은 문제로 나누어 풀기

trade 함수의 재귀 트리(그림 3.12)는 병합 정렬의 재귀 트리(그림 3.11)와 매우 유사합니다. trade 함수는 merge_sort와 마찬가지로 각각 $O(n)$의 비용이 드는 $\log_2 n$회의 분할 단계를 수행하며, 따라서 시간 복잡도 역시 $O(n \log n)$입니다. 이전의 무식하게 풀기 전략에 따른 $O(n^2)$ 알고리즘과 비교하면 어마어마하게 개선된 것이죠.

분할 정복으로 배낭 문제 풀기

배낭 문제(3.3절) 역시 분할 정복으로 풀 수 있습니다. 이 문제는 n가지 상품 중에서 가치 있는 것을 골라 담는 문제입니다. 각 상품의 속성을 다음과 같이 정의해 봅시다.

- w_i = i번째 상품의 무게
- v_i = i번째 상품의 가치

i는 상품의 번호를 나타내며, 1에서 n 사이의 자연수입니다. 배낭의 용량을 c라고 하고, 배낭에 n가지의 상품 중 골라 담을 수 있는 최대 가치를 $K(n, c)$로 정의합시다. 새로운 상품 $i = n+1$이 추가될 때마다, 배낭에 담을 수 있는 최대 가치는 증가할 수도 있고 아닐 수도 있습니다. 즉, 다음 두 경우 중 가치가 더 높은 경우가 됩니다.

1. $K(n, c)$: 새 상품이 선택되지 않는 경우
2. $K(n, c - w_{n+1}) + v_{n+1}$: 새 상품이 선택되는 경우

첫 번째 경우에서는 새 상품을 무시합니다. 두 번째 경우에서는 새 상품을 추가하되, 기존 상품을 고를 때 새 상품을 담을 만큼의 용량을 남겨

야 합니다. 이를 정리하면 다음 점화식[11]과 같이 n가지 상품에 대한 해를 $n-1$가지 상품에 대한 부분 해들의 최대치로 정의할 수 있습니다.

$$K(n, c) = \max(K(n-1, c),$$
$$K(n-1, c-w_n) + v_n)$$

여기까지 생각하여 점화식을 도출했다면, 이를 재귀 알고리즘으로 변환하는 것은 쉽습니다. 그림 3.13은 이 문제를 재귀 알고리즘으로 푸는 하나의 실행과정을 그려낸 것입니다. 여러 번 출현하는 사각형을 진하게 강조해 두었습니다. 동일한 부분 문제가 여러 번 반복해서 계산되는 것이 보이시나요? 다음 절에서는 이 같은 반복 연산을 방지하여 성능을 개선하는 방법을 알아보도록 합시다.

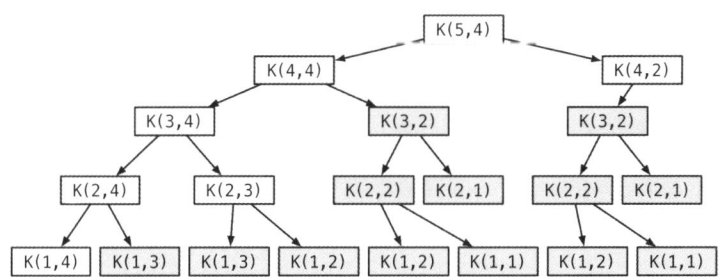

그림 3.13 상품 가짓수가 5, 배낭 용량이 4인 배낭 문제를 푸는 과정. 5번 상품과 4번 상품의 무게는 2, 그 외의 상품의 무게는 1로 설정했습니다.

---

11 (옮긴이) 점화식(recurrence relation)은 수열을 재귀적으로 정의하는 식입니다. 점화식은 직접 정의된 수열의 초기 항, 그리고 이전 항을 이용해 다음 항을 구하는 함수로 구성됩니다.

3.7 동적 계획법 : 계산 결과를 기억하며 풀기

문제를 풀 때, 동일한 연산이 여러 차례 수행되는 경우가 있습니다.[12] 동적 계획법dynamic programming[13]을 활용하면 반복되는 부분 문제를 식별하여 이들을 한 번씩만 연산할 수 있습니다. 이를 위해 메모이즈memoize(저장)라는 기법을 활용해 볼 텐데, 그 용어의 철자와 의미가 '암기하다memorize'라는 단어와 비슷합니다. 😎

피보나치 수열 저장하기

피보나치Fibonacci 수 계산 알고리즘 기억하시죠? 이 알고리즘의 재귀 트리(그림 3.3)를 살펴보면, `fib(3)`이 여러 번 계산되는 것을 확인할 수 있습니다. 이를 다음과 같이 개선할 수 있습니다. 먼저, `fib` 함수는 계산을 수행하기 전에 계산된 결과가 저장되어 있는지 확인합니다. 계산 결과가 저장되어 있다면 그 값을 꺼내 반환하고, 계산 결과가 없을 때만 계산을 수행하여 결과를 저장한 후에 반환합니다. 그러면 함수가 동일한 입력으로 여러 번 호출되더라도 실제 계산은 한 번씩만 수행됩니다. 이렇게 부분 계산 결과를 저장해 두었다가 재사용하는 기법을 메모이제이션memoization이라 합니다. 다음은 `fib` 알고리즘에 메모이제이션을 적용하여 성능을 끌어올린 알고리즘입니다.

---

12 중복 부분 문제가 존재하는 문제라고 합니다.
13 (옮긴이) 『컴퓨터과학이 여는 세계』(2015 ⓒ 이광근, 인사이트)에서는 '기억하며 풀기'라는 좀 더 직관적인 용어를 제시했습니다.

```
M ← [1 ⇒ 1; 2 ⇒ 2]
function dfib(n)
    if n not in M
        M[n] ← dfib(n-1) + dfib(n-2)
    return M[n]
```

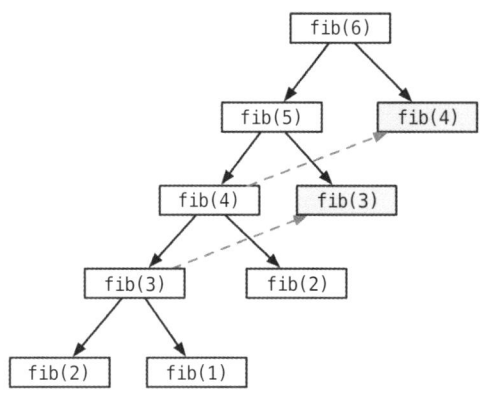

그림 3.14 dfib 알고리즘의 재귀 트리.
진하게 강조한 사각형에서는 이전에 계산한 결과를 꺼내 반환하기 때문에 다시 계산하지 않습니다

계산 결과를 기억하며 배낭 문제 풀기

앞 절에서 분할 정복 전략으로 배낭 문제를 풀어 보았습니다. 그런데 그 재귀 트리(그림 3.13)를 살펴보면, 이 알고리즘에서도 반복 호출이 여러 차례 일어나는 것을 알 수 있습니다. 피보나치 함수에서 사용한 것과 동일한 기법을 적용해, 계산한 적 있는 값을 다시 계산하지 않을 수 있습니다.

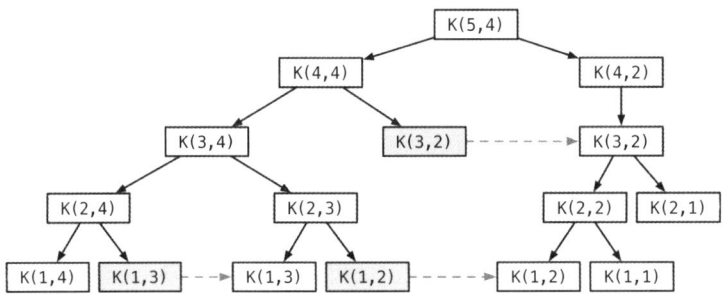

그림 3.15 배낭 문제를 재귀적 방법과 메모이제이션 기법으로 해결하기

동적 계획법을 활용하면 형편없이 느린 프로그램을 제법 쓸 만한 속도로 개선할 수 있습니다. 이를 위해서는 알고리즘에서 반복적으로 계산되는 부분이 없는지 주의 깊게 분석해 봐야 합니다. 여러 번 계산되는 부분 문제를 발견하기가 까다로운 경우도 있기 때문입니다. 다음 문제에서 그런 예를 살펴봅시다.

상향식 최적 거래

trade 알고리즘의 재귀 트리(그림 3.12)에서는 반복되는 호출이 없습니다. 하지만 그럼에도 반복 계산되는 부분이 숨어 있습니다. 이 알고리즘은 입력 데이터에서 최댓값과 최솟값을 탐색합니다. 그런데 그 후에 데이터를 절반으로 나누어 재귀 호출에 넘기면, 재귀 호출에서는 분할된 데이터에서 또 다시 최댓값과 최솟값을 탐색합니다.[14] 이렇게 탐색이 반복되

---

14 어느 방 안에서, 키가 가장 큰 남자, 키가 가장 큰 여자, 키가 가장 큰 사람을 각각 찾아야 한다고 합시다. 키가 가장 큰 사람부터 먼저 찾은 뒤에, 키가 가장 큰 남자와 키가 가장 큰 여자를 다시 찾는 것이 좋은 방법일까요?

는 것을 방지하려면 새로운 접근법이 필요합니다.

지금까지는 기저에 도달할 때까지 입력 데이터의 양이 줄어들도록 하는 **하향식**top-down 접근법에 의존해 왔습니다. 하지만 반대로 기저 사례들을 먼저 계산한 뒤 부분 계산 결과들이 최종 정답에 도달할 때까지 조합해 나가는 **상향식**bottom-up 접근법으로 문제를 풀 수 있습니다. 최적 거래 문제(3.3절 💲)를 이 방법으로 풀어 봅시다.

n번째 날의 가격을 $P(n)$이라고 하고, n번째 날에 팔 물건을 가장 저렴하게 살 수 있는 날을 $B(n)$이라고 합시다. 만약 첫째 날에 물건을 판다면 첫째 날에만 물건을 살 수 있으므로, $B(1) = 1$입니다. 마찬가지로 둘째 날에 물건을 판다면, $B(2)$는 1 또는 2입니다.

$P(2) < P(1) \;\to\; B(2) = 2$ (둘째 날에 사고 판다)

$P(2) \geq P(1) \;\to\; B(2) = 1$ (첫째 날에 사고, 둘째 날에 판다)

그리고 셋째 날이 되기 전의 기간에서 최저 가격을 기록하는 날은 $B(2)$입니다. 따라서 $B(3)$은 다음 중 하나가 됩니다.

$P(3) < B(2)$ 번째 날의 가격 $\to B(3) = 3$

$P(3) \geq B(2)$ 일의 가격 $\;\to\; B(3) = B(2)$

마찬가지로 넷째 날이 되기 전에 최저 가격을 기록하는 날은 $B(3)$임을 알 수 있습니다. 즉, 모든 n에 대하여 n번째 날이 되기 전의 최저 가격은 $B(n-1)$입니다. 이를 이용해 $B(n)$을 $B(n-1)$에 관한 식으로 나타낼 수 있습니다.

$$B(n) = \begin{cases} P(n) < P(B(n-1)) & : n, \\ \text{그 외의 경우} & : B(n-1) \end{cases}$$

입력 데이터의 모든 n일차에 대해 $[n, B(n)]$의 쌍을 구하고, 이 쌍들 중에서 이윤이 최대가 되는 쌍을 구하면 이 문제의 답을 구할 수 있습니다. 모든 B의 값을 상향식으로 계산하여 이 문제를 푸는 것이죠. 이 과정을 다음과 같은 알고리즘으로 작성할 수 있습니다.

```
function trade_dp(P)
    B[1] ← 1
    sell_day ← 1
    best_profit ← 0

    for each n from 2 to P.length
        if P[n] < P[B[n-1]]
            B[n] ← n
        else
            B[n] ← B[n-1]

        profit ← P[n] - P[B[n]]
        if profit > best_profit
            sell_day ← n
            best_profit ← profit

    return (sell_day, B[sell_day])
```

이 알고리즘은 입력 리스트의 각 항목마다 고정된 횟수의 간단한 연산만 수행합니다. 따라서 시간 복잡도는 $O(n)$입니다. 앞서 살펴본 $O(n \log n)$ 알고리즘보다도 성능이 비약적으로 좋아졌습니다. $O(n^2)$의 무식하기 풀기 전략은 비교 대상도 되지 못하죠. 참고로 이 알고리즘의 공간 복잡도는 $O(n)$입니다. 보조 벡터[15] B가 입력 데이터만큼의 항목을 갖기 때문입니다. 부록 IV에서는 이 알고리즘의 공간 복잡도를 $O(1)$로 만들어 메모리를 절약하는 방법도 소개합니다.

3.8 분기한정법: 답의 범위를 좁히며 풀기

프로그래밍을 하다 보면 어떤 값을 최소화하거나 최대화하는 문제를 많이 만나게 됩니다. 최단 경로 탐색, 이윤 최대화 등을 예로 들 수 있지요. 이런 문제를 **최적화 문제**optimization problem라고 합니다. **분기한정법**branch and bound은 최적화 문제에서 구하려는 답이 '선택의 연속'일 때 자주 활용되는 전략입니다. 나쁜 선택지를 빠르게 제거하여 시간을 절약할 수 있습니다. 그렇다면 나쁜 선택지를 어떻게 알아낼 수 있을까요? 이 과정을 이해하려면 먼저 상한과 하한이라는 개념을 먼저 알아야 합니다.

상한과 하한

어떤 값의 범위를 지정하는 것을 **한정**bound이라고 합니다. 한정에는 두 가지가 있습니다. **상한**upper bound은 값의 최대치를 한정하는 것이고, **하한** lower bound은 값의 최소치를 한정하는 것입니다.

문제를 풀다 보면 '차선의 답'은 쉽게 구할 수 있을 때가 많습니다. 차선의 답이란, '최단 경로는 아닐 수 있지만 짧은 경로', '최대 이윤은 아닐 수 있지만 큰 이윤'과 같이, 최선은 아닐 수 있지만 나쁘지 않은 답입니다. 이런 답들은 최적해에 다가가는 범위를 설정합니다. 예를 들어, 두 지점 사이를 잇는 경로는 두 지점 사이의 직선 거리보다 짧을 수 없습니다.

---

15 (옮긴이) 값의 집합을 저장하는 구조. 배열을 예로 들 수 있습니다. 4장에서 여러 데이터 구조를 살펴봅니다.

그러므로 두 지점 사이의 직선 거리는 최단 거리의 하한이 됩니다.

배낭 문제의 약한 버전(3.5절 🐙)에서 제시한 `greedy_knapsack` 알고리즘으로 구할 수 있는 이윤 또한 최적해의 하한입니다(이 답은 최적해에 가까울 수도 있고, 아닐 수도 있습니다). 이번에는 다른 종류의 배낭 문제를 생각해 봅시다. 모든 상품이 가루로 되어 있어 상품의 일부만을 배낭에 담을 수도 있다면 어떨까요? 이 문제는 단순한 탐욕법으로 쉽게 풀 수 있습니다. 가치/무게 비율이 가장 높은 상품부터 가방이 가득 찰 때까지 계속 담으면 됩니다. 다음 알고리즘과 같이 말이죠.

```
function powdered_knapsack(items, max_weight)
    bag_weight ← 0
    bag_items ← List.new
    items ← sort_by_value_weight_ratio(items)
    for each i in items
        weight ← min(max_weight - bag_weight,
                     i.weight)
        bag_weight ← bag_weight + weight
        value ← weight * i.value_weight_ratio
        bagged_value ← bagged_value + value
        bag_items.append(item, weight)
    return bag_items, bag_value
```

여기서 상품을 분할할 수 없다는 원래의 제약을 추가해, 배낭 문제의 원래 버전으로 되돌리면 어떻게 될까요? 상품을 분할하지 못하므로 배낭에 담을 수 있는 최대 가치는 더 낮아지는 쪽으로만 변할 수 있습니다. 배낭의 맨 마지막에 추가하는 상품을 좀 더 가치가 낮은 것으로 바꿔야 할 테니까요. 이 말은, 분할할 수 없는 상품으로 얻을 수 있는 최대 가치(배낭 문제의 원래 버전)의 상한을 `powdered_knapsack` 알고리즘으로 설정할 수 있다는 뜻입니다.[16]

분기한정법으로 배낭 문제 풀기

앞서, 배낭 문제의 최적해를 구하려면 $O(2^n)$의 고비용 연산이 필요하다는 것을 확인했습니다(NP-완전 문제). 그런데 powdered_knapsack과 greedy_knapsack을 이용하면 최적해의 상한과 하한만큼은 빠르게 구할 수 있습니다. 다음 표의 샘플 데이터를 대상으로 이 방법을 시험해 봅시다.

상품	가치	무게	가치/무게 비율	최대 용량
A	2	2	1.00	
B	15	7	2.14	
C	16	3	5.33	10
D	12	2	6.00	
E	8	2	4.00	
F	3	4	0.75	

표 3.3 배낭에 담을 상품의 정보

왼쪽은 배낭에 물건을 담기 전의 상황을 그림으로 나타낸 것입니다. 크게 두 부분으로 나뉜 상자에서 왼쪽은 아직 담지 않은 상품을 나타내고, 오른쪽은 배낭에 담은 상품과 남은 용량을 나타냅니다. 최고 가치를 greedy_knapsack 알고리즘(하한)으로 구하면 39, powdered_knapsack

---

16 이처럼 문제에서 제약사항을 제거하여 문제를 단순화하는 기법을 완화(relaxation)라고 합니다. 완화 기법은 최적화 문제에서 최적해의 범위를 구할 때 자주 사용됩니다.

알고리즘(상한)으로 구하면 52.66입니다. 최고 가치가 39와 52 사이의 어느 값이라는 뜻이지요. 3.6절에서 배운 것과 같이, n개의 상품을 취급하는 배낭 문제는 $n-1$개 상품을 취급하는 부분 문제 두 개로 나눌 수 있습니다. 아래 그림에서 왼쪽의 부분 문제는 상품 A를 담은 경우, 오른쪽의 부분 문제는 담지 않은 경우의 부분 문제입니다.

나뉜 두 부분 문제에 대해서도 상한과 하한을 계산할 수 있습니다. 오른쪽 부분 문제(상품 A를 담지 않은 경우)의 하한이 48로 계산되었습니다. 최적해가 39와 52 사이의 어느 값이라는 것은 앞에서 확인했고, 지금 살펴본 오른쪽 부분 문제의 하한이 48이므로, 이제 최적해의 범위를 48과 52 사이로 좁힐 수 있습니다. 오른쪽 부분에서 좋은 하한이 나왔으므로 좀 더 탐색해 봅시다.

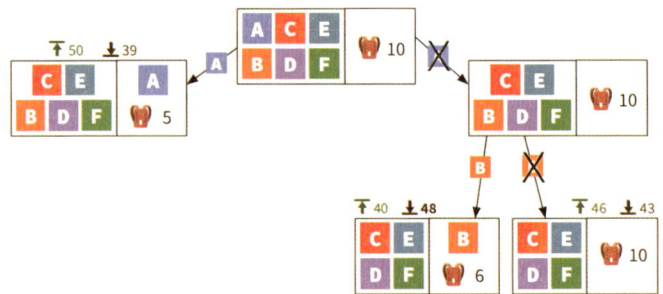

탐색해 본 결과, 오른쪽 부분 문제에서는 48보다 좋은 답은 나오지 않는 것 같습니다. 이제 왼쪽 부분 문제를 더 탐색해 봅시다.

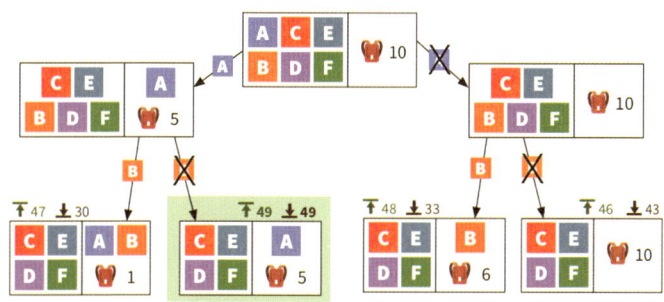

여기서 최적해를 도출할 수 있습니다. 왼쪽 부분 문제에서 상품 B를 담지 않은 경우의 부분 문제를 살펴보면, 상한과 하한이 모두 49입니다. 즉, 이 부분 문제(상품 A를 담고, 상품 B를 담지 않은)의 최적해는 정확히 49 입니다. 게다가 49는 아직 탐색하지 않은 다른 모든 부분 문제들의 상한 (47, 48, 46)보다 크므로, 다른 부분 문제들은 탐색할 필요가 없습니다. 따라서 전체 문제의 최적해가 49라고 결론내릴 수 있습니다.

상한과 하한을 활용하여 최소한의 계산만으로 최적해를 탐색해 보았습니다. 여러 가능성을 탐색하는 과정에서 동적으로 탐색 범위를 조정했습니다. 분기한정법의 원리를 다음과 같이 정리합시다.

1. 문제를 여러 개의 부분 문제로 나눕니다.
2. 각 부분 문제의 상한과 하한을 구합니다.
3. 각 부분 문제에서 모든 분기의 상하한 범위를 비교합니다.

4. 가장 유망한 부분 문제를 선택하여 1단계로 돌아갑니다.

역추적 전략(3.4절) 역시 정답 후보를 전부 탐색하지 않고도 정답을 구할 수 있는 방법입니다. 역추적 전략에서는 여러 가지 경로를 가능한 데까지 탐색해 본 뒤에 정답에 도달할 수 없는 후보들을 제외하고, 정답을 발견할 때까지 탐색을 이어갑니다. 반면, 분기한정법에서는 어떤 경로가 최악인지를 예상하고 헛수고를 방지합니다.

장을 마치며

문제를 푼다는 것은 정답이 될 만한 후보를 추려 올바른 것을 골라내는 일입니다. 이 장에서는 정답 후보를 추려내기 위한 다양한 전략을 알아보았습니다. 가장 간단한 전략은 모든 후보를 하나씩 확인하며 무식하게 푸는 것입니다.

    문제를 더 작은 문제로 구조적으로 나누어 성능을 대폭 향상시키는 분할 정복 전략도 배웠습니다. 분할 정복으로 문제를 풀 때, 동일한 부분 문제가 여러 번 계산될 때가 있습니다. 이런 경우에 동적 계획법을 적용하면 동일한 연산을 여러 번 반복하지 않아도 됩니다.

    그 외에도 계산 비용을 줄이기 위한 전략을 여러 가지 살펴보았습니다. 역추적 전략은 무식하게 풀기 전략에서 불필요한 탐색을 줄여 줍니다. 분기한정법은 상한과 하한을 추정할 수 있는 문제의 답을 빠르게 구할 수 있게 해줍니다. 최적해를 계산하는 비용을 감당할 수 없다면 발견법을 활용할 수 있습니다.

여러 전략으로 문제를 푸는 것은 결국, 데이터를 대상으로 연산을 수행하는 일입니다. 다음 장에서는 컴퓨터의 메모리 속에서 데이터를 조직적으로 다루는 방법들을 살펴보겠습니다. 또한 데이터를 다루는 방식이 연산 속도와 어떻게 관련이 있는지도 함께 안내합니다.

참고자료

- 『알고리즘 디자인Algorithm Design, 1st Edition』, 존 클라인버그 저 – *https://code.energy/kleinberg*
- 「알고리즘 설계 전략 선택하기」, Shailendra Nigam – *https://code.energy/nigam*
- 「동적 계획법」, Umesh V. Vazirani – *https://code.energy/vazirani*

Chapter 04
데이터 취급하기

Data

좋은 프로그래머는 데이터 구조와 데이터 사이의 관계를 고민한다.

– 리누스 토르발스 *Linus Benedict Torvalds*

데이터를 어떻게 제어할 것인가? 이 질문은 컴퓨터과학의 핵심 주제 가운데 하나입니다. 계산이란 결국 데이터를 입력받고, 데이터에 연산을 수행하여 변환하고, 변환된 데이터를 출력하는 절차니까요. 그런데 대부분의 알고리즘은 데이터 연산을 어떻게 수행해야 하는지는 명확히 지시하지 않습니다. 예를 들어, merge 알고리즘(3.1절)에서는 수 리스트 생성, 빈 리스트 검사, 항목 추가 같은 데이터를 다루는 연산이 수행되도록 동작합니다. 하지만 이 연산을 어떻게 수행해야 하는지는 알려주지 않죠. 그저 알고리즘 바깥 어디엔가 그런 코드가 정의되어 있을 거라고 믿고 그 코드를 호출할 뿐입니다. queens 알고리즘(3.4절)도 마찬가지입니다. 체스판 위에서 어떻게 연산이 수행되는지, 말의 위치가 메모리에 어떻게 저장되는지는 전혀 신경 쓰지 않습니다. 이처럼, 구체적인 세부 동작은 생각하지 않고 간단한 용어, 개념만으로 대상을 다루는 것을 추상abstraction이라고 합니다. 이 장에서는 다음과 같은 내용을 알아보겠습니다.

- ✨ 추상 데이터 유형으로 코드가 간결해지는 원리
- 🛠 공통적으로 사용되는 추상 데이터 유형의 종류
- 🏗 메모리 속에서 데이터를 구조화하는 다양한 방법

우선 '추상abstraction'과 '데이터 유형data type(자료형)'이라는 용어의 뜻부터 알아 둡시다.

추상

추상은 세부사항을 생략하여, 복잡한 사물의 기능을 단순한 방식으로 다루기 위한 인터페이스interface(접점)입니다. 기계공학 이론을 잘 모르더라도 자동차 운전은 쉽게 배울 수 있습니다. 자동차의 기계적 원리는 복잡하지만, 그 복잡함은 운전대 뒤에 감추어져 있습니다. 운전대라는 단순한 인터페이스 덕분에 복잡한 기계를 누구나 쉽게 다룰 수 있습니다.

 소프트웨어 공학에는 프로그래머들을 위한 운전대가 있습니다. **프로시저 추상**procedural abstraction이 그것입니다. 프로시저 추상이란 어떤 복잡한 처리 과정을 프로시저[1] 속에 감추어 두는 것입니다. `trade` 알고리즘(3.6절)에서 사용한 `min` 프로시저와 `max` 프로시저는 가장 작은 수와 가장 큰 수를 찾는 방법을 감추어 알고리즘을 간단하게 합니다. 프로시저 추상을 모아 한 차원 더 추상화하면 모듈[2]을 만들 수 있습니다. 모듈은 복잡한 작업을 단 한 번의 프로시저만으로 수행할 수 있게 해줍니다. 모듈이 얼마나 간편한지 살펴봅시다.

    html ← fetch_source("https://code.energy")

고도로 추상화된 프로시저와 모듈 덕분에, 웹사이트의 소스코드를 받아오는 코드를 단 한 줄로 작성할 수 있습니다. 그 내부 처리 과정은 매우 복잡할 텐데도 말이죠.[3]

프로시저 추상에는 여러 가지가 있습니다만, 그 중에서도 여러 가지 데이터 추상data abstraction을 중심적으로 알아보겠습니다. 데이터 추상은 데이터 처리 과정의 세부사항을 감추어 줍니다. 데이터 추상들의 동작 원리를 알아보려면 먼저 데이터 유형에 관해서 확실히 이해해야 합니다.

데이터 유형

우리는 고정쇠를 나사, 볼트, 못 등 여러 가지 유형으로 구별합니다. 그 분류 기준은 무엇일까요? 잠그기, 죄기, 박기 등 그 물건으로 해야 할 작업입니다. 우리는 데이터를 문자열, 불(boolean), 수 등으로 구별합니다. 이때 고정쇠를 분류할 때와 마찬가지로, 데이터로 수행해야 할 연산

---

[1] (옮긴이) 프로시저(procedure)는 특정 작업을 수행하기 위한 순차적인 명령의 나열입니다. 전체 프로그램 흐름을 구성하는 부분 프로그램이며, 프로그램 속에서 여러 차례 재사용될 수 있습니다. 흔히 함수(function)·메서드(method)·서브루틴(subroutine)이라는 용어로도 불리며, 이 용어들을 혼용하기도 합니다만, 엄밀하게 정의하면 의미가 조금씩 다릅니다.

[2] 모듈(module) 또는 라이브러리(library)란 다양한 용도로 사용될 수 있는 프로시저를 제공하는 소프트웨어입니다. 모듈과 라이브러리는 수많은 소프트웨어의 실행에 필요하며, 그 소프트웨어들에 내장되거나 함께 배포되곤 합니다.

[3] 도메인 이름 해석, TCP 네트워크 소켓 생성, SSL 암호화 핸드셰이크 등 다양한 과정을 거칩니다.

을 기준으로 삼습니다.

특정 위치의 문자를 기준으로 쪼갤 수 있고, 대소문자 변환이 가능하고, 다른 문자를 덧붙일 수 있는 데이터 변수는 어떤 유형일까요? 바로 텍스트를 나타내는 문자열 유형입니다. XOR·OR·AND 연산을 수행하거나 반전시킬 수 있는 데이터 변수는 어떤 유형일까요? True 또는 False를 값으로 가질 수 있는 불 유형이죠. 마찬가지로, 더하고, 나누고, 뺄 수 있는 변수는 수 유형입니다.

모든 데이터 유형은 특정한 프로시저들의 집합과 연관 지을 수 있습니다. 리스트를 처리하기 위한 프로시저, 집합을 처리하기 위한 프로시저, 수를 처리하기 위한 프로시저는 모두 다릅니다.

4.1 추상 데이터 유형: 데이터를 취급하기 위한 명세

추상 데이터 유형abstract-(추상 자료형)은 특정 데이터 유형에 필요한 연산이 무엇인지 정해 둔 명세입니다. 데이터 변수를 조작하기 위한 인터페이스를 정의해 둠으로써, 메모리 속에서 실제로 데이터를 저장하고 연산하는 데 필요한 모든 세부사항을 감출 수 있습니다.

우리는 알고리즘을 작성할 때, 데이터 연산을 수행하기 위해 메모리를 읽고 쓰는 작업을 직접 지시하지 않습니다. 그저 외부의 데이터 처리 모듈을 사용할 뿐입니다. 이런 데이터 처리 모듈이 추상 데이터 유형에서 정의된 프로시저들을 제공해 줍니다.

예를 들어, 리스트를 저장하는 변수를 처리하기 위해서는 리스트를 생성·삭제하는 프로시저, 리스트의 n번째 항목을 접근·제거하는 프로시저,

리스트에 새 항목을 추가하는 프로시저가 필요합니다. 이러한 프로시저 (이름과 기능)의 정의가 바로 리스트의 추상 데이터 유형입니다. 우리는 추상 데이터 유형에 정의된 프로시저를 사용할 수 있으므로 메모리를 직접 조작하지 않아도 됩니다.

추상 데이터 유형의 이점

추상 데이터의 유형의 이점에는 간결성, 유연성, 재사용성, 조직성, 편의성, 오류 수정 용이성 등이 있습니다.

간결성

추상 데이터 유형을 사용하면 코드를 이해하고 수정하기가 간편해집니다. 데이터 처리를 위한 프로시저에서 세부사항을 생략하여, 알고리즘에서 문제를 해결하는 절차에만 집중할 수 있게 되죠.

유연성

메모리 속에서 데이터를 구조화하는 방법은 여러 가지입니다. 그러므로 한 종류의 데이터 유형이라 하더라도 이를 위한 데이터 처리 모듈 또한 여러 가지입니다. 주어진 상황에 가장 적절한 모듈을 골라 사용해야 합니다. 그렇다면 어떤 모듈을 고르느냐에 따라 작성하는 코드도 달라져야 할까요? 그렇지 않습니다. 모듈이 다양하더라도 모듈들이 동일한 추상 데이터 유형을 기준으로 만들어져 있다면, 모두 똑같은 인터페이스의 프로시저로 조작할 수 있습니다. 즉, 데이터를 저장·조작하는 방식을 바꿔야 하더라도 코드를 수정할 필요 없이 데이터 처리 모듈만 교체하면 되는 것입니다. 자동차를 예로 들어 볼까요? 휘발유차든 전기차든 운전 인터페이스는 모두 동일합니다. 따라서 운전만 할 줄 안다면, 휘발유차를 몰다가 전기차를 몰 수도 있고, 그 반대로도 가능한 것이죠.

재사용성

동일한 데이터 처리 모듈을 다양한 프로젝트에서 재사용할 수 있습니다. 예를 들어, 이전 장의 power_set과 recursive_power_set은 둘 다 집합 변수를 대상으로 연산을 수행합니다. 따라서 두 알고리즘 모두 집합을 처리하는 Set 모듈을 사용하면 됩니다.

조직성

연산을 수행해야 할 데이터 유형이 수, 텍스트, 지리 좌표, 이미지 등 여러 가지일 때가 많습니다. 프로그램을 좀 더 조직적으로 관리하려면, 취급하는 데이터 유형에 따라 코드를 나눠 모듈로 만들어 두어야 합니다. 이를 관심의 분리separation of concerns라고 합니다. 논리적 범주가 같은 코드끼리 모듈로 묶어야 합니다. 서로 다른 기능을 마구 뒤섞어 놓는다면 이른바 '스파게티 코드'가 되고 말겠지요.

편의성

다른 사람이 만든 데이터 처리 모듈을 가져와 사용하더라도, 프로시저가 추상 데이터 유형에 따라 정의되어 있기에 사용법을 바로 알 수 있습니다. 추상 데이터 유형의 프로시저만 알고 있으면, 새로운 데이터 유형을 만나더라도 필요한 연산을 곧바로 수행할 수 있지요. 데이터 처리 모듈의 자세한 동작 원리를 이해하지 못하더라도 문제가 되지 않습니다.

오류 수정 용이성

버그가 없는 데이터 처리 모듈을 사용해 프로그램을 만든다면 적어도 데이터 처리로 생기는 오류에서는 해방될 수 있습니다. 그런데 데이터 처리 모듈에 버그가 있다면? 모듈의 버그를 고치는 것만으로 프로그램 여러 곳의 문제를 한번에 해결할 수 있겠지요.

4.2 추상 데이터 유형의 종류

취급하는 데이터의 유형을 알고, 그 데이터에 수행하는 연산을 이해하는 것은 계산 문제를 푸는 데 매우 중요합니다. 어떤 추상 데이터 유형을 사용할지 고르는 것도 마찬가지고요. 이 절에서는 꼭 알아 두어야 할 보편적인 추상 데이터 유형들을 소개합니다. 이 데이터 유형은 수많은 알고리즘에서 사용되며, 프로그래밍 언어에 기본적으로 내장되어 있는 경우도 많습니다.

기본 데이터 유형

기본 데이터 유형primitive-이란, 여러분이 사용하는 프로그래밍 언어에 내장되어 있어 외부 모듈을 불러오지 않고도 쓸 수 있는 것을 말합니다. 정수, 부동소수점 실수[4], 그리고 이들에 대한 연산(덧셈, 뺄셈, 곱셈, 나눗

---
[4] 부동소수점은 소수를 표현하는 보편적인 방식입니다.

셈)은 거의 모든 프로그래밍 언어에 내장되어 있습니다. 그 외에도 텍스트, 불 등의 간단한 데이터 유형은 대부분의 언어에 내장되어 있습니다.

스택

머릿속에 서류 더미를 떠올려 봅시다. 서류 더미의 가장 위에 종이 한 장을 더 올릴 수 있고, 가장 위에서 한 장을 뺄 수도 있습니다. 서류 더미에서는 맨 처음에 놓은 종이가 항상 맨 마지막에 제거됩니다. 스택stack(더미)이란, 이처럼 항목을 더미처럼 쌓아 놓고 가장 위의 항목을 기준으로 작업을 수행하는 방식입니다. 더미에서 가장 위에 있는 항목이 언제나 가장 최근에 추가된 것입니다. 스택을 구현하는 모듈은 최소한 다음 두 연산을 반드시 제공합니다.

- push(e): 새 항목 e를 스택의 가장 위에 추가한다.
- pop( ): 스택의 가장 위의 항목을 가져오고 그 항목을 스택에서 제거한다.

스택을 좀 더 '개선한' 버전에서는 몇 가지 연산이 더 제공되기도 합니다. 이를테면, 스택이 비어 있는지 검사하는 연산이나 스택에 들어 있는 항목의 개수를 구하는 연산이 있습니다.

스택과 같은 데이터 처리 방식을 LIFO last-in first-out(후입 선출)라고 합니다. LIFO 방식에서는 스택의 가장 위에서만 항목이 제거되며, 제거되는 항목은 스택에서 가장 최근에 추가된 항목입니다. 스택은 여러 알고리즘에서 사용되는 중요한 데이터 유형입니다. 텍스트 편집기의 '실행 취소' 기능은 어떻게 구현되었을까요? 편집기는 수행되는 작업을 모두 스택에 차례대로 밀어 넣습니다. 그러다가 '실행 취소' 기능이 실행되면 마지막 작업을 스택에서 뽑아내 되돌립니다.

재귀 알고리즘을 이용하지 않고 역추적 전략(3.4절)을 구현하는 방법이 있습니다. 이전에 선택해 온 과정을 스택에 저장하면 됩니다. 새 항목을 탐색할 때마다 항목을 가리키는 참조 번호를 스택에 밀어 넣고(push()), 뒤로 되돌아갈 때는 스택에서 뽑아내(pop()) 이전 항목을 구하는 것이죠.

큐

큐queue(대기열)는 스택과 정반대 방식입니다. 큐 역시 항목을 저장하고 조회하는 데 사용됩니다. 그러나 큐에서 조회되는 항목은 언제나 큐의 가장 앞의 항목, 다시 말해 큐에 추가된 지 가장 **오래된** 항목입니다. 선착순으로 손님을 받는 식당에서 줄을 서는 대기열을 떠올려 봅시다. 큐의 핵심 연산은 다음 두 가지입니다.

- enqueue(e): 새 항목 e를 큐의 가장 뒤에 추가한다.
- dequeue(): 큐의 가장 앞 항목을 가져오고 그 항목을 큐에서 제거한다.

큐는 가장 앞(가장 오래되기도 한)의 항목을 가장 먼저 내보냅니다. 큐의 이런 데이터 관리 방식은 FIFO first-in first-out (선입 선출) 방식이라고 합니다.

다양한 상황에서 큐를 활용할 수 있습니다. 여러분이 온라인 피자 주문 서비스를 운영한다면, 아마 피자 주문을 큐에 저장해야 할 것입니다.

피자 주문을 큐가 아니라 스택 방식으로 저장한다면 어떤 일이 벌어질까요? 한번 생각해 보시기 바랍니다. 🤔

우선순위 큐

우선순위 큐priority queue는 큐와 비슷하지만 저장된 항목에 우선순위가 부여된다는 차이가 있습니다. 병원에서 진료 순서를 기다리는 환자들을 생각해 봅시다. 증상이 심하지 않은 환자들은 일반 큐와 마찬가지로 대기열의 뒤에 추가됩니다. 그런데 응급 환자가 발생한다면 높은 우선순위를 부여받아 대기열의 가장 앞에 추가될 것입니다. 다음은 우선순위 큐가 갖는 연산입니다.

- **enqueue(e, p)** : 우선순위 수준 p에 따라 새 항목 e를 큐에 추가한다.
- **dequeue( )** : 큐의 가장 앞쪽 항목을 가져오고 그 항목을 큐에서 제거한다.

컴퓨터에서는 여러 개의 프로세스가 동시에 실행될 때가 많습니다. 그런데 이 프로세스들을 수행할 CPU는 하나(아니면 서너 개)뿐이죠. 운영체제는 우선순위 큐에 이 모든 프로세스를 올려놓고 관리합니다. 대기열에서 순서를 기다리는 각 프로세스에는 우선순위 수준이 할당됩니다. 운영체제는 대기열에서 프로세스 하나를 꺼내 잠시 동안 실행합니다. 실행 후 프로세스가 완료되지 않았다면 다시 대기열에 올립니다. 운영체제는 이 과정을 계속 반복합니다.

    그런데 프로세스 중에는 처리를 빨리 해야 하는 것들이 있습니다. 이런 프로세스는 CPU 시간을 더 자주 가져가고, 다른 프로세스들을 더 오래 기다리도록 합니다. 예를 들어, 사용자의 키보드 입력을 처리하는 프로세스는 대부분 높은 우선순위를 받습니다. 키보드의 응답이 멈춘다면 사용자는 컴퓨터가 다운됐다고 여기고 리셋 버튼에 손을 댈지도 모르니까요. 프로세스를 처리할 시간이 필요할 뿐인데 리셋 버튼을 누른다면 컴퓨터의 입장에서 결코 좋지 않은 일이지요.

리스트

여러 개의 항목을 저장하다 보면, 좀 더 유연한 방식으로 데이터를 다루고 싶을 때가 있습니다. 예컨대 항목의 순서를 자유롭게 재배열하거나, 아무 위치에서나 항목을 추가·제거하고 싶은 것입니다. **리스트** list (**목록**)는 바로 이럴 때 편리하게 사용할 수 있습니다. 리스트 추상 데이터 유형에 공통적으로 정의되는 연산은 다음과 같습니다.

- insert(n, e) : 항목 e를 n 위치에 추가한다.
- remove(n) : n 위치의 항목을 제거한다.
- get(n) : n 위치의 항목을 구한다.
- sort( ) : 리스트를 정렬한다.
- slice(start, end) : start에서 end 사이의 항목으로 이루어진 부분 리스트를 구한다.
- reverse( ) : 리스트의 순서를 거꾸로 한다.

리스트는 추상 데이터 유형 중에서 가장 많이 활용되는 종류입니다. 컴퓨터에서 접근 빈도가 높은 파일들의 링크를 저장하고 싶다면, 리스트가 이상적입니다. 링크를 보기 좋게 정렬할 수 있고, 파일의 접근 빈도가 낮아진다면 자유롭게 링크를 제거할 수도 있습니다.

  데이터를 자유롭게 조작해야 한다면 리스트를 활용하는 것이 좋지만, 그런 유연성이 필요하지 않다면 스택이나 큐를 사용하는 게 낫습니다. 더 단순한 추상 데이터 유형을 사용함으로써 데이터를 특정한 방식(FIFO 또는 LIFO)으로만 다루도록 정할 수 있기 때문입니다. 이는 코드를 이해하기도 더 쉽게 만듭니다. 예를 들어 어떤 변수가 스택이라는 것을 안다면, 그 데이터의 입출력 흐름을 이해하는 데 도움이 되겠지요.

정렬된 리스트

정렬된 리스트sorted list는 리스트의 항목을 '항상 정렬된' 상태로 유지해야 할 때 유용합니다. 이럴 때 일반 리스트를 사용한다면, 항목을 추가할 때마다 올바른 위치를 선정하고 주기적으로 직접 리스트를 정렬해야 합니다. 그보다는, 정렬된 리스트를 사용하는 편이 낫습니다. 정렬된 리스트는 항목이 추가될 때마다 리스트를 정렬해 놓습니다. 그래서 항목을 재배열하는 연산을 제공하지 않으며, 리스트가 언제나 정렬된 상태임을 보장합니다. 정렬된 리스트의 연산은 리스트보다 수가 적습니다.

- insert(e): 항목 e를 올바른 위치에 추가한다.
- remove(n): n 위치의 항목을 제거한다.
- get(n): n 위치의 항목을 구한다.

맵

맵map은 일명 '사전dictionary'이라고도 부르며, 두 객체를 각각 키key 객체와 값value 객체로 연관시켜 저장할 때 사용합니다. 맵에서는 키를 사용하여 그 키에 연관된 값을 구할 수 있습니다. 예를 들어, 맵을 이용해 사용자의 ID 번호를 키로, 사용자의 성명을 값으로 저장할 수 있습니다. 그러면 맵은 주어진 사용자 ID 번호에 따라 연관된 성명을 반환해 줍니다. 맵에서 사용되는 연산은 다음과 같습니다.

- set(key, value) : 키-값 쌍을 추가한다.
- delete(key) : key와 키에 연관된 값을 제거한다.
- get(key) : key에 연관된 값을 조회한다.

집합

집합set은 '고유한'(중복 없이 하나뿐인) 항목들을 순서에 상관없이 모아둔 것을 나타냅니다. 부록 III에서 소개하는 수학의 집합 개념과 비슷합니다. 집합은 저장하려는 항목의 순서가 무의미하거나 항목이 중복되지 않아야 할 때 사용합니다. 집합의 공통 연산은 다음과 같습니다.

- add(e) : 항목을 집합에 추가한다. 집합에 동일한 항목이 이미 존재하는 경우에는 오류를 발생시킨다.
- list( ) : 집합의 항목을 나열한다.
- delete(e) : 집합에서 항목을 하나 제거한다.

운전수가 차량의 계기판을 읽고 제어하는 것처럼, 프로그래머도 데이터를 읽고 제어할 줄 알아야 합니다. 여러분은 이 절의 추상 데이터 유형들을 학습함으로써 그 소양을 갖췄습니다. 다음 절에서는 계기판을 뜯어내고 그 속의 배선이 어떻게 이뤄져 있는지 알아보겠습니다.

4.3 데이터 구조: 데이터를 실제로 취급하는 방법

추상 데이터 유형은 어떤 데이터 유형에 지원되는 연산이 '무엇인지'만을 알려줍니다. 그 연산이 '어떻게' 수행되는지는 알려주지 않습니다. 이와 반대로, 데이터 구조data structure는 컴퓨터의 메모리 속에서 데이터가 실제로 구조화되는 방식과 그 데이터에 접근하는 방식을 알려줍니다. 데이터 구조는 추상 데이터 유형을 실제 데이터 처리 모듈로 구현하는 데 필요한 방법입니다.

　데이터 구조의 종류는 다양합니다. 그러므로 동일한 추상 데이터 유형이라도 여러 가지 방식으로 구현될 수 있습니다. 프로그램을 효율적으로 작성하려면 아무 모듈이나 써서는 안 됩니다. 여러 모듈이 동일한 추상 데이터 유형을 제공하더라도, 적용된 데이터 구조는 다를 수 있으니까요. 프로그램을 만드는 데 가장 적합한 데이터 구조를 어떤 모듈이 채택하고 있는지 살펴보고 골라야 합니다. 이 절에서는 가장 많이 사용되는 데이터 구조의 종류를 알아보고, 각 데이터 구조의 장단점도 함께 살펴보겠습니다.

배열

배열array은 많은 수의 항목을 메모리에 저장할 때 사용할 수 있는 방법 가운데 가장 단순하고 기본적인 것입니다. 배열은 메모리에 연속적인 공간을 할당하여 만듭니다. 배열 속에 저장하려는 항목은 그 메모리 공간 속에 순차적으로 기록합니다. 마지막 항목 뒤에는 특별한 NULL 토큰을 기록하여 배열이 끝났음을 표시합니다.

배열에 저장된 각 객체는 메모리에서 동일한 용량을 차지합니다. 메모리의 주소 s에서 시작하고 각 항목이 b바이트씩을 차지하는 배열을 생각해 봅시다. 배열의 n번째 항목은 메모리 위치 $s+(b\times n)$에서 b바이트만큼을 읽어 구할 수 있습니다.

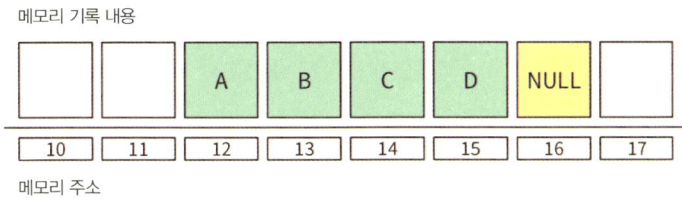

그림 4.1 컴퓨터 메모리 속의 배열

이 방식을 이용하면 배열 속의 어떤 항목이라도 '한번에' 접근할 수 있습니다. 배열은 스택을 구현하는 데 특히 유용하지만 리스트나 큐를 구현하는 데도 사용할 수 있습니다. 프로그래밍하기 쉽고 접근 시간이 상수 시간이라는 점이 장점인데, 단점도 있습니다.

배열은 연속적으로 이어진 메모리 공간에만 데이터를 저장할 수 있습니다. 크기가 큰 배열을 사용하려면 많은 메모리 공간이 연속적으로 비어 있어야겠지요. 또, 배열의 크기를 늘리려면 기존에 할당된 메모리에서 바로 이어지는 자리에 여분의 공간이 있어야 가능합니다. 하지만 충분한 자리가 없을 가능성이 커서 현실적으로 작업이 어려울 수 있습니다. 배열 중간의 항목을 제거하는 것 역시 까다로운 문제입니다. 제거하는 항목 이후의 모든 항목을 한 칸씩 앞으로 당기거나, 제거한 항목의 메모리 공간을 '죽은' 공간으로 표시해야 합니다. 둘 다 썩 바람직하지 못합니다. 이와 마찬가지로, 배열 중간에 항목을 하나 추가하는 것도 추가 지점 이후의 모든 항목을 한 칸씩 밀어내야 하는 문제를 일으킵니다.

연결 리스트

연결 리스트linked list는 항목을 저장한 칸들을 쇠사슬처럼 연결한 구조입니다. 이 칸들은 배열과 달리 연속적인 메모리 주소로 구성될 필요가 없습니다. 또, 처음부터 필요한 모든 메모리를 할당해 둘 필요도 없습니다. 그때그때 필요에 따라 할당하면 됩니다. 연결 리스트의 각 칸은 연결된 다음 칸의 주소를 가리키는 포인터를 가집니다. 포인터가 비어 있는 칸이 사슬이 끝나는 지점입니다.

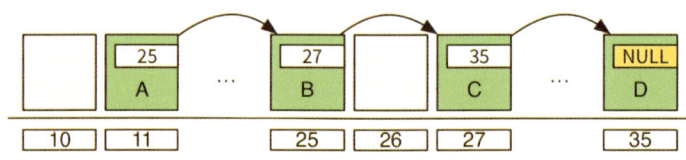

그림 4.2 컴퓨터 메모리 속의 연결 리스트

연결 리스트로는 스택, 리스트, 큐를 구현할 수 있습니다. 각 칸이 메모리의 어느 위치에든 저장될 수 있으므로, 실행 도중에 리스트의 크기를 증가시켜야 하더라도 문제가 되지 않습니다. 언제나 남아 있는 메모리 공간 크기만큼의 리스트를 만들 수 있습니다. 또한 항목을 리스트 중간에 추가하거나 리스트의 항목을 제거하는 것도 한 칸의 포인터만 수정하면 되기에 배열에 비해 훨씬 간단합니다.

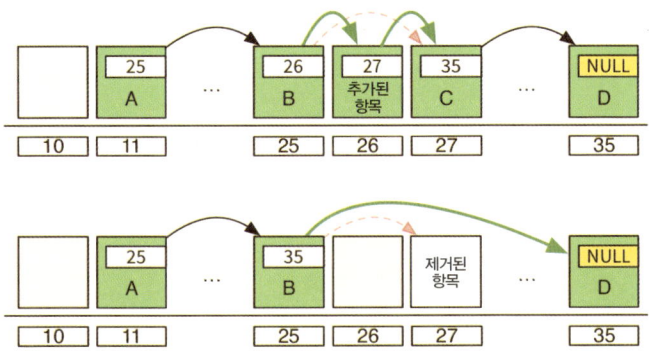

그림 4.3 B와 C 사이에 항목 추가하기, 그리고 C 제거하기

연결 리스트에도 단점은 있습니다. 가장 큰 단점은, 배열과 달리 n번째 항목을 상수 시간에 가져오지 못한다는 점입니다. 첫 칸부터 탐색을 시작해 연결된 주소에 따라 다음 칸을 확인하고, 이어서 다음 칸을 구하는 식으로 n번째 항목에 도달할 때까지 탐색을 진행하는 수밖에 없습니다.

또한 어느 한 칸의 주소만 가지고 해당 항목을 제거하거나 앞쪽으로 옮기기도 어렵습니다. 각 칸은 다음 칸의 주소만을 알고 있어, 이전 칸의 주소를 구할 수 없기 때문입니다.

이중 연결 리스트

이중 연결 리스트double linked list는 연결 리스트에서 각 칸이 갖는 포인터를 두 개로 늘려, 각각 이전 칸과 다음 칸을 가리키도록 한 것입니다.

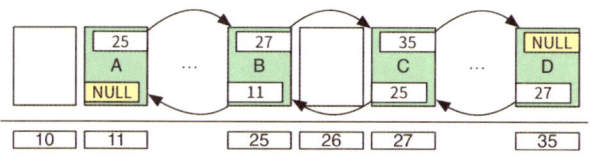

그림 4.4 컴퓨터 메모리 속의 이중 연결 리스트

이중 연결 리스트는 연결 리스트의 장점을 그대로 가집니다. 새로운 칸에 필요한 메모리 공간을 그때그때 할당할 수 있고, 큰 덩어리의 메모리를 미리 할당해 둘 필요가 없습니다. 그리고 각 칸의 이전 칸을 가리키는 포인터를 하나 추가한 덕분에 연결된 칸들 사이에서 앞뒤로 이동하는 것이 가능합니다. 따라서 한 칸의 주소만 가지고도 그 칸을 제거할 수 있습니다. 제거하고자 하는 칸의 이전 칸을 구해, 다음 칸을 가리키는 포인터를 다른 칸으로 수정하면 됩니다.

하지만 n번째 항목에 상수 시간에 접근할 수 없다는 연결 리스트의 숙명은 그대로입니다. 또한 각 칸에 두 개의 포인터를 저장한다는 것은 곧, 코드가 복잡해지고 데이터를 저장하는 데 필요한 메모리가 더 늘어난다는 의미입니다.

배열과 연결 리스트의 비교

프로그래밍 언어 가운데 기능이 풍부한 것들은, 리스트·큐·스택 등 추상 데이터 유형을 구현하여 기본 내장 기능으로 제공하는 것이 꽤 많습니다. 이런 구현은 대개 어떤 한 가지 데이터 구조를 기본으로 하여 동작합니다. 하지만 실행 시간에 데이터의 접근 형태를 파악해 자동으로 데이터 구조를 전환하는 것도 있습니다.

성능이 문제가 되지 않을 때는 이런 범용 구현을 믿고 데이터 구조에 신경 쓰지 않아도 괜찮습니다. 하지만 성능을 반드시 최적화해야 할 때도 있고, 데이터 제어 기능을 내장하지 않는 저수준 언어로 작업해야 할 때도 있습니다. 이런 경우에는 어떤 데이터 구조를 사용해야 할지 스스로 결정해야 합니다. 데이터가 감당해야 할 연산이 어떤 것인지 분석하고, 그에 알맞은 데이터 구조로 만들어진 모듈을 선택해야 하는 것이죠. 다음 조건에서는 배열보다 연결 리스트를 이용하는 게 낫습니다.

- 리스트에서 항목의 추가·제거가 아주 빠르게 수행되어야 한다.
- 데이터에 순차적으로만 접근한다.
- 리스트의 중간에서 항목의 추가·제거를 수행해야 한다.
- 리스트의 정확한 크기를 계산할 수 없다(실행 도중에 리스트가 확대·축소되어야 한다).

반대로, 다음 경우에는 연결 리스트보다 배열을 이용하는 게 낫습니다.

- 데이터의 임의의 지점으로 상수 시간에 접근해야 하는 경우가 잦다.
- 항목에 아주 빨리 접근해야 한다.
- 실행 도중에 항목 개수가 변하지 않으므로 컴퓨터 메모리 공간을 연속적으로 할당하기 쉽다.

트리

트리tree(나무)는 연결 리스트와 마찬가지로, 메모리 칸을 이용해 정보를 저장합니다. 따라서 트리도 연속적인 물리적 메모리가 필요하지는 않습니다. 트리의 칸도 저장 대상 외에 다른 칸을 향한 포인터를 가집니다.

트리가 연결 리스트와 다른 점은, 셀과 셀의 포인터가 한 줄의 사슬로 연결되지 않고, 나무 형태의 구조로 연결된다는 점입니다. 트리는 파일·디렉터리 구조나 군 명령계통 등의 계층적 데이터를 나타낼 때 적합합니다.

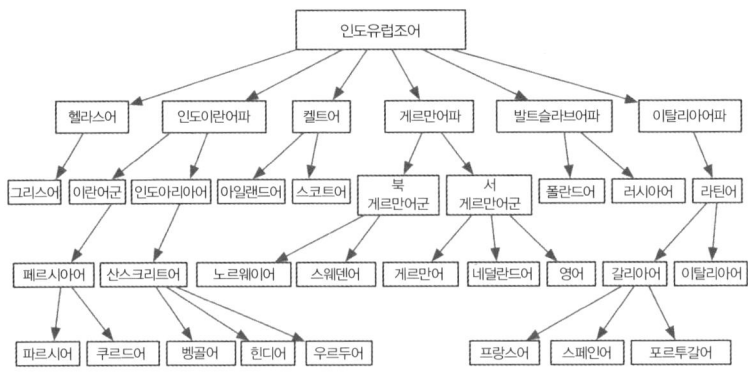

그림 4.5 인도유럽어의 기원을 담은 트리

트리를 다루는 용어법에서는 각 칸을 **정점**node(노드), 한 칸에서 다른 칸을 가리키는 포인터를 **간선**edge이라고 부릅니다. 트리의 최상위 정점은 **루트**root(뿌리)라고 합니다. 루트는 부모 정점을 갖지 않습니다. 루트 외의 다른 정점은 모두 정확히 '하나의' 부모 정점을 가집니다.[5]

동일한 정점을 부모로 하는 정점은 자매 정점입니다. 정점의 부모, 조부모, 고조부모 정점과 같이 특정 정점에서 부모를 따라 루트 정점까지 연결한 경로는 정점의 조상들이 됩니다. 마찬가지 방식으로 어떤 정점의

---

5 이 규칙을 어기면 트리를 위한 탐색 알고리즘들을 대부분 사용할 수 없습니다.

자식, 손자, 증손자, 그리고 트리의 바닥에 이르기까지의 모든 경로는 정점의 후손이 됩니다.

트리의 끝부분에는 자식을 하나도 갖지 않는 정점들이 있겠지요? 이들을 잎leaf 정점이라고 합니다. 실제 나무🌳의 잎처럼, 여기서 가지가 끝납니다. 두 정점 사이의 경로path는 한 정점에서 다른 정점을 연결하는 정점과 간선의 집합입니다.

한 정점에서 루트 정점까지의 경로의 길이를 깊이level라고 합니다. 트리에서 가장 깊은 정점의 깊이가 트리의 높이height가 됩니다. 트리의 집합을 포레스트forest라고 부르기도 합니다.

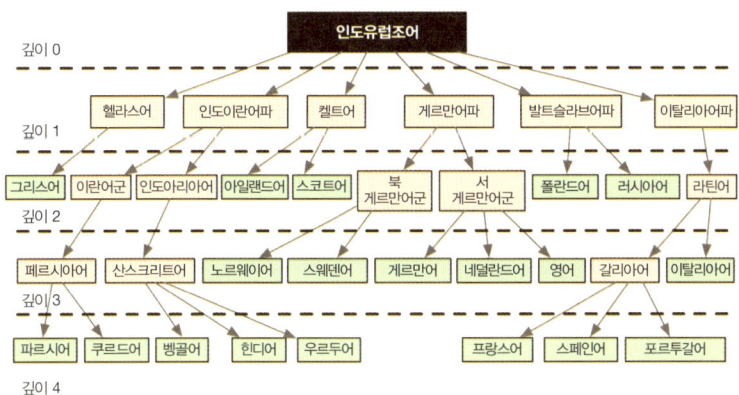

그림 4.6 깊이를 표시한 인도유럽어의 기원을 담은 트리

이진 탐색 트리

이진 탐색 트리binary search tree는 효율적인 탐색을 지원하는 특별한 트리입니다. 이진 탐색 트리에서는 각 정점이 자식을 최대 두 개까지만 가질 수

있습니다. 정점의 위치는 정점의 키-값에 의해 결정됩니다. 부모 정점의 왼쪽 자식 정점은 부모 정점보다 키-값의 크기가 작아야 하고, 오른쪽 자식 정점은 부모 정점보다 키-값의 크기가 커야 합니다.

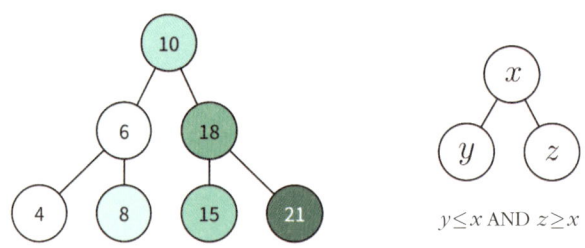

그림 4.7 이진 탐색 트리의 예

트리를 이 방식으로 구성해 두면 특정 키-값을 가진 정점을 쉽게 탐색할 수 있습니다. 각 단계마다 크기를 비교하며 쓱쓱 찾아갈 수가 있으니까요. 다음과 같은 탐색 알고리즘으로 말이죠.

```
function find_node(binary_tree, value)
    node ← binary_tree.root_node
    while node:
        if node.value = value
            return node
        if value > node.value
            node ← node.right
        else
            node ← node.left
    return "NOT FOUND"
```

이진 탐색 트리에 새 항목을 추가할 때는, 추가하려는 항목의 값을 트리에서 탐색해야 합니다. 탐색 과정에서 마지막으로 방문한 정점을 선택해, 해당 정점의 왼쪽 또는 오른쪽 포인터로 새 정점을 가리키도록 해야 합니다.

```
function insert_node(binary_tree, new_node)
    node ← binary_tree.root_node
    while node:
        last_node ← node
        if new_node.value > node.value
            node ← node.right
        else
            node ← node.left
    if new_node.value > last_node.value
        last_node.right ← new_node
    else
        last_node.left ← new_node
```

트리 균형 잡기

이진 탐색 트리에 정점을 너무 많이 추가하면, 자식이 하나뿐인 정점이 많이 생기면서, 트리의 높이가 터무니없이 높아져버리고 맙니다. 예를 들어 새로 추가하는 성섬의 키-값이 항상 이전 정점의 것보다 크다면, 이진 탐색 트리라고 만든 구조가 연결 리스트에 가까운 형태가 되어버릴 것입니다. 이럴 때는 트리의 높이가 줄어들도록 정점을 재배열해야 합니다. 이를 '트리 균형 잡기'라고 합니다. 완전히 균형 잡힌 트리는 높이가 최소한으로 작은 트리입니다.

  트리를 다루는 연산은 대부분 특정한 정점에 다다를 때까지 정점들의 연결을 따라 이동하는 과정이 필요합니다. 트리의 높이가 높을수록 정점 사이의 평균 경로가 길어지며, 특정 정보에 접근하기 위해 소요되는 시간도 증가합니다. 그러므로 트리를 이용할 때는 높이를 줄이는 것이 중요합니다. 다음의 의사코드는 트리의 정점들을 정렬된 리스트(nodes)에 담아 두었다고 할 때, 이 리스트를 재료로 완전히 균형 잡힌 이진 탐색 트리를 구성하는 알고리즘입니다.

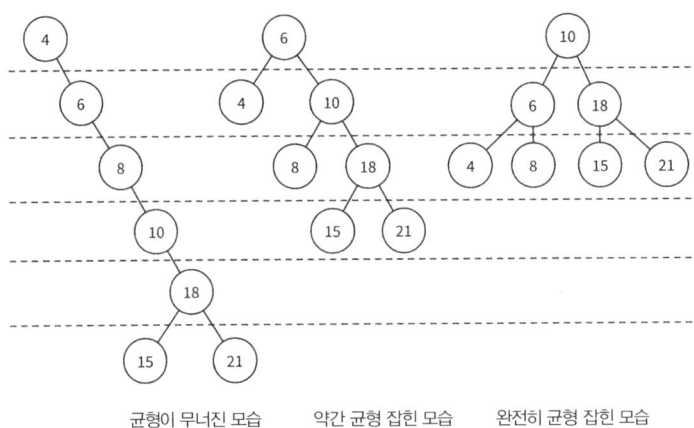

그림 4.8 동일한 이진 탐색 트리

```
function build_balanced(nodes)
    if nodes is empty
        return NULL
    middle ← nodes.length/2
    left ← nodes.slice(0, middle - 1)
    right ← nodes.slice(middle + 1, nodes.length)
    balanced ← BinaryTree.new(root=nodes[middle])
    balanced.left ← build_balanced(left)
    balanced.right ← build_balanced(right)
    return balanced
```

n개의 정점을 가진 이진 탐색 트리를 생각해 봅시다. 이 트리가 가질 수 있는 최대 높이는 n이며, 이때의 형태는 연결 리스트와 다를 바 없습니다. 반대로 이 트리가 가질 수 있는 최소 높이는 $\log_2 n$이며, 이는 완전히

균형 잡혔을 때 가능합니다. 이진 탐색 트리에서 항목을 탐색할 때 시간 복잡도는 트리의 높이에 비례합니다. 최악의 경우를 상정하면, 탐색 작업은 트리의 잎에 다다르는 경로를 모두 거치며 가장 깊은 곳까지 탐색해야 할 것입니다. 그러므로 n개의 항목을 가진 균형 잡힌 이진 탐색 트리를 탐색하는 시간 복잡도는 $O(\log n)$임을 알 수 있습니다. 이런 장점 때문에 집합(이미 존재하는 항목 검사)과 맵(키-값 탐색)을 구현할 때 트리 데이터 구조가 채택되곤 합니다.

그런데 트리의 균형을 잡으려면 모든 정점을 정렬해야 하기 때문에 연산 비용이 만만치 않습니다. 트리에 항목이 추가·제거될 때마다 균형을 새로 잡는다면 추가·제거 연산의 성능이 크게 떨어지겠지요? 그래서 대개는 추가·제거 연산이 여러 번 일어난 이후에야 트리의 균형을 바로잡습니다. 하지만 트리의 균형을 틈틈이 바로잡는 전략도 트리에서 수정이 자주 일어난다면 그다지 효율적이지 못합니다.

수정이 많이 발생하는 이진 탐색 트리를 효과적으로 다루는 특별한 트리도 있습니다. **자가 균형 이진 탐색 트리**라는 종류입니다. 이들은 항목을 추가·제거하는 프로시저 그 자체에서 트리의 균형을 유지합니다. 자가 균형 트리의 유명한 예로 레드–블랙 트리red-black tree를 들 수 있습니다. 이 트리는 정점들을 '레드' 또는 '블랙'으로 칠함으로써 균형을 유지합니다.[6] 레드–블랙 트리는 맵을 구현하는 데 자주 사용됩니다. 맵의 빈번한 수정을 효율적으로 처리할 수 있고 자가 균형을 통해 키로 항목을 구하는 작

---

[6] 자가 균형 전략은 이 책의 범위를 넘어섭니다. 좀 더 알고 싶다면 그 동작 과정을 설명하는 동영상을 인터넷에서 찾아보기 바랍니다.

업도 빠르게 수행할 수 있기 때문입니다.

AVL 트리AVL tree 또한 자가 균형 트리의 한 종류입니다. 이 트리는 레드-블랙 트리에 비해 항목을 추가·제거하는 데 시간이 조금 더 듭니다. 그 대신 균형을 좀 더 잘 잡는 경향이 있습니다. 즉, 항목의 조회 속도가 레드-블랙 트리보다 빠르다는 뜻이지요. AVL 트리는 읽기 작업이 매우 높은 빈도로 일어나는 상황에서 성능을 최적화하기 위해 주로 사용됩니다.

전통적으로 데이터는 자기 디스크(하드 디스크 등)에 저장할 때가 많습니다. 자기 디스크들은 그 매체의 특성상 데이터를 큰 덩어리 단위로 읽어들입니다. 이런 방식의 데이터 취급에 B 트리B-tree가 활용됩니다. B 트리는 이진 트리를 일반화한 것으로, 각 정점이 하나 이상의 항목을 저장하고, 자식도 둘 이상씩 연결할 수 있습니다. 따라서 큰 덩어리의 데이터를 효율적으로 처리할 수 있지요. B 트리는 데이터베이스 시스템에 보편적으로 사용됩니다.

이진 힙

이진 힙binary heap은 각 정점이 자식 정점을 두 개까지 가질 수 있는 또 다른 트리입니다. 각 정점은 트리에서 최대(또는 최소) 항목을 즉시 발견할 수 있도록 정렬됩니다. 우선순위 큐를 구현할 때 이 데이터 구조가 특히 유용합니다. 힙에서는 최대(또는 최소) 항목을 구하는 비용이 $O(1)$입니다. 힙의 최대(또는 최소) 항목이 항상 트리의 루트이기 때문입니다. 정점의 탐색 추가 비용은 여전히 $O(\log n)$입니다. 이진 탐색 트리와는 달리, 힙에서는 정점들의 순서가 일정하게 정렬되지 않습니다. 다만, 부모 정점은 자신의 두 자식 정점보다 반드시 큽니다(최소 항목을 구하는 힙에서는 반드시 더 작습니다).

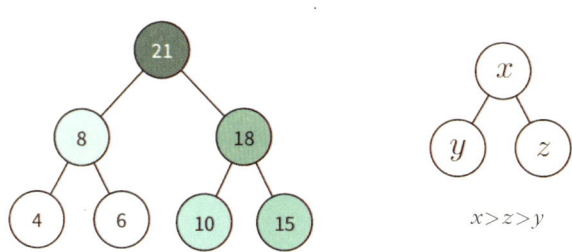

그림 4.9 최대 힙으로 구성된 이진 트리의 정점

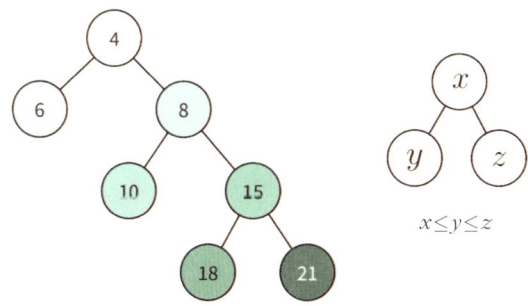

그림 4.10 최소 힙으로 구성된 이진 트리의 정점

항목들 사이에서 최댓값(또는 최솟값)을 빈번하게 다뤄야 하는 상황이라면, 이진 힙을 사용합시다.

그래프

그래프graph는 트리와 유사한 데이터 구조입니다. 트리와 다른 점이라면 자식·부모 정점이라는 개념이 없으며, 따라서 루트 정점도 없다는 점입니다. 그래프에서는 데이터가 정점과 간선으로 자유롭게 배열될 수 있습니다. 모든 정점은 다른 정점을 가리키는 간선을 여러 개 가질 수 있습니다.

그래프는 다양한 데이터 구조 가운데 가장 유연한 구조입니다. 거의 모든 유형의 데이터를 표현하는 데 사용할 수 있습니다. 사회 연결망(소셜 네트워크)을 다루어야 한다면, 정점으로 사람을, 간선으로 친구 관계를 나타낼 수 있는 그래프가 이상적입니다.

해시 테이블

해시 테이블hash table(해시 표)은 항목의 탐색을 O(1) 비용으로 수행할 수 있는 데이터 구조입니다. 해시 테이블에서는 전체 항목의 수가 열 개밖에 안 되든, 수천만 개에 달하든, 항목 하나를 찾는 비용이 상수 시간으로 동일합니다.

해시 테이블을 이용하려면 대량의 연속적 메모리를 미리 할당해야 합니다. 이 점은 배열과 비슷하군요. 하지만 항목을 순차적으로 저장하지는 않는다는 게 배열과 다른 점입니다. 해시 테이블에서 항목이 자리잡는 위치는 해시 함수에 의해 '마술처럼' 정해집니다. 해시 함수는 저장하려는 데이터를 입력받아 의미 없고 불규칙해 보이는 수를 출력합니다. 그리고 이렇게 나온 수가 항목을 저장할 메모리상의 위치가 됩니다.[7]

---

7 (옮긴이) 해시 함수는 입력이 동일하면 항상 동일한 출력을 내어 놓습니다(결정론적 함수). 하지만 해시 함수의 출력을 통해 거꾸로 원본 값을 구하는 것은 일반적으로 불가능합니다(일방향 함수). 해시 테이블에 사용되는 해시 함수는 저장할 데이터(값)를 입력받아, 주소로 사용할 수를 출력합니다. 이런 수는 겉보기에는 의미 없는 무작위 수처럼 보이지만, 입력된 값에 해시 함수를 적용한 결정론적 출력이므로 무작위 수는 아닙니다. 따라서 동일한 데이터가 입력되면 항상 동일한 주소를 구할 수 있습니다.

해시 함수를 이용하면 구하는 항목에 바로 접근할 수 있습니다. 해시 테이블에서 어떤 값을 조회할 때는, 먼저 그 값을 해시 함수에 입력합니다. 해시 함수는 메모리 속에서 항목이 저장되어 있을 정확한 위치를 출력해 줍니다. 조회하려는 항목이 해시 테이블에 저장되어 있다면 해시 함수가 알려준 위치에서 구할 수 있을 것입니다.

해시 테이블에는 한 가지 문제가 있습니다. 가끔씩 해시 함수가 서로 다른 두 입력값에 대해 동일한 메모리 위치를 반환한다는 것입니다.[8] 이 현상을 **해시 충돌**이라고 합니다. 해시 충돌이 일어나면 두 항목을 동일한 메모리 주소에 저장해야 합니다(그 주소에서 시작하는 연결 리스트를 이용하든지 하여). 해시 충돌이 일어나면 CPU와 메모리의 추가 비용이 발생합니다. 해시 충돌을 방지하는 것이 해시 테이블의 숙제입니다.

해시 함수가 제대로 동작한다면, 다양한 입력에 대해서 무작위적으로 보이는 수를 골고루 반환할 것입니다. 해시 함수가 내어 놓는 값의 범위(해시 테이블에 할당된 메모리의 크기)가 넓을수록 데이터가 분포될 수 있는 범위가 더 많아지고, 해시 충돌이 일어날 가능성도 줄어들겠지요? 따라서 해시 테이블의 공간을 최소 50퍼센트는 남겨 두어야 합니다. 그렇지 않으면 충돌이 너무 자주 발생하여 해시 테이블의 성능이 심각하게 떨어질 것입니다.

해시 테이블은 맵과 집합을 구현하는 데 자주 사용됩니다. 해시 테이블은 항목의 추가·제거가 트리 기반의 데이터 구조에 비해 빠릅니다. 하지

---

[8] (옮긴이) 해시 함수는 일반적으로 다양한 크기의 데이터를 입력받아 일정한 크기의 값을 출력합니다. 입력값의 범위(무한한 범위)가 출력값의 범위(한정된 범위)보다 넓기 때문에, 서로 다른 데이터로 해시 함수를 적용해도 결과가 동일할 수 있습니다.

만 올바르게 동작하기 위해 대량의 연속적 메모리 공간이 필요하다는 단점이 있습니다.

장을 마치며

이 장에서는 컴퓨터의 메모리 속에서 데이터를 조직하는 구체적인 방법(데이터 구조)들을 알아보았습니다. 각 데이터 구조에 필요한 저장·삭제·탐색·순회를 위한 연산은 저마다 다릅니다. 모든 상황을 풀어낼 수 있는 만능 열쇠는 없습니다. 주어진 상황에 알맞은 데이터 구조를 잘 선택하여 사용할 수 있어야 합니다.

프로그램을 작성할 때 특정 데이터 구조를 직접 작성해 넣기보다는, 추상 데이터 유형을 활용하는 게 좋다는 것도 배웠습니다. 이 방법으로 데이터를 조작하는 세부사항을 코드에서 분리해낼 수 있습니다. 또, 코드를 수정하지 않고도 데이터 구조를 쉽게 교체할 수 있습니다.

"바퀴를 새로 발명하지 말라"는 격언이 있습니다.[9] 기본 데이터 구조와 추상 데이터 유형은 대부분의 프로그램에 공통으로 사용되는 기본적인 도구들입니다. 여러분이 이것들을 굳이 새로 구현해야 할 필요는 없습니다. 재미·학습·연구를 위한 것이 아니라면요. 실력이 월등한 프로그래머들이 만든 훌륭한 데이터 처리 라이브러리들이 이미 많습니다. 오랜 기간 실제로 사용되어 검증도 거쳤지요. 게다가 대부분의 언어는 이 장에서 소개한 데이터 구조를 기본으로 지원하고 있습니다. 여러분이 사용하는

---

9 (옮긴이) 이미 있는 도구를 굳이 새로 만들 필요가 없다는 뜻

프로그래밍 언어에서 어떤 데이터 구조를 제공하는지 알아보고 잘 사용하시면 됩니다.

참고자료

- 「이진 탐색 트리 균형 잡기」, Stoimen의 블로그 – *https://code.energy/stoimen*
- 추상 데이터 유형과 데이터 구조에 관한 코넬 대학교의 강의 노트 – *https://code.energy/cornell-adt*
- 추상 데이터 유형에 관한 카라그퍼 인도 기술 공립대학IITKGP의 강의 노트 – *https://code.energy/iitkgp*
- 『파이썬을 이용한 알고리즘·자료구조 문제 해결 기법Problem Solving with Algorithms and Data Structures using Python』의 "6.13절 탐색 트리 구현", 브래드 밀러·데이빗 래넘 공저 – *https://code.energy/python-tree*

Chapter 05
여러 가지 알고리즘

Algorithm

(프로그래밍이) 매력적인 것은 단지 경제적·과학적 유용성 때문만은 아니다. (프로그래밍은) 시와 음악을 짓는 것처럼 심미적인 체험이 되기도 한다.

– 도널드 커누스 *Donald Ervin Knuth*

인류는 점점 더 어려운 문제에 도전합니다. 어떤 문제를 여러분이 처음 접한다 하더라도, 많은 사람들이 그 문제를 풀려고 이미 시도해 보지 않았을까요? 그 문제를 풀기 위한 효율적인 알고리즘이 진작에 개발되었을 가능성이 큽니다. 그러므로 문제를 해결하고자 할 때, 항상 이미 만들어진 알고리즘이 없는지 찾아보고 시작해야 합니다.[1] 이 장에서는 다음과 같은 유명한 알고리즘들을 탐색해 보겠습니다.

---

1 누구도 다루지 않은 새로운 문제를 발견하는 일은 드뭅니다. 연구자가 과학 논문으로 작성할 만한 일이죠.

- 📋 매우 긴 리스트를 효율적으로 **정렬**하기
- 🔍 필요한 항목을 빠르게 **탐색**하기
- ❄️ 그래프 연산·조작하기
- 🕵 제2차 세계대전에서 발달한 **운용** 과학의 최적화 해법 사용하기

이 장의 목적은 여러분이 문제를 처음 접했을 때 어떤 알고리즘을 적용해야 하는지 알아 볼 수 있도록 하는 것입니다. 프로그래머들이 다뤄야 하는 문제는 기초적인 것만 꼽아도 데이터 정렬, 패턴 탐색, 경로 탐색 등 종류가 많습니다. 또, 이미지 가공, 암호학, 인공지능 등 특정 분야에 한정된 알고리즘도 많습니다. 이 모든 알고리즘을 다 다룰 수는 없습니다.[2] 따라서 유능한 프로그래머로서 꼭 익숙하게 다뤄야 할 핵심 알고리즘 위주로 알아봅니다.

5.1 정렬 알고리즘

컴퓨터가 사무 작업에 쓰이기 전에는 데이터를 정렬하는 작업이 심각한 병목 현상을 일으켰습니다. 엄청난 시간을 들여 수작업을 해야만 했지요. 1890년 타뷸레이트 기계 회사(IBM 사의 전신)는 정렬 작업을 자동화하기 시작했습니다. 그 덕분에 미국 인구통계 자료를 정리하는 데 드는 시간이 몇 년이나 절약되었습니다.

정렬을 위한 알고리즘에는 여러 가지가 있습니다. 물론 알고리즘마다 시간 복잡도도 다르지요. 정렬 알고리즘 중 지수 시간($O(n^2)$) 복잡도 알

---

[2] 다양한 알고리즘 목록: *https://code.energy/algo-list*

고리즘들은 단순하고 이해하기 쉬운 편입니다. 이들은 주로 항목이 천 개 이하로 많지 않은 경우에 사용됩니다. 대표적인 것으로 **선택 정렬**(2.1절) 이 있습니다. 현실에서 사람들이 카드 덱을 정렬할 때도 많이 사용되는 알고리즘입니다. 좀 더 주목할 만한 알고리즘으로는 **삽입 정렬**이 있습니다. 이 알고리즘은 지수 시간 알고리즘이긴 하지만, 데이터가 어느 정도 정렬되어 있을 때는 데이터의 양이 방대하다 하더라도 효율적으로 동작한다는 특징이 있습니다.

```
function insertion_sort(list)
    for i ← 2 ... list.length
        j ← i
        while j and list[j-1] > list[j]
            list.swap_items(j, j-1)
            j ← j - 1
```

펜과 종이를 이용해 어느 정도 정렬된 수 리스트를 이 알고리즘으로 정렬해 보세요. 정렬되지 않은 항목이 몇 개 되지 않을 경우에는, 삽입 정렬의 복잡도가 $O(n)$이 됩니다. 이 경우에 한해서는 삽입 정렬이 다른 어떤 정렬 알고리즘보다도 연산을 적게 요구한답니다.

하지만 데이터가 마구 뒤섞여 있는 경우라면, $O(n^2)$ 알고리즘으로 대규모 데이터를 정렬하기에는 너무 느립니다(표 3.2). 좀 더 효율적인 알고리즘이 필요하지요. **병합 정렬** merge sort(3.6절)과 **퀵 정렬** quicksort 같은 알고리즘이요. 둘 다 시간 복잡도가 $O(n \log n)$에 불과합니다. 다음은 퀵 정렬 알고리즘에 따라 카드 더미를 정렬하는 방법을 설명한 것입니다.

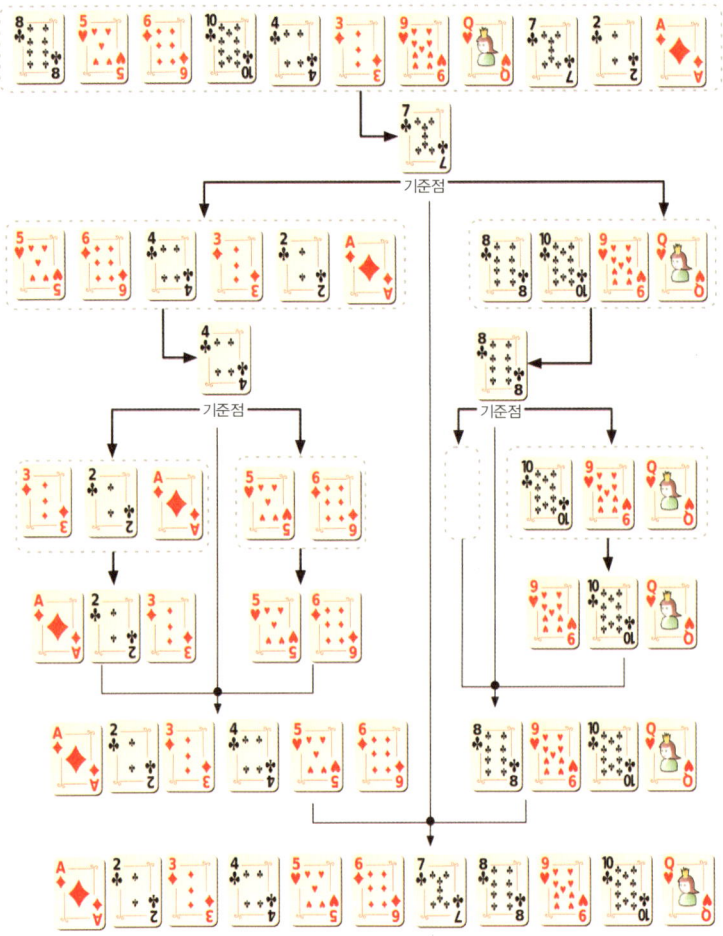

그림 5.1 퀵 정렬 수행 사례

1. 카드 더미의 카드가 네 장 미만인 경우, 이들을 바른 순서로 놓으면 정렬이 완료된다. 그렇지 않다면 두 번째 단계로 이동해 정렬을 계속 진행한다.

2. 카드 더미에서 카드 하나를 임의로 선택해 **기준점**pivot으로 삼는다.
3. 기준 카드보다 큰 카드는 우측의 새 카드 더미로 옮기고, 기준 카드보다 작은 카드는 좌측의 새 카드 더미로 옮긴다.
4. 새로 만들어진 두 카드 더미 각각에 대해 이 과정을 1번 단계부터 수행한다.
5. 좌측 카드 더미, 기준 카드, 우측 카드 더미를 합하면 정렬된 카드 더미를 구할 수 있다.

카드 덱을 섞은 뒤, 위의 과정을 수행해 보세요. 생각보다 쉽게 퀵 정렬의 원리를 이해하실 수 있을 겁니다. 재귀의 원리도 더 쉽게 이해할 수 있을 것입니다.

이 정도만으로도 여러분은 이제 정렬이 필요한 대부분의 문제를 다룰 수 있습니다. 물론, 세상에는 이것 말고도 다양한 정렬 알고리즘이 존재합니다. 하지만 이 책에서 다 소개하지는 않습니다. 많은 정렬 알고리즘이 있다는 사실과 상황에 따라 적합한 알고리즘이 다르다는 것만 기억해 주세요.

5.2 탐색 알고리즘

탐색이란 메모리에서 특정한 정보를 찾아내는 작업입니다. 컴퓨터의 동작에 필요한 핵심 연산 가운데 하나입니다. 그러므로 탐색 알고리즘을 올바르게 이해하는 것은 매우 중요합니다.

탐색 알고리즘 중에서 가장 간단한 방식은 **순차 탐색**sequential search입니다. 순차 탐색은 찾는 항목을 발견하거나 그 항목이 없다는 사실을 알 때까지 모든 항목을 하나씩 순서대로 살펴보는 방법입니다. 하나하나 살펴보며 탐색하니, 시간 복잡도는 $O(n)$ (n = 탐색 공간에 존재하는 모든 항목의 수)가 됩니다. 이 책의 앞 부분을 읽으셨다면 쉽게 이해하실 수 있을 것입니다.

그런데 탐색하려는 대상이 구조적으로 저장되어 있다면 더 효율적으로 탐색할 수 있습니다. 4.3절에서, 균형 잡힌 이진 탐색 트리에서 탐색하는 비용이 $O(\log n)$에 불과하다는 것을 살펴보았죠. 탐색이 자주 필요하다면 이진 탐색 트리에 데이터를 저장해두면 유리합니다.

꼭 트리가 아니더라도 됩니다. 예를 들어, 정렬된 배열에서도 $O(\log n)$ 시간 복잡도의 이진 탐색을 할 수 있습니다. 아래의 binary_search 탐색 알고리즘은 정렬된 배열을 대상으로 탐색합니다. 한 단계가 수행될 때마다 탐색 공간이 절반으로 좁혀집니다.

```
function binary_search(items, key):
    if not items
        return NULL
    i ← items.length / 2
    if key = items[i]
        return items[i]
    if key > items[i]
        sliced ← items.slice(i+1, items.length)
    else
        sliced ← items.slice(0, i-1)
    return binary_search(sliced, key)
```

이 알고리즘의 시간 복잡도를 따져 봅시다. 각 단계마다 정해진 횟수만큼 연산을 수행하며, 입력 데이터의 절반을 버립니다. 입력 데이터의 전체 항목이 n개일 때, $\log_2 n$번째 단계에서 더 줄일 수 없을 만큼 완전히 줄어듭니다.[3] 그리고 각 단계마다 정해진 횟수만큼의 연산만 수행하므로, 이 알고리즘의 복잡도는 $O(\log n)$이 됩니다. 로그 시간 복잡도 알고리즘이므로 탐색할 항목이 수백만 또는 수조 개에 이르는 경우에도 준수한 성능을 기대할 수 있겠지요.

그런데 로그 시간 알고리즘보다도 더 효율적인 탐색 방법도 있습니다. 항목을 해시 테이블(4.3절)에 저장해 두었다면, 구하려는 항목의 키만 있으면 탐색이 끝납니다. 해시 함수가 키로 항목의 주소를 바로 알려주기 때문이죠! 해시 표에서는 탐색 공간이 증가하더라도 항목을 찾는 시간이 증가하지 않습니다. 수만, 수억, 수조 개의 항목 속에서 탐색하더라도 연산 횟수는 항상 고정되며, 탐색 절차의 시간 복잡도는 $O(1)$입니다. 언제나 순식간에 탐색이 끝나는 것이죠.

5.3 그래프 다루기

앞 장에서 알아본 것처럼, 그래프는 정점과 간선으로 정보를 표현하고 저장하는 유연한 데이터 구조입니다. 사회 연결망(정점이 사람, 간선이 친구 관계), 전화망(정점이 전화기와 전화국, 간선이 전화끼리의 소통) 등 다양한 분야에서 그래프를 활용합니다.

---

[3] 알고리즘에서 각 단계마다 입력을 특정 분모로 나누어 감소시킬 때, 입력량의 로그값만큼의 단계만 거치면 전체 입력을 완전히 작게 줄일 수 있습니다(3.6절).

그래프 탐색

그래프에서 특정 정점을 찾으려면 어떻게 해야 할까요? 사용하는 그래프 데이터 구조에 경로를 탐색할 수단이 없다면, 원하는 항목을 찾을 때까지 모든 정점을 직접 방문해야 합니다. 이렇게 정점을 하나씩 방문하며 탐색하는 방법에는 크게 두 가지 접근법이 있습니다. 깊이를 우선하는 방식과 너비를 우선하는 방식입니다.

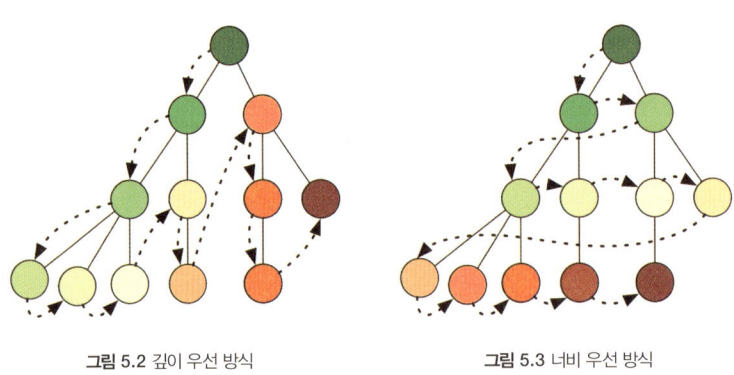

그림 5.2 깊이 우선 방식　　　　　그림 5.3 너비 우선 방식

깊이 우선 탐색DFS, depth-first search은 그래프의 간선을 따라 그래프의 깊은 곳부터 살펴보는 방식입니다. 깊이 들어가다 보면 아직 방문하지 않은 정점으로 연결된 간선이 없는(직접 연결된 정점을 이미 모두 방문한) 정점에 도달하게 됩니다. 그러면 한 단계 전의 정점으로 돌아가 나머지에도 같은 방식의 탐색을 반복합니다. 지금까지 탐색해 온 경로는 스택에 저장하여 추적합니다. 정점을 방문할 때마다 스택에 방문하는 정점을 밀어넣고, 한 단계 전으로 돌아갈 때는 정점을 꺼내는 것이죠. 이는 역추적 전략(3.4절)에서 해를 탐색하는 방식과 같습니다. 다음은 이를 코드로 나타낸

것입니다.

```
function DFS(start_node, key)
    next_nodes ← Stack.new()
    seen_nodes ← Set.new()

    next_nodes.push(start_node)
    seen_nodes.add(start_node)

    while not next_nodes.empty
        node ← next_nodes.pop()
        if node.key = key:
            return node
        for n in node.connected_nodes
            if not n in seen_nodes
                next_nodes.push(n)
                seen_nodes.add(n)
    return NULL
```

하지만 처음부터 그래프 속 깊은 곳까지 살펴보고 싶지 않을 때도 있습니다. 이럴 때 너비 우선 탐색BFS, breadth-first search을 적용해 볼 수 있습니다. 너비 우선 탐색에서는 그래프를 단계별로 탐색합니다. 출발점과 바로 연결된 정점들이 첫 번째 단계의 탐색 대상이 됩니다. 그리고 이들과 연결된 정점들은 두 번째 단계가 되지요. 이런 식으로 각 단계마다 범위를 넓혀가며 탐색을 진행합니다. 이 접근법에서는 지금까지 방문한 정점을 추적할 때 큐를 사용합니다. 각 정점을 방문할 때마다 그 정점의 자식들을 큐의 뒤쪽에 삽입하고, 탐색하는 정점을 큐의 앞쪽에서 꺼냅니다. 이를 코드로 나타내면 다음과 같습니다.

```
function BFS(start_node, key)
    next_nodes ← Queue.new()
    seen_nodes ← Set.new()
    next_nodes.enqueue(start_node)
    seen_nodes.add(start_node)
```

다음 쪽에 계속 ▷

```
while not next_nodes.empty
    node ← next_nodes.dequeue()
    if node.key = key:
        return node
    for n in node.connected_nodes
        if not n in seen_nodes
            next_nodes.enqueue(n)
            seen_nodes.add(n)
return NULL
```

깊이 우선 탐색 알고리즘과 너비 우선 탐색 알고리즘의 차이를 눈으로 비교해 보세요. 차이점이 다음에 방문할 정점을 저장하는 방법(하나는 스택, 하나는 큐)뿐이라는 것을 확인하시기 바랍니다.

그렇다면 둘 중 어느 접근법을 사용해야 할까요? 깊이 우선 탐색은 구현하기가 쉽고 메모리도 적게 사용합니다. 현재 정점과 연결된 부모 정점만 저장하면 되기 때문이죠. 하지만 너비 우선 탐색은 각 검색 단계마다 검색 범위의 경계선 전체를 저장해야 합니다. 정점이 수백만 개에 달한다면 사용하기가 어려워지겠지요?

탐색하려는 정점이 출발점에서 몇 단계밖에 떨어지지 않았다고 예상할 수 있는 상황에서는, 너비 우선 탐색을 사용하는 게 더 현명합니다. 메모리를 좀 더 쓰더라도 시도해 볼 만하죠. 하지만 그래프의 모든 정점을 다 뒤적여야 할 것 같다면, 깊이 우선 탐색을 사용하는 것이 현명합니다. 구현하기도 간편하고, 메모리도 적게 사용하니까요.

그림 5.4를 보세요. 탐색 기법을 잘못 선택하면 무서운 결과를 초래할 수도 있습니다.

그림 5.4 깊이 우선 탐색으로 데이트 준비하기, http://xkcd.com

그래프 색칠

그래프 색칠 문제란 고정된 개수의 '색'(또는 아무 이름 집합)을 그래프의 각 정점에 부여하는 문제입니다. 간선으로 서로 연결된 이웃 정점에 같은 색을 칠해서는 안 된다는 것이 규칙입니다. 다음 문제를 예로 생각해 봅시다.

> **주파수 할당** 📶
> 지도에 각 휴대전화 송신탑의 위치와 제공 범위가 표시되어 있다. 서로 이웃한 송신탑은 간섭이 일어나는 것을 방지하기 위해 서로 다른 주파수를 사용해야 한다. 각 송신탑에 할당할 수 있는 주파수의 종류는 네 가지다. 각 송신탑에 어떤 주파수를 할당할 것인가?

문제를 풀기 위해 가장 먼저 할 일은 문제를 그래프 모델로 나타내는 것입니다. 각 송신탑을 그래프의 정점에 대응시킵니다. 두 송신탑이 간섭을 일으킬 만큼 가깝다면, 두 정점 사이에 간선을 연결합니다. 송신탑에 할당할 주파수는 정점에 부여할 색상에 대응시킬 수 있습니다.

문제의 조건에 맞는 주파수 할당법을 알아내려면 어떻게 해야 할까요? 색을 세 개만 사용하는 방법도 가능할까요? 두 개로는 어떨까요? 그래프를 칠할 수 있는 최소한의 색 가짓수를 구하는 것은 사실 NP-완전 문제입니다. 지수 시간 복잡도 알고리즘으로만 계산할 수 있지요.

이 문제의 경우에는 풀이 알고리즘을 소개하지 않겠습니다. 지금까지 학습한 내용을 토대로 스스로 문제를 해결해 보기 바랍니다. UVA 온라인 검사 시스템[4] 웹사이트에 이 문제의 답을 제출하면, 웹사이트에서 코드를 실행하고 검사해 줍니다. 실행 시간이 얼마나 걸렸는지를 기준으로 다른 사람의 코드와 비교해 성적도 알려 줍니다. 한번 해 보세요! 직접 알고리즘과 전략을 고민하고 구현해 보세요. 책을 읽는 것만으로는 프로그래밍 실력을 키우는 데 한계가 있습니다. 온라인 검사 웹사이트를 잘

---

[4] UVA의 그래프 색칠 문제, *https://code.energy/uva-graph-coloring*

활용하면 좋은 프로그래머가 되기 위해 필요한 실전 경험을 쌓을 수 있습니다.

경로 탐색

두 정점 사이의 최단 경로를 찾는 문제는 그래프에 관한 문제 중에서 가장 유명합니다. 그래프 경로 탐색은 현실에서도 자주 사용됩니다. 도로와 교차로의 그래프를 탐색해 이동 경로를 찾아 주는 GPS 내비게이션 시스템이 대표적이죠. 교통량 데이터를 활용해 간선에 가중치를 부여하여 교통 체증이 일어나는 구간을 경로 계산에 반영하기도 합니다.

최단 경로를 탐색하기 위해 앞에서 배운 너비 우선 탐색과 깊이 우선 탐색을 사용해도 됩니다. 하지만 이 두 탐색법은 그래프에서는 그리 효율적이지 않습니다. 이럴 때는 다익스트라 알고리즘Dijkstra algorithm이라는 최단 경로 탐색 알고리즘을 사용합시다.

너비 우선 탐색에서 큐를 사용해 탐색할 정점을 추적하는 것을 기억하시지요? 다익스트라 알고리즘은 큐 대신에 우선순위 큐를 사용합니다. 새 정점을 탐색할 때마다 연결된 정점들을 우선순위 큐에 삽입하는 것입니다. 물론, 우선순위 큐에 항목을 삽입할 때는 각 항목의 우선순위를 고려해야 합니다. 각 정점의 우선순위는 정점에서 출발점까지 이르는 데 필요한 간선의 가중치(비용)의 합으로 구할 수 있습니다. 출발점에서 가까운 정점일수록 우선순위가 높습니다. 이렇게 함으로써 항상 출발점에서 가장 가까운 정점부터 탐색할 수 있습니다.

그런데 다익스트라 알고리즘으로 최단 경로를 발견할 수 없는 경우도 있습니다. 그래프의 간선에 0보다 작은 가중치가 존재할 경우, 전체 가중치의 합이 음수가 되어 출발점과 도착점이 서로 연결되는 순환 경로가 생길 수 있습니다. 이런 경로를 음의 폐로negative cycle라고 하며, 음의 폐로에서는 같은 경로를 계속 되돌기 때문에 목적지에 도달하지 못합니다. 그러므로 음의 가중치를 갖는 간선이 있다면 다익스트라 알고리즘을 사용할 때 주의가 필요합니다.

탐색하려는 그래프가 매우 방대하다면 어떻게 해야 할까요? **양방향 탐색**이라는 기법으로 탐색 속도를 높일 수 있습니다. 양방향 탐색은 출발점에서 탐색을 시작하는 절차와 도착점에서 탐색을 시작하는 절차를 동시에 진행하는 것입니다. 탐색을 진행하다가 두 탐색 범위가 서로 겹쳤다면 양쪽의 경로가 연결된 것입니다. 그렇다면, 빙고! 답을 찾은 것이죠. 양방향 탐색에서는 탐색 도중 방문해야 하는 범위가 단방향 탐색과 비교해 절반으로 줄어듭니다. 그림 5.5에서 회색 영역이 실선 안의 영역보다 작다는 것을 확인하시기 바랍니다.

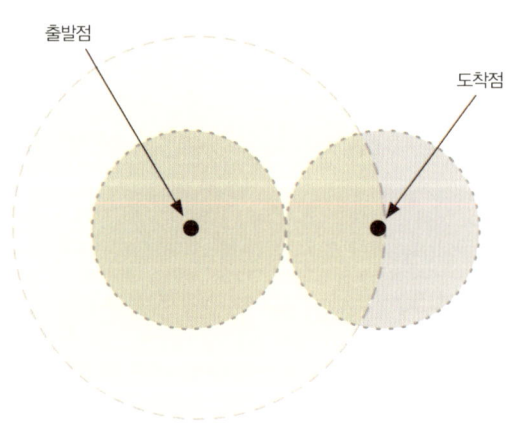

그림 5.5 단방향 탐색과 양방향 탐색의 범위 비교

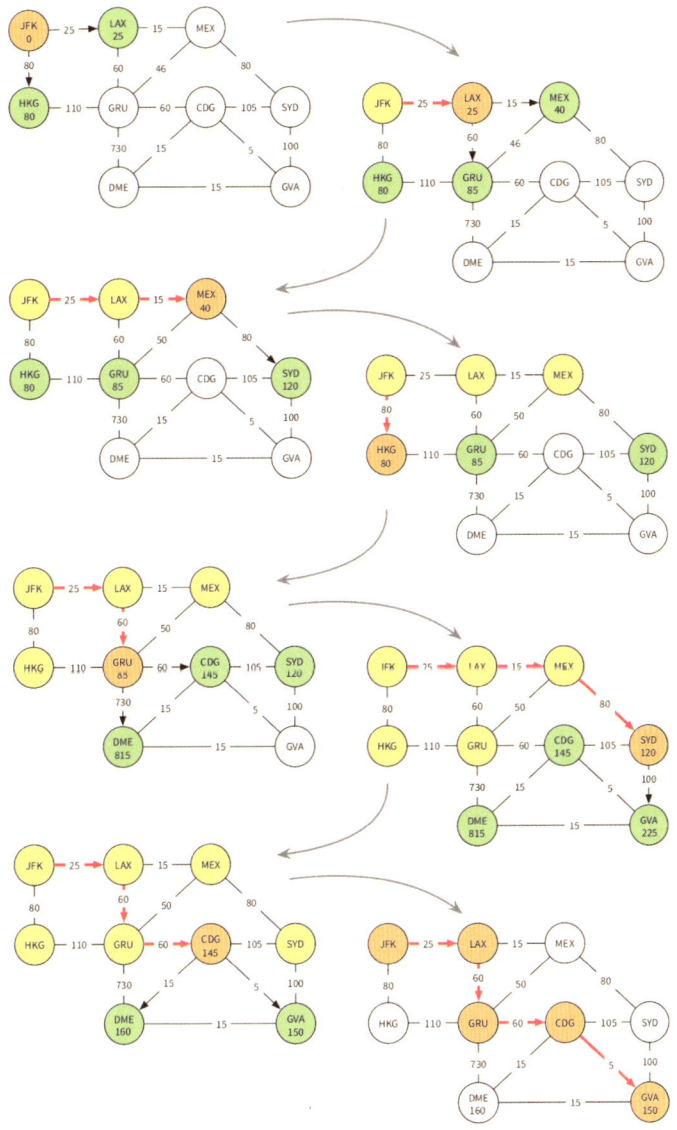

그림 5.6 항공편의 연결망이 주어졌을 때 다익스트라 알고리즘으로 JFK에서 GVA로 가는 최단 경로 탐색하기

5.3 그래프 다루기

페이지랭크

구글은 대체 어떻게 수십억 장이 넘는 웹 페이지를 다 분석하고 가장 적절한 페이지를 추천하는 것일까요? 검색 품질을 높이기 위해 활용하는 알고리즘이 꽤 다양하지만, 그 중에도 핵심은 페이지랭크 알고리즘PageRank algorithm이라고 합니다.

구글을 창립한 세르게이 브린Sergey Brin과 래리 페이지Larry Page는 원래 스탠퍼드 대학교에서 그래프 알고리즘을 연구하는 컴퓨터과학도였습니다. 두 사람은 웹을 그래프 모델(웹 페이지는 정점, 페이지 사이의 링크는 간선으로)로 정의했습니다.

두 사람은 어떤 웹 페이지가 다른 중요한 페이지로부터 많이 링크된다면, 링크된 페이지 역시 중요한 페이지일 것이라고 생각했습니다. 이 생각을 구현한 것이 페이지랭크 알고리즘입니다. 이 알고리즘은 페이지를 그래프로 나타내고, 여러 라운드에 걸쳐 페이지의 점수를 평가합니다. 처음에는 모든 웹 페이지가 동일한 점수를 갖고 시작합니다. 그리고 라운드가 진행될 때마다 페이지들은 자신이 획득한 점수를 자신이 링크하는 페이지에 나누어 줍니다. 이 분배 과정을 점수가 안정화될 때까지 계속 반복합니다. 웹 페이지의 중요도를 판별해내는 페이지랭크 알고리즘은 구글이 다른 검색 엔진을 압도할 수 있도록 한 일등공신입니다.

페이지랭크 알고리즘을 구글만 사용하란 법은 없습니다. 여러분이 다루는 다른 유형의 그래프에 이 알고리즘을 적용해 보아도 좋습니다. 예컨대, 트위터 사회 연결망의 사용자들을 그래프 모델로 표현하여 각 사용자에 대한 페이지랭크 점수를 계산하는 것입니다. 페이지랭크 점수가 높은 사용자를 중요한 인물이라고 판단해도 될까요? 여러분의 생각은 어떠신지요.

5.4 운용 과학

제2차 세계대전 시기, 열강들은 전쟁에서 승리하기 위해 모든 수단을 동원했습니다. 작전 하나를 수행하더라도 최고의 효과를 내기 위해 신중하게 결정해야만 했죠. 특히, 영국군은 군사 업무를 체계적으로 관리하기 위해 다양한 분석 도구를 만들어 냈습니다.

영국군이 만들어낸 이런 분석 방법은 나중에 **운용 과학**operations research이라고 불리게 되었습니다. 영국군은 운용 과학을 활용한 덕분에 초창기 조기경보레이더 시스템을 개선시킬 수 있었다고 합니다. 특정 기술뿐 아니라 전반적인 인력·자원 관리에도 운용 과학을 활용할 수 있었습니다. 전쟁 기간 동안 운용 과학에 참여한 영국인이 수백 명에 달했습니다. 전쟁이 끝나자, 운용 과학은 비즈니스와 산업계로 퍼져 나가 다양한 업무 절차를 최적화하는 데 적용되었습니다.

운용 과학은 어떤 대상을 최대화·최소화해야 할 때 활용하기 좋습니다. 산출물·이윤·성과 등의 대상을 최대화하고 손실·위험·비용 등의 대상을 최소화하는 문제는 흔히 발견할 수 있는 문제입니다. 항공사들은 운항 일정을 최적화하기 위해 운용 과학을 사용합니다. 기업들은 노동력과 생산 설비의 편성을 세밀히 조절하여 수백억 원을 절약할 수 있습니다. 화학 공장에서 최적의 원자재 혼합 비율을 연구하는 것 또한 운용 과학 문제로 볼 수 있습니다.

선형 프로그래밍 문제

운용 과학은 특히 **선형 프로그래밍** 문제를 풀 때 유용합니다. 선형 프로그래밍 문제란 최적해(가장 완벽한 답)를 구할 대상과 제약사항의 관계를 일차방정식[5] 모델로 나타낼 수 있는 문제입니다. 다음은 선형 프로그래밍 문제의 예입니다.

> **캐비닛 설치**
>
> 사무실에 캐비닛을 설치하려 한다. X 캐비닛은 가격이 10달러이고, 6제곱미터의 공간을 차지하며, 8세제곱미터의 파일을 보관할 수 있다. Y 캐비닛은 가격이 20달러이고, 8제곱미터의 공간을 차지하며, 12세제곱미터의 파일을 보관할 수 있다. 가구 구매에 사용할 수 있는 예산은 140달러이고, 사무실에 캐비닛을 놓을 수 있는 공간은 72제곱미터까지다. 저장 공간을 최대화하기 위해서는 무엇을 구매해야 하는가?

문제를 모델로 표현하려면, 문제에서 다룰 변수부터 찾아내야 합니다. 문제에서 구하려는 값은 무엇인가요? 저장 공간을 최대로 할 수 있는 X 캐비닛과 Y 캐비닛의 개수입니다. 이것은 다음과 같이 x와 y로 정의할 수 있습니다.

$$x: 구매할\ X\ 캐비닛의\ 개수$$
$$y: 구매할\ Y\ 캐비닛의\ 개수$$

그렇다면 문제에서 최대화하려는 대상은 무엇인가요? '저장 공간'입니다. 저장 공간을 z로 부르기로 하고, 그 값을 x와 y에 관한 함수로 표현합시다. 그러면 다음과 같은 일차방정식 모델을 만들 수 있습니다.

$$z = 8x + 12y$$

---

[5] $ax+b=0$과 같이, 최고차항의 차수가 1인 방정식.

이제 이 모델을 활용해 z를 가능한 최대치로 만들어주는 x와 y의 값을 선택해야 합니다. 그런데 문제에서 제시된 대로, 이 값은 예산(140달러 이하)과 공간(72제곱미터 이하)이라는 제약을 지키는 선에서 선택해야 합니다. 이 제약사항도 모델로 나타내 봅시다.

$$10x + 20y \leq 140 \text{ (예산 제약)}$$
$$6x + 8y \leq 72 \text{ (공간 제약)}$$
$$x \geq 0, \; y \geq 0 \text{ (캐비닛을 음의 개수만큼 살 수 없다)}$$

이 문제를 풀려면 어떻게 해야 할까요? 단순히 저장량/공간 비율을 최대로 하여 구매하는 것은 정답이 될 수 없습니다. 사무실에 캐비닛을 놓을 공간이 한정되어 있기 때문이죠. 무식하게 푸는 전략을 시도해 볼 수도 있겠습니다. 가능한 모든 x와 y에 대하여 z의 값을 계산해 비교하는 것이죠. 간단한 문제라면 이런 방법이 통하겠지만, 문제에서 다루는 변수가 많을수록 이 방법을 적용하기가 곤란해집니다.

사실 이와 같은 선형 프로그래밍 문제를 풀 때는 프로그램을 작성할 필요가 없습니다. 이런 문제에 특화된 **단체법**simplex method이라는 방법을 사용하면 됩니다. 단체법은 선형 프로그래밍 문제에 특화된 해결책으로, 1960년대부터 산업계에서 복잡한 문제를 해결하는 데 활용되고 있습니다. 그러니 자신만의 새로운 방법을 찾기보다는, 이미 완성된 방법을 이용하도록 합시다.

단체법 계산기를 사용하는 방법은 간단합니다. 그냥 최대화(또는 최소화)하려는 함수와 제약사항을 나타내는 방정식들을 입력하기만 하면 됩니다. 나머지는 계산기가 알아서 해결해 줍니다. 단체법 계산기로 계산해

보면, z를 최대화하는 x와 y를 $x=8$, $y=3$으로 구할 수 있습니다.[6]

단체법은 유효해(답이 될 수 있는 후보들)의 범위를 현명하게 탐색함으로써 최적해를 계산해 냅니다. 그림으로 그 원리를 살펴봅시다. 그림 5.7에서 x와 y가 취할 수 있는 모든 값을 2차원 평면으로 표현해 보았습니다. 예산과 사무실 공간이라는 두 가지 제약은 선으로 그어 표현하였습니다.

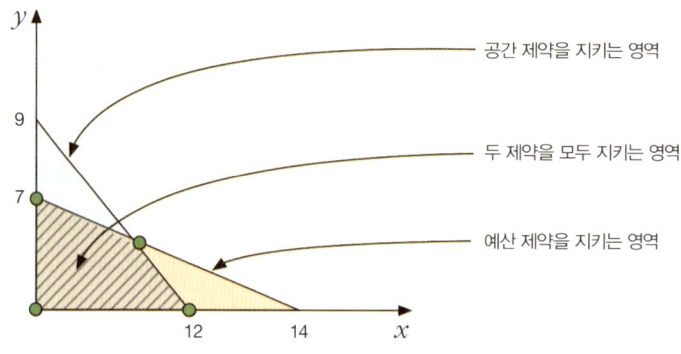

그림 5.7 문제의 제약사항을 준수하는 x와 y의 유효 영역

위 그림에서 나타나는 닫힌 영역(두 제약을 모두 지키는 영역)이 유효한 해의 전체 영역입니다. 선형 프로그래밍 문제의 최적해는 닫힌 영역의 모퉁이 꼭지점(제약사항을 나타내는 선이 교차하는 지점) 중 하나이며, 이

---

[6] (옮긴이) 단체법 계산기를 직접 두드려보고 싶으신가요? 수식 계산 사이트 울프럼 알파 *https://www.wolframalpha.com*에 접속한 뒤, 입력 칸에 이 문제의 조건인 `maximize 8x+12y on 10x+20y <= 140 and 6x+8y <= 72 and x >= 0 and y >= 0`을 입력해 보세요. `maximize` 키워드 뒤에 최대화하려는 함수를, `on` 키워드 뒤에 제약사항을 입력합니다. 그러면 $(x, y) = (8, 3)$이라는 결과가 계산됩니다. 이 외에도 'simplex solver'로 검색하시면 다양한 계산기를 찾아볼 수 있습니다.

는 수학적으로 증명된 사실입니다. 단체법은 이 꼭지점들을 검사하여 z가 최적화되는 지점을 선택하는 방법입니다. 변수가 두 개일 때는 평면으로 나타낼 수 있지만, 변수가 더 많아지면 이 처리 과정을 그림으로 묘사하기가 매우 어려워집니다. 하지만 그 수학적 원리는 동일하게 적용됩니다.

네트워크 흐름 문제

네트워크와 흐름에 관한 문제의 상당수는 일차방정식으로 표현할 수 있습니다. 이는 곧 단체법으로 쉽게 해결할 수 있는 문제라는 의미죠. 이런 문제의 예를 하나 살펴봅시다. 때는 바야흐로 냉전 시기, 미군은 소련이 동유럽에서 이용할 수 있는 철도 보급로를 지도에 작성했습니다.

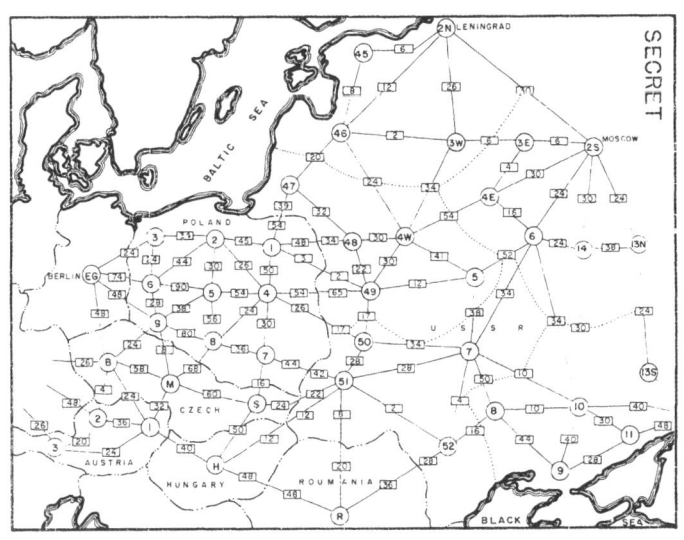

그림 5.8 기밀 해제된 1955년 미군 보고서. 소련의 철도망에 수송량이 표시되어 있습니다.

> **물류 수송량 계산**
> 지도 위의 각 도시 사이에 선을 그어 도시를 연결하는 철도망을 표시해 두었다. 각 선에는 하루 동안 운반 가능한 최대 물류량이 정해져 있다. 생산 도시와 소비 도시가 주어졌을 때, 생산 도시에서 소비 도시로 하루 동안 수송될 수 있는 물자의 양은 얼마인가?

이 문제를 일차방정식 모델로 나타낼 때, 각 철도 선은 그 선을 통해 운반되는 물류량을 나타내는 변수로 표현할 수 있습니다. 이 문제에서 제약사항은 노선이 자신의 용량을 초과하는 물류를 운송할 수 없다는 점, 그리고 생산 도시와 소비 도시를 제외한 모든 도시에서 물류가 들어오는 양과 물류가 나가는 양이 동일해야 한다는 점입니다.

이 문제를 일차방정식 모델로 표현하는 방법은 여기까지만 설명하도록 하겠습니다. 그래프, 비용, 흐름과 관련된 많은 최적화 문제를 단체법을 이용해 쉽게 풀 수 있다는 것을 알아두시기 바랍니다. 온라인에서 유용한 문서를 많이 찾을 수 있습니다. 모든 해법을 여러분 스스로 고안해 낼 필요는 없습니다. 이미 알려진 방법과 도구를 충분히 활용하도록 합시다.

장을 마치며

이 장에서는 여러 가지 문제에 적용할 수 있는 유명한 알고리즘들을 살펴보았습니다. 문제를 해결할 때는 항상 이미 존재하는 알고리즘과 방법을 찾아보고 시작하도록 합시다.

중요한 알고리즘 가운데 여기서 다루지 못한 것도 많습니다. 다익스트라 알고리즘보다 더욱 발전된 탐색 알고리즘(A* 등), 두 단어가 얼마나 유사한지를 추정하는 알고리즘(레벤슈타인 편집 거리), 기계학습 알고리즘 등 여러 가지가 있습니다. 여러분이 나중에 하게 되는 일에 따라서 이런 알고리즘들도 언젠가 접할 수 있을 겁니다.

참고자료

- 『Hello Coding 그림으로 개념을 이해하는 알고리즘Grokking Algorithms』, 아디트야 바가바 저 - *https://code.energy/bhargava*
- 『알고리즘 입문Introduction to Algorithms』, 토머스 코멘 외 저 - *https://code.energy/cormen*
- 『알고리즘Algorithms』, 로버트 세지윅 저 - *https://code.energy/sedgwick*
- 「간단한 선형계획모델Simple Linear Programming Model」, 케이티 피즈 저 - *https://code.energy/katie*

Chapter 06
데이터베이스

Database

내가 데이터베이스 분야의 저자로 유명하지만, 나의 핵심 능력은 아키텍트의 기술이다. 요구사항을 분석하고, 단순하고 우아한 해법을 만들어낸다.

― 찰스 바크만 *Charles William Bachman*

방대한 데이터를 컴퓨터 시스템 속에서 관리하기란 매우 어렵습니다. 하지만 이는 여러 분야에서 다루는 핵심 업무이기도 합니다. 생물학자들은 컴퓨터를 이용해 DNA 염기서열과 그에 연관된 단백질 구조를 저장·조회합니다. 페이스북은 수십억 명의 사용자가 매일 쏟아내는 수많은 게시물을 관리합니다. 아마존은 그 많은 상품들의 판매량·재고·물류를 추적합니다.

이렇게 방대하고 끊임없이 변화하는 데이터를 여러 개의 디스크에 저장하려면 어떻게 해야 할까요? 여러 곳에서 쏟아져 들어오는 수많은 조회·편집·삽입 요청을 동시에 처리해야 한다면요? 응용 프로그래머들이 그런 기능을 직접 구현하지는 않습니다. 그 대신 데이터베이스 관리 시스템Database Management System, DBMS을 사용합니다. DBMS는 데이터베이스 관리를 위한 특별한 소프트웨어로, 데이터를 조직하고 저장하며 데이터베이스에 대한 접근과 수정을 중재합니다. 이 장에서는 데이터베이스의 종류와 관리 기법들을 다음 주제별로 알아볼 것입니다.

- 👫 보편적인 데이터베이스의 **관계형** 모델 이해하기
- 💔 **비관계형** 데이터베이스로 유연하게 작업하기
- ✂ 컴퓨터 여러 대를 연동하여 데이터 **분산**하기
- 🌍 **지리** 데이터베이스 시스템으로 사물의 위치 기록하기
- ⚙ **직렬화**를 통해 서로 다른 시스템에서 데이터 공유하기

관계형 데이터베이스 시스템이 가장 널리 사용되는 방식이지만, 상황에 따라 비관계형 데이터베이스 시스템이 사용하기 더 쉽고 효율적인 경우도 있습니다. 데이터베이스 시스템의 종류가 많아 그 가운데 무엇을 사용해야 할지 판단하기 어려울 수 있습니다. 이 장에서는 현존하는 데이터베이스 시스템의 다양한 종류를 전체적으로 살펴볼 것입니다.

데이터베이스 시스템을 이용해 데이터를 조직적으로 저장해 두면, 데이터에 쉽게 접근할 수 있어 더 유용하게 활용할 수 있습니다. 광부miner들은 쓸모없어 보이는 바위산에서 값진 광물과 광석을 캐낼 수 있습니다. 우리도 광부들처럼 데이터에서 값진 정보를 뽑아내곤 하지요. 이를 **데이터 마이닝**data mining이라 합니다.

데이터 마이닝의 사례를 한번 볼까요? 어느 대형마트 프랜차이즈 회사에서 자사 상품거래 데이터를 분석해 보았습니다. 분석 결과, 최상위 구매 고객들이 판매량이 200위에도 들지 못하는 특정 치즈 제품을 구매하

는 경향을 발견했습니다. 관행대로라면 판매량이 낮은 이 치즈는 진열을 중단해야 했죠. 하지만 경영진은 데이터 마이닝 결과를 보고 그 제품을 계속 판매할 뿐 아니라, 더욱 잘 보이는 판매대에 진열하기로 했습니다. 이는 최우수 고객들의 만족도를 높여 재방문율을 더더욱 높이는 결과로 이어졌습니다. 회사의 데이터를 데이터베이스 시스템에 잘 조직화해 둔 덕에 이렇게 현명한 의사결정을 내릴 수 있었습니다.

6.1 관계형 데이터베이스

1960년대 후반에 등장한 **관계형 모델**relational model 덕분에 정보 관리 기술이 비약적으로 발전했습니다. 프로그래머들은 관계형 데이터베이스를 활용함으로써 중복 정보 문제[1]와 데이터 불일치 문제[2]를 쉽게 방지할 수 있었습니다. 오늘날 사용되는 데이터베이스 시스템은 대부분이 바로 이 관계형 방식입니다.

관계형 모델에서는 데이터를 여러 개의 **표**table로 나누어 저장합니다. 표는 스프레드시트 또는 수학의 행렬과 비슷합니다. 데이터 항목 하나는 표를 구성하는 **행**row 하나로 저장됩니다. 각 항목이 갖는 다양한 속성은 **열** column로 표현됩니다. 일반적으로 각 열에는 입력되는 데이터의 유형이 정해집니다. 물론 데이터 유형 외에도 여러 제약사항을 정할 수 있습니다.

---

[1] (옮긴이) 동일한 정보가 여러 곳에 중복으로 저장되는 현상. 저장 공간을 낭비하며, 데이터가 수정될 때마다 동일한 데이터들을 찾아 동기화해야 하므로 추가 비용도 발생합니다.
[2] (옮긴이) 중복 정보가 서로 동기화되지 않은 현상. 데이터가 수정될 때마다 신경 써서 동기화를 수행하더라도 동기화가 진행되는 도중에 데이터를 읽는다면 이 문제가 발생할 수 있습니다.

각 행이 이 열에 대한 값을 반드시 가져야 한다거나(필수 속성이어야 함), 이 열의 값이 표의 전체 행 사이에서 고유해야 한다는(중복되지 않는 속성이어야 함) 등의 제약사항을 두는 것이지요.

열은 **필드**field라고도 부릅니다. 어떤 열이 정수만을 허용한다면, **정수 필드**라고 합니다. 표마다 서로 다른 유형의 필드를 지정해 둘 수 있습니다. 데이터베이스를 구성하는 표들은 저마다 다양한 필드와 제한사항을 가집니다. 이처럼 필드와 제약사항을 정해둔 것을 표의 **스키마**schema라고 합니다.

각 데이터 항목은 표에서 행으로 저장됩니다. 어떤 행이 표의 스키마에 위배된다면, 그 행은 데이터베이스에 저장되지 않습니다. 따라서 관계형 데이터베이스에는 동일한 규칙과 제약사항을 따르는 데이터만 저장되죠. 이것이 관계형 모델의 핵심 규칙입니다. 데이터의 개별 특질이 너무 다양할 때는 고정된 스키마에 데이터를 맞추기가 까다로울 수 있습니다. 하지만 거대한 구조의 데이터를 다루는 상황에서는 고정된 스키마를 사용함으로써 저장된 데이터가 올바른 형식임을 보장할 수 있습니다.

관계

표 하나로 작성된 구매 기록 데이터베이스를 생각해 봅시다. 각 구매 기록에는 주문 정보와 고객 정보가 저장되어야 합니다. 그런데 같은 고객이 여러 차례에 걸쳐 구매한다면, 구매 기록마다 동일한 고객 정보를 중복 저장하는 문제가 발생할 것입니다.

일자	고객 이름	고객 전화번호	주문금액
2017-02-17	Bobby Tables	997-1009	$93.37
2017-02-18	Elaine Roberts	101-9973	$77.57
2017-02-20	Bobby Tables	997-1009	$99.73
2017-02-22	Bobby Tables	991-1009	$12.01

그림 6.1 표 하나에 저장된 구매 기록 데이터

중복 정보는 관리하기가 까다롭습니다. 특히 저장된 정보를 수정해야 할 때 신경 쓸 일이 많습니다. 중복된 정보를 별도의 표로 분리해 내고 표 사이의 관계를 연관시키면 이 문제를 해결할 수 있습니다. 이것이 관계형 모델의 원리입니다. 그림 6.1에는 주문 기록 데이터가 하나의 표로 작성되어 있는데, 이것을 '주문' 표와 '고객' 표로 나눌 수 있습니다. 이렇게 하면 '주문' 표의 각 행에서 그 주문에 연관된 고객 정보를 나타내기 위해 '고객' 표의 특정 행을 참조해야 합니다. 그림 6.2와 같이 말이죠.

주문

ID	일자	고객	주문금액
1	2017-02-17	37	$93.37
2	2017-02-18	73	$77.57
3	2017-02-20	37	$99.73
4	2017-02-22	37	$12.01

고객

ID	고객 이름	전화번호
37	Bobby Tables	997-1009
73	Elaine Roberts	101-9973

그림 6.2 행 사이의 관계를 형성함으로써 중복 데이터를 제거한 구매 기록 데이터베이스

표와 표 사이의 데이터를 서로 연관시키면 중복 데이터를 발생시키지 않으면서 동일한 고객을 여러 주문 정보에 포함시킬 수 있습니다. 한 행과 다른 행의 관계를 서로 연결하기 위해서는 행을 구별하고 가리키기 위한 수단이 필요합니다. 이를 위해 모든 표에 식별을 위한 특별한 필드(ID)를 추가했습니다. ID 필드의 값은 표 안의 특정 행을 가리킵니다.

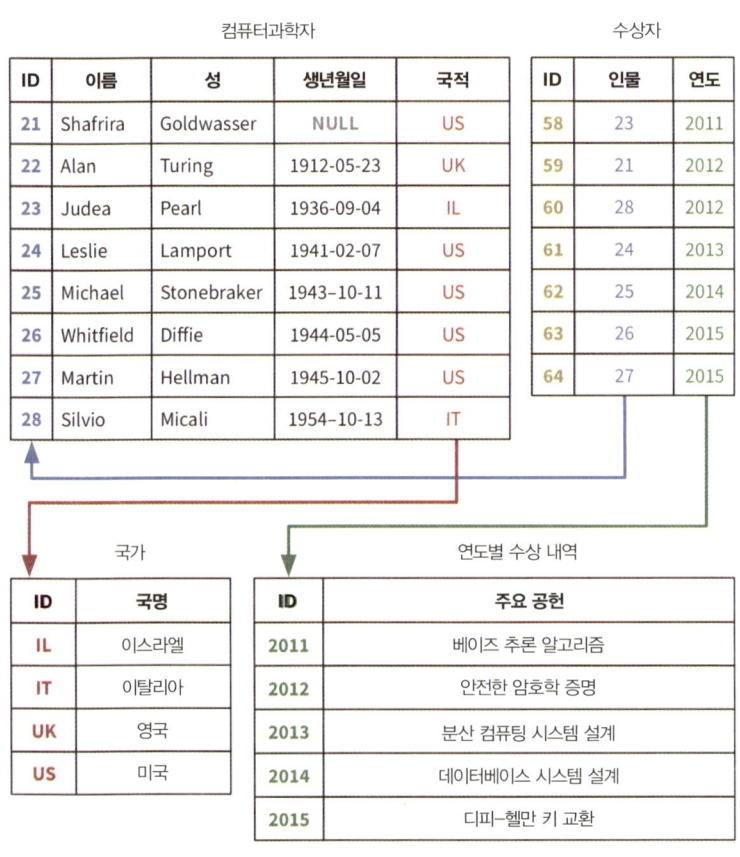

그림 6.3 컴퓨터과학자와 튜링상

ID 필드의 값은 고유해야 합니다. 다시 말해, 표 안에서 같은 ID를 가진 행이 여러 개 있어서는 안 됩니다. 표의 ID 필드는 행을 식별하는 데 사용되는 만큼 매우 중요하여, **기본 키**primary key라는 용어로 지칭합니다. 다른 행의 ID 값을 저장하여 참조하는 필드는 **외래 키**foreign key라고 부릅니다.

기본 키와 외래 키를 활용하면, 어떤 데이터 집합들이 서로 분리되어 있을 때, 그들 사이의 복잡한 관계도 충분히 정의할 수 있습니다. 그림 6.3은 튜링상[3] 수상자 정보를 여러 개의 표로 나누어 저장한 예입니다.

컴퓨터과학자와 수상 기록의 관계는 고객과 주문 기록의 관계만큼 단순하지는 않군요. 여러 명의 과학자들이 상 하나를 공동 수상할 수도 있고, 과학자 한 명이 두 번 이상 수상할 수도 있기 때문입니다. 이 때문에 컴퓨터과학자와 상의 관계만을 저장하는 '수상자' 표를 사용했습니다.[4]

관계형 모델에서 중복 정보를 제거하는 원리를 알아보았습니다. 이처럼 표를 나누고 중복 정보를 제거하는 변환 과정을 **정규화**normalization라고 합니다. 어떤 데이터베이스에 중복되는 정보가 전혀 없도록 구성해 두었다면, 그 데이터베이스는 완전히 정규화된 것입니다.

스키마 이전

계속 사용되는 프로그램이라면 점점 규모가 커지고 새로운 기능이 추가

---

[3] 튜링상은 컴퓨터과학 분야의 노벨상 같은 것입니다. 부상으로 백만 달러의 상금이 수여됩니다.
[4] (옮긴이) 데이터베이스 용어로 다대다(many-to-many) 관계라고 합니다. 관계형 데이터베이스에서는 다대다 관계를 나타내기 위해 관계만 저장하는 별도의 표를 사용합니다.

되기 마련이지요. 그에 따라 데이터베이스의 구조도 (그리고 모든 표의 스키마도) 변하기 마련입니다. 프로그래머들은 데이터베이스의 구조를 수정할 때, 스키마 이전schema migration 스크립트를 작성합니다. 이 스크립트는 단순히 표의 스키마를 수정할 뿐 아니라, 이전 스키마에 따라 입력된 기존 데이터를 새 스키마에 맞게 변형하는 작업도 수행합니다. 또한, 일반적으로 스키마 이전 스크립트에는 수정한 내용을 거꾸로 되돌리는 기능도 함께 작성됩니다. 데이터베이스 구조를 소프트웨어의 과거 버전과 맞춰야 할 때도 간혹 있는데, 그러려면 이 기능이 필요합니다.

DBMS 제품들은 대부분 스키마 이전 도구를 함께 제공합니다. 이 도구를 사용하면 스키마 이전 스크립트 만들고, 적용하고, 취소하는 것이 간편해집니다. 대규모 시스템에서는 한 해 동안에만 수백 건의 스키마 이전을 수행하기도 하므로, 이런 도구가 반드시 필요하지요. 물론, 스키마 이전 스크립트를 만들지 않고 수작업으로 데이터베이스를 수정할 수도 있습니다. 하지만 이 경우, 나중에 데이터베이스를 과거의 특정 버전으로 되돌리기가 쉽지 않을 것입니다. 게다가 개발자 여러 명이 서로 데이터베이스 사본을 나누어 수정한다면, 이들이 서로 호환되리라고 기대하기도 어렵습니다. 대규모 소프트웨어 프로젝트에서도 데이터베이스를 부주의하게 취급하여 이런 문제를 일으킬 때가 종종 있습니다.

SQL

관계형 DBMS는 거의 대부분이 SQL structured query language (구조화 질의어)[5]

---

[5] SQL을 '씨퀄'이라고 발음하는 경우가 더 많으나, '에쓰-큐-엘'이라 읽어도 괜찮습니다.

이라는 질의어를 지원합니다. SQL을 깊이 있게 다루는 것은 이 책의 범위 밖이므로, 핵심 개념만 살펴보기로 합시다. SQL을 직접 다룰 계획이 없더라도 약간이라도 알아 둘 필요는 있습니다. 질의문query이란 조회하려는 데이터에 관해 서술하는 문장입니다. 다음 코드는 SQL 질의문의 기본 양식입니다.

```
SELECT <field name> [, <field name>, <field name>,...]
FROM <table name>
WHERE <condition>;
```

위의 양식처럼, 질의문에서는 SELECT 명령어 뒤에 조회하려는 필드들을 나열합니다. 표의 모든 필드를 다 조회하려면 와일드 문자인 별표(*)를 이용해 SELECT *와 같이 작성하면 됩니다. 하나의 데이터베이스 안에 표를 여러 개 만들 수 있습니다. 따라서 어떤 표에 질의하는 것인지를 FROM 명령어 뒤에 지정합니다. WHERE 명령어 뒤에는 행을 선택할 기준(조건)을 작성합니다. 불 논리식을 이용하여 여러 조건을 결합해도 됩니다. 다음은 실제로 질의문을 작성해 본 예로, 고객(customers) 표의 모든 필드를 조회하고, 이름(name)과 나이(age) 필드를 기준으로 행을 선택합니다.

```
SELECT * FROM customers
WHERE age > 21 AND name = "John";
```

이때, WHERE 절을 생략한 채 SELECT * FROM customers만으로 질의할 수도 있습니다. 그러면 행을 선택하는 절차가 생략되고 모든 고객 정보가 반환됩니다.

이것 외에도 알아 두면 좋은 질의 명령어가 많이 있습니다. ORDER BY 는 조회 결과를 지정한 필드를 기준으로 정렬해 줍니다. GROUP BY는 조회 결과를 여러 그룹으로 나눈 뒤 그룹별 통계를 구할 때 사용합니다. 예를 들어, 고객(customers) 표에 국가(country) 필드와 나이(age) 필드가 있다고 할 때, 다음과 같이 질의해 볼 수 있습니다.

```
SELECT country, AVG(age)
FROM customers
GROUP BY country
ORDER BY country;
```

이 질의문은 고객들이 거주하는 국가의 목록을 정렬하여, 국가별 평균 고객 나이와 함께 반환합니다. SQL에는 이외에도 여러 가지 통계 함수가 있습니다. 한 예로, AVG(age)를 MAX(age)로 바꾸면 국가별 최고령 고객의 나이를 구할 수 있습니다.

관계형 데이터베이스에서는 데이터를 여러 개의 표로 나누어 저장한다고 했습니다. 그렇다면 어떤 행에서 외래 키로 참조하는 다른 표의 행이 필요할 때는 어떻게 해야 할까요? 주문을 기록하는 표(orders)와 고객 정보를 기록하는 표(customers)가 있다고 생각해 봅시다. 주문 표에는 외부의 고객 정보를 참조하는 외래 키가 저장됩니다(그림 6.2). 이 데이터베이스에서 주문한 액수가 가장 높은 고객을 알아내려면, 두 표의 정보를 모두 조회해야 할 것입니다. 그렇다면 두 표를 각각 질의하여 구한 뒤, 프로그래머가 직접 정보를 대조해야 할까요? 물론 그렇게 할 수도 있지만, SQL 명령어를 사용하면 일이 더 간편해집니다.

```
SELECT DISTINCT customers.name, customers.phone
```

```
FROM customers
JOIN orders ON orders.customer = customers.id
WHERE orders.amount > 100.00;
```

이 질의문은 100달러를 초과하는 주문을 한 고객들의 이름과 전화번호를 구합니다. 여기서 `SELECT DISTINCT` 절은 동일한 고객 정보가 여럿 있을 때, 중복 없이 하나만 반환하도록 하는 명령입니다. 눈여겨봐야 할 부분은 JOIN 절입니다. JOIN 절은 지정한 조건에 따라 두 표를 서로 결합하여, 연관된 표를 동시에 가져올 수 있도록 해줍니다. 이 기능을 이용하면 질의를 매우 유연하게 수행할 수 있습니다.[6] 하지만 여기에는 대가가 따릅니다. 결합은 비용이 많이 드는 연산으로, 최악의 경우 질의문에서 결합하려는 표들의 모든 조합을 계산해야 할 수도 있습니다. 여러분이 데이터베이스 관리를 담당한다면, 결합 연산을 수행할 때 이를 통해 생성되는 행이 몇 개나 될지 염두에 두어야 합니다. 표의 규모가 매우 방대하다면 결합 연산을 수행하는 것이 불가능해집니다. JOIN은 관계형 데이터베이스에서 가장 강력한 능력인 동시에 가장 취약한 점이라 할 수 있습니다.

색인

표에서 각 행의 ID 값은, 그 값을 가진 행을 다른 행이 가리킬 때 사용됩니다. 기본 키를 유용하게 하용하려면 ID 값을 통해 해당 항목을 빠르게 조회할 수 있어야 합니다. 이를 위해 DBMS는 각 행의 ID와 메모리 속 주소를 대응시키는 색인index을 추가로 만들어 둡니다. 이런 색인은 자가

---

6 JOIN을 수행하는 방법에는 여러 가지가 있습니다. *https://code.energy/joins*

균형 이진 탐색 트리(4.3절)로, 표의 각 행을 트리의 각 정점에 대응시켜 입력합니다. 그림 6.4를 참고하세요.

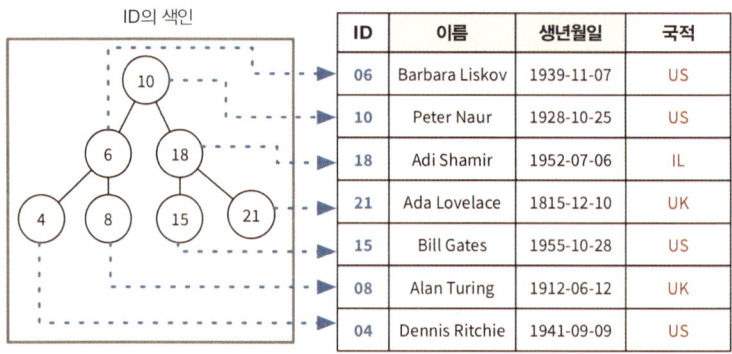

그림 6.4 ID 값과 행의 위치를 대응시키는 색인

여기서 각 정점의 키가 바로 색인해야 하는 필드의 값입니다. 특정 필드의 값으로 항목을 구하려면, 색인 트리에서 그 값을 탐색하고 탐색 결과로 구한 정점에 저장된 주소로 접근하면 됩니다. 이진 탐색 트리의 탐색 비용은 $O(\log n)$이므로, 방대한 양의 데이터가 저장된 표에서도 빠르게 항목을 구할 수 있습니다.

일반적으로 DBMS는 데이터베이스의 모든 '기본 키'에 대해 색인을 생성해 놓습니다. 어떤 필드(예: 고객 이름)를 이용해 항목을 검색해야 할 때가 많다면, DBMS가 그 필드에 대한 색인을 추가로 생성하도록 스키마를 설정해 둘 수 있습니다.

고유 필드

고유 필드(중복 값이 허용되지 않는 필드)에서도 자동으로 색인이 생성되는 것이 일반적입니다. DBMS는 새로운 행을 추가할 때마다 그 행이 고유성 규칙을 위배하지 않는지 확인해야 합니다. 그런데 어떤 필드에 값이 존재하는지를 색인 없이 탐색한다는 것은, 표의 전체 행을 하나씩 다 확인해야 한다는 뜻이지요. 색인이 있어야 추가하려는 값이 이미 존재하는지를 빠르게 알 수 있습니다. 따라서 고유 필드에서는 신규 항목을 빠르게 추가하기 위해 자동으로 색인을 생성합니다.

정렬

필드가 색인되어 있으면 항목을 구할 때, 그 필드를 기준으로 정렬하여 구하기가 더 쉬워집니다. 예를 들어 이름 필드가 색인되어 있다면, 행을 이름순으로 정렬하여 조회하더라도 추가 비용이 발생하지 않습니다. 반면, 색인이 없는 필드에서 ORDER BY 명령어를 사용한다면 DBMS는 질의 결과를 반환하기 전에 데이터를 메모리 속에서 정렬해야 합니다. 너무 많은 행을 대상으로 색인되지 않은 필드를 정렬할 경우, 질의 수행을 거부하는 DBMS 제품도 많습니다. 서버가 과부하·메모리 부족으로 마비되는 것을 방지하기 위한 안전 조치지요.

  국가를 기준으로 정렬하되 국가가 같은 경우는 나이를 기준으로 정렬하는 경우를 생각해 봅시다. 이 경우에는 나이 필드나 국가 필드에 색인이 있더라도 별 도움이 되지 않습니다. 처음에 국가 필드의 색인을 이용해 국가를 기준으로 행을 정렬하고, 동일한 국가를 가진 항목은 나이를 기준으로 다시 정렬해야 합니다. 이때는 나이 필드에 색인이 있더라도 부분 정렬에는 사용할 수 없기 때문에 결국 정렬 연산이 직접 수행되는 것을 막지 못합니다. 이처럼 두 개 이상의 필드를 기준으로 정렬해야 할 때, **공동 색인**joint index을 활용할 수 있습니다. 공동 색인은 여러 필드를 묶어 색인하는 것입니다. 개별 필드를 탐색하는 데는 도움이 되지 않지만, 여러 필드를 기준으로 데이터를 정렬해야 할 때는 매우 빠르게 결과를 낼 수 있습니다.

성능

색인은 아주 훌륭한 기능입니다. 색인 덕분에 질의를 초고속으로 수행할 수 있으며, 정렬된 데이터도 바로 구할 수 있습니다. 그렇다면 모든 표의 모든 필드에 색인을 만들면 두면 완벽할까요? 아닙니다. 표에 새 항목을 입력하거나 표에서 항목을 삭제할 때, 모든 필드의 색인이 이를 반영해 갱신되어야 하는 문제가 발생합니다. 색인된 필드가 많을수록 행을 갱신·추가·삭제하는 데 드는 계산 비용이 커집니다. 트리의 균형을 잡는 데 드는 비용을 생각해 보세요. 또, 색인은 디스크의 공간을 차지하는데, 물론 디스크는 무한한 자원이 아니지요.

데이터베이스를 효율적으로 운영하기 위해서는 여러분의 프로그램이 데이터베이스를 어떻게 사용하는지 꼼꼼하게 살펴야 합니다. DBMS 제품들은 대부분 이를 위한 도구를 함께 제공합니다. 이런 도구는 여러분이 작성한 질의문을 분석하여 질의 수행을 위해 어떤 색인이 사용되는지, 순차적으로 읽어들여야 하는 행은 몇 개인지 등을 알려줍니다. 어떤 질의문이 특정 필드의 데이터를 순차 검사하느라 많은 시간을 낭비한다면, 그 필드에 색인을 추가하여 성능을 개선해 볼 수 있겠지요. 예를 들어, 데이터베이스에서 특정 나이의 사람에 대한 질의를 자주 수행해야 한다면, 나이 필드에 색인을 추가해 특정 나이에 해당되는 행을 바로 선택할 수 있습니다. 이 방법을 쓰면 나이가 일치하지 않는 행을 걸러내기 위한 순차 검사를 방지하여 시간을 아낄 수 있습니다.

데이터베이스의 성능을 한층 더 개선하고자 한다면, 어떤 색인을 버리고 어떤 색인을 남길 것인지 판단할 수 있어야 합니다. 데이터베이스에서 주로 하는 작업이 조회이고, 갱신은 거의 이루어지지 않는다면, 색인을 좀 더 늘리거나 유지하는 편이 합리적이라고 판단할 수 있습니다. 많은 상업용 시스템에서 발생하는 성능 저하와 장애의 핵심 원인으로 색인 오용이 꼽힙니다. 덜렁이 시스템 관리자들은 자주 실행되는 질의문의 실행 과정을 조사하지 않는다는 공통점을 갖고 있습니다. 그저 '감'에 의존해서 오늘은 이 필드, 내일은 저 필드에 색인을 추가할 뿐이죠. 그러지 맙시다! 분석 도구가 여러분을 위해 질의문을 꼼꼼히 검토해줍니다. 분석 도구를 활용하여 성능 차이가 확실히 날 때만 색인을 추가합시다.

트랜잭션

전 세계 '높으신 분들'이 주로 돈을 보관하는 것으로 알려진, 스위스 비밀 은행🇨🇭을 상상해 봅시다. 이 은행은 송금 기록을 일절 남기지 않습니다. 데이터베이스에는 각 계좌의 잔액만이 기록되어 있을 뿐이죠. 한 고객이 자기 계좌에서 같은 은행의 계좌를 가진 친구에게 돈을 이체하려 한다고 해 봅시다. 이를 위해서는 은행 데이터베이스에서 두 가지 작업이 반드시 수행되어야 합니다. 보내는 사람의 계좌에서 이체 금액을 감산(빼기)하는 것과, 받는 사람의 계좌에서 이체 금액을 가산(더하기)하는 것이죠.

  데이터베이스 서버에서는 일반적으로 많은 수의 클라이언트가 동시에 데이터를 읽고 쓸 수 있도록 합니다. 수많은 질의 요청을 하나씩 순차적으로만 수행한다면 DBMS의 처리가 너무 느려질 것이기 때문입니다. 바로 여기에 함정이 있습니다. 감산은 처리된 후지만 가산은 처리되기 전인 찰나의 시점에, 누군가가 모든 계좌 잔액의 합계를 질의한다면 틀린 금액을 알려주게 되는 것이죠! 두 연산이 수행되는 중간에 시스템의 전원이 중단된다면 어떻게 되겠습니까? 시스템이 복구된 후 데이터가 잘못되었다는 것을 발견할 수는 있겠지만, 누구의 잔액이 틀렸는지 알아내기는 어려울 것입니다. 송금 기록을 하나씩 다 뒤져 봐야 하겠지만, 그 기록마저 없다면 정말 큰일입니다.

  이렇게 연산 도중에 장애가 발생하여 데이터가 불일치하는 문제를 방지하려면, 여러 단계로 이루어진 연산을 모두 온전히 수행하거나, 아니면 아무 연산도 수행하지 않고 데이터를 그대로 두는 기능을 갖춰야 합니다. 이런 기능을 트랜잭션transaction이라고 부릅니다. 트랜잭션은 원자적으로[7] 수행하고자 하는 데이터베이스 연산들을 나열한 것입니다. 데이터의 일관성을 유지하는 일을 데이터베이스 시스템에 맡기는 것이죠. 프로그래머가 할 일은 필요한 연산을 함께 묶어주는 것뿐입니다. 이 기능 덕분에 프로그래머들(특히 은행 쪽 프로그래머들)이 발 뻗고 잘 수 있습니다. 다음은 트랜잭션으로 연산을 묶어 질의하는 질의문의 예입니다.

---

[7] 원자적인 연산이란 단번에 수행되는 연산입니다. 실행되거나 실행되지 않거나 둘 중 하나이며, 반쯤만 수행되는 일은 없습니다.

```
START TRANSACTION;
UPDATE vault SET balance = balance + 50 WHERE id=2;
UPDATE vault SET balance = balance - 50 WHERE id=1;
COMMIT;
```

여러 단계의 갱신을 수행할 때 트랜잭션을 쓰지 않는다면, 찾기도 힘들고 해결하기도 어려운 데이터 불일치 문제가 언젠가 반드시 발생할 것입니다. 이 내용은 여러분의 건강과 행복한 삶을 위해 꼭 기억하시기 바랍니다.

6.2 비관계형 데이터베이스

관계형 데이터베이스에는 많은 장점이 있지만, 아쉬운 점도 있습니다. 관계형 데이터베이스에서는 연동된 프로그램이 복잡해질수록 관리해야 하는 표도 많아십니다. 그에 따라 여러분이 작성해야 하는 질의문도 덩달아 커지고, 이해하기도 어려워지죠. 게다가 JOIN 연산이 훨씬 더 많아져 계산 비용이 늘어나고, 심각한 병목현상이 유발되기도 합니다.

반면, 비관계형 모델non-relational model에서는 표를 이용한 관계를 사용하지 않습니다. 그러므로 여러 데이터 항목을 서로 결합하는 작업도 거의 필요하지 않지요. 비관계형 데이터베이스 시스템은 질의어로 SQL을 사용하지 않기 때문에 NoSQL 데이터베이스라고도 부릅니다.

그림 6.5 NoSQL의 인기를 이용하자. http://geek-and-poke.com

문서 저장소

NoSQL 데이터베이스에는 다양한 종류가 있습니다. 그 중 가장 유명한 것이 문서 저장소document store[8] 방식입니다. 문서 저장소는 데이터를 응용 프로그램에서 다루는 형식처럼 보관합니다. 그림 6.6에서 블로그 글을 표로 저장하는 방식과 문서로 저장하는 방식을 비교해 보았습니다.

각 항목(글) 안에 연관된 데이터(작성자, 댓글)가 모두 복사되어 있는 것을 확인해주세요. 비관계형 모델에서는 동일한 정보를 필요한 곳마다 복제해 둡니다. 관계형 모델의 관점에서는 중복 정보죠. 이런 방식에서는 중복 데이터를 모두 갱신하거나 서로 동일하게 유지하기가 어렵습니다. 문서 저장소는 이런 단점에도 불구하고 관련된 데이터를 묶어둡니다. 다음과 같은 장점을 얻기 위해서입니다.

- 관련된 정보를 얻기 위해 결합(JOIN 연산)을 수행할 필요가 없다.
- 고정된 스키마가 필요하지 않다.
- 각 데이터 항목에 서로 다른 필드를 지정할 수 있다.

---

8 (옮긴이) 문서 지향 데이터베이스(document-oriented database)라고도 부릅니다.

문서 저장소에는 '표'나 '행' 같은 용어를 사용하지 않습니다. 그 대신 데이터 항목 하나를 문서document로 관리합니다. 그리고 서로 연관된 문서들을 컬렉션collection으로 묶어 둡니다.

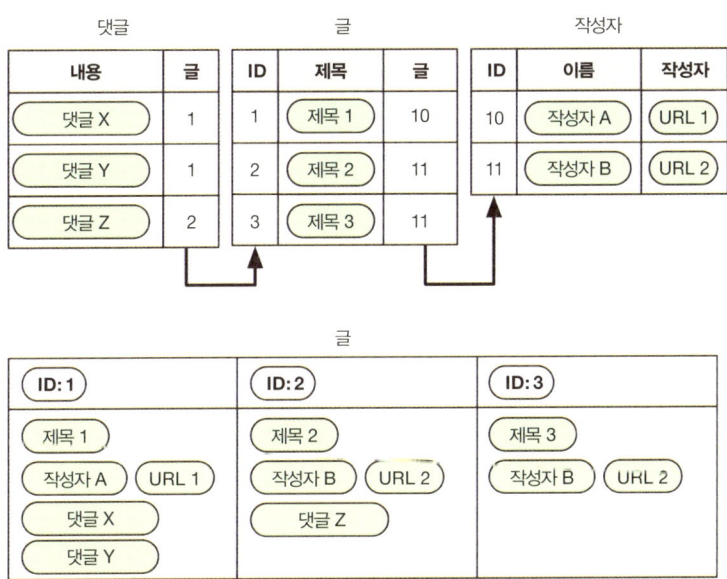

그림 6.6 블로그 데이터의 관계형 모델(위)과 비관계형 모델(아래)

각 문서에는 기본 키 필드가 하나씩 있어, 키를 이용해 문서를 가리킬 수 있습니다. 키로 문서를 서로 연결할 수도 있겠지요. 하지만 문서 저장소는 특성상 결합 연산의 성능이 좋지 못하며, 아예 지원하지 않는 경우도 있습니다. 따라서 어떤 문서에서 관련된 문서를 조회하는 기능은 응용 프로그램에서 직접 구현하는 편이 낫습니다. 하지만 결합 연산을 사용하든 직접 구현하든, 하나의 연관 데이터를 여러 문서가 공유하도록 하는 것은 비관계형 데이터베이스를 사용하기에 좋은 방식이 아닙니다. 가급적이면 문서마다 연관 데이터를 복제해 두는 편이 낫습니다.

NoSQL 데이터베이스 시스템에서도 관계형 시스템과 마찬가지로 기본 키 필드의 색인을 생성해 줍니다. 또한, 자주 질의하거나 정렬하는 필드가 있다면 추가로 색인을 생성하도록 설정해 둘 수도 있습니다.

키-값 저장소

키-값 저장소key-value store는 데이터를 조직적이고 일관적으로 저장하기 위한 방식 중에서(즉, 데이터베이스 중에서) 가장 단순한 방식입니다. 주로 캐시에 사용되지요. 캐시는 언제 필요할까요? 웹 사이트에 접속하는 과정을 생각해 봅시다. 사용자가 서버에 특정 웹 페이지를 요청하면, 서버는 웹 페이지에 필요한 데이터를 데이터베이스에서 가져온 뒤, 그 데이터를 HTML로 가공하여 사용자에게 전송합니다. 조회량이 많은 웹사이트에서는 수천 건의 데이터베이스 접근이 동시에 일어날 것입니다. 따라서 매번 그 절차를 거쳐서 요청을 처리하기란 거의 불가능하지요.

키-값 저장소를 캐시 시스템으로 활용하면 이 문제를 해결할 수 있습니다. 요청받은 URL을 키로 하고, 그 URL에 대응하는 웹 페이지의 최종 출력 HTML 문서를 값으로 저장해 두는 것입니다. 이후 동일한 URL을 요청받으면 키-값 저장소에서 그 URL에 해당하는 HTML 문서를 꺼내 제공할 수 있습니다. 데이터베이스에서 데이터를 가져오고 HTML 문서로 재가공하는 과정을 거칠 필요가 없어 훨씬 빠른 응답이 가능한 데다 데이터베이스의 부하도 줄일 수 있지요.

시간이 오래 걸리고 항상 동일한 결과를 출력하는 연산을 여러 번 수행해야 한다면 캐시를 적용하는 것을 고려해 보세요. 캐시를 꼭 키-값 저장소에만 저장해야 하는 것은 아닙니다. 다른 종류의 데이터베이스를 사용해도 좋습니다. 일반적인 데이터베이스에 비해 키-값 저장소가 의미 있는 성능 향상을 보이는 경우는 캐시가 매우 빈번하게 요청될 때뿐입니다.

그래프 데이터베이스

그래프 데이터베이스graph database는 각 항목을 정점으로, 항목 사이의 관계를 간선으로 저장하는 데이터베이스입니다. 그래프 데이터베이스에서는 고정된 스키마의 제약 없이, 데이터를 여러 정점으로 자유롭게 연결하며 유연하게 저장할 수 있습니다. 그래프 구조의 특성에 따라 데이터 항목들의 연결망을 나타낼 때 특히 적합합니다.

  그래프 데이터베이스는 데이터베이스 중에서도 가장 유연한 종류입니다. 표나 컬렉션 같은 틀은 필요하지 않습니다. 네트워크 식으로 연결된 데이터를 취급한다면, 그대로 저장할 수 있습니다. 매우 직관적이죠. 여러분이 화이트보드 위에 지하철 노선이나 버스 노선을 표현해야 한다면, 표로 나타내는 게 편할까요? 그보다는 박스·화살표·흐름 같은 것들을 활용하는 것이 좋지 않겠습니까? 이처럼 연결망 형태의 데이터를 다룬다면 그래프 데이터베이스를 사용하는 것이 자연스럽습니다.

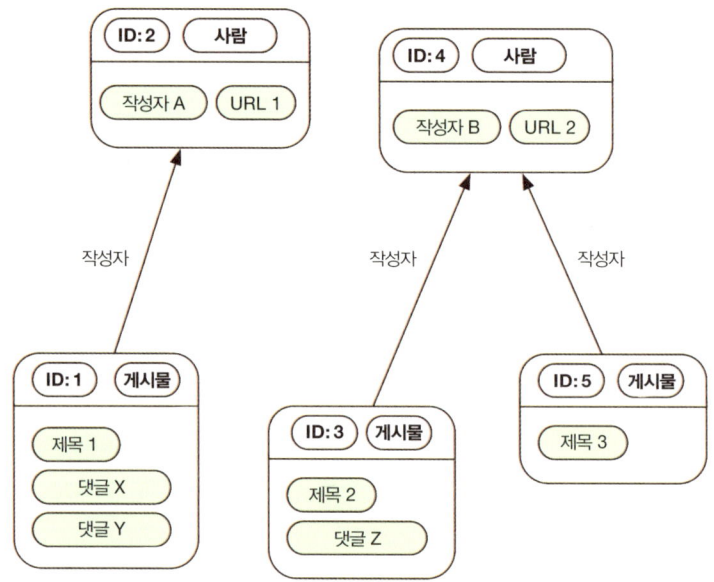

그림 6.7 그래프 데이터베이스에 저장된 블로그 정보

취급하는 데이터가 네트워크 형태로 구성되어 있다면 그래프 데이터베이스를 고려해 보세요. 특히, 데이터 항목 사이에서 나타내야 할 중요한 관계가 많다면 더욱 사용해 볼 만합니다. 그래프 데이터베이스에서는 다양한 그래프 기반의 여러 질의문을 실행할 수도 있습니다. 대중교통망 데이터를 그래프로 저장해두었다면, 지정한 두 정류장 사이에서 가장 좋은 직행·환승 경로가 무엇인지 곧바로 질의할 수 있습니다.

빅 데이터

빅 데이터big data라는 용어가 IT 업계와 비즈니스 분야에서 유행하고 있습니다. 이 용어는 단순히 데이터가 많은 정도를 뜻하는 게 아닙니다. 빅 데이터란 취급하려는 데이터가 양volume, 속도velocity, 다양성variety이라는 세 가지 측면[9]에서 다루기가 극도로 까다로운 상황을 의미합니다.

양적 측면에서의 빅 데이터란, 수천 테라바이트에 달하는 규모의 방대한 데이터를 다루는 것을 말합니다. LHC[10]의 사례를 예로 들 수 있겠군요. 속도 측면에서 빅 데이터는 초당 수백만 회에 달하는 쓰기 작업을 지체 없이 수행하거나 수십억 건에 달하는 읽기 작업을 빠르게 수행하는 것을 말합니다. 다양성 측면에서의 빅 데이터란 데이터에 일관된 구조가 존재하지 않아 기존의 관계형 데이터베이스로는 다루기가 어려운 것을 말합니다.

여러분이 작성하는 프로그램에서 이와 같이 양·속도·다양성의 문제 때문에 기존의(표준적인) 데이터 관리법을 활용할 수 없다면, 그 프로그램은 '빅 데이터'를 다룬다고 할 수 있겠습니다. 컴퓨터과학자들은 벌써부터 메가 데이터megadata(수백만 테라바이트 규모의 데이터를 저장하고 분석하는 기술)라는 것을 연구하고 있습니다. LHC 또는 SKA[11]와 같은 차세대 과학 실험을 수행하려면 그 정도의 데이터를 취급하는 방법이 필요합니다.

빅 데이터는 비관계형 데이터베이스와 함께 사용될 때가 많습니다. 비

---

[9] 이를 줄여서 흔히 3V라고 합니다. 여기에 변동성(variability)과 진실성(veracity)을 더하여 5V라고 하기도 합니다.
[10] 대형 강입자 충돌기(Large Hardon Collider). 세계에서 가장 거대한 입자 가속기입니다. 실험을 수행하는 동안 센서를 통해 초당 1천 테라바이트의 데이터를 생성해 냅니다.
[11] 스퀘어 킬로미터 어레이(SKA, Square Kilometer Array). 약 1제곱 킬로미터에 달하는 범위에서 전파를 수집하는 전파망원경의 방대한 배열입니다. 2020년부터 운영될 예정이며, 데이터를 하루에 일백만 테라바이트씩 생성할 것으로 전망됩니다.

관계형 데이터베이스가 좀 더 유연한 데이터 처리를 지원하기 때문이지요. 빅 데이터를 취급하는 프로그램의 대다수는 관계형 데이터베이스로는 구현이 불가능할 것입니다.

SQL과 NoSQL 비교

관계형 데이터베이스는 데이터를 중심에 둡니다. 데이터의 구조를 짜임새 있게 조직하고 중복을 제거하지만 응용 프로그램에서 데이터를 어떻게 사용할 것인지는 그다지 고려하지 않습니다. 이와 반대로, 비관계형 데이터베이스는 응용법에 초점을 둡니다. 여러분이 프로그램에 활용하려는 형태로 데이터를 다룰 수 있게 해 줍니다.

NoSQL 데이터베이스를 이용하면 방대하고, 불안정하며, 구조가 일정하지 않은 데이터를 빠르고 효율적으로 다룰 수 있습니다. 고정된 스키마나 스키마 이전에 관해 걱정하지 않고도 프로그램을 빠르게 개발할 수 있습니다. 비관계형 데이터베이스는 응용 프로그램과 유사한 방식으로 데이터를 취급하므로, 프로그래머들에게 좀 더 자연스럽고 쉽게 느껴진다는 장점도 있습니다.

비관계형 데이터베이스는 강력하지만 온갖 문서와 컬렉션에 흩어진 중복 정보를 갱신하는 부담을 프로그래머가 떠안아야 한다는 것이 단점입니다. 정보의 일관성을 유지하기 위해 여러분 스스로 필요한 조치를 취해야 합니다. "강한 힘에는 강한 책임이 뒤따른다"라는 격언을 기억합시다.

6.3 분산 데이터베이스

여러 대의 컴퓨터가 협동하여 데이터베이스 시스템을 제공해야 하는 상황이 있습니다. 다음과 같은 경우입니다.

- 수백 테라바이트 규모의 데이터베이스. 그만한 저장 공간을 보유한 단일 컴퓨터를 구하는 것은 현실적으로 어렵습니다.
- 초당 수천 건의 질의를 동시에 처리하는 데이터베이스 시스템.[12] 그만한 부하를 견뎌낼 네트워크 성능이나 계산 성능을 갖춘 단일 컴퓨터는 없습니다.
- 실패를 불허하는 사활적 임무를 담당하는 데이터베이스. 특정 범위에서 운항 중인 항공기들의 고도와 속도를 기록하는 데이터베이스를 예로 들 수 있습니다. 컴퓨터 한 대에만 의존한다면 위험 요소가 너무 큽니다. 그 컴퓨터가 고장 난다면 데이터베이스를 사용할 수 없기 때문이지요.

이런 상황에 대응하기 위해, 일부 DBMS 제품군은 서로 연결된 여러 대의 컴퓨터들 위에서 **분산 데이터베이스** 시스템을 구성해 줍니다. 그러면 분산 데이터베이스를 구축하는 가장 일반적인 방법을 알아보도록 합시다.

단일 마스터 레플리케이션

단일 마스터 레플리케이션single-master replication에서는 컴퓨터 한 대가

---

[12] 2014년 월드컵 결승전 직후, 트위터의 동시 사용량은 초당 1만 트윗을 돌파했습니다.

마스터master로서 모든 질의를 입력받습니다. 마스터에는 여러 대의 컴퓨터가 슬레이브slave로서 연결되어 있고, 각 슬레이브는 데이터베이스의 복제본을 하나씩 가집니다. 마스터는 쓰기 질의를 요청받으면 이를 슬레이브에 전달하여 모든 데이터베이스 복제본이 동기화되도록 합니다.

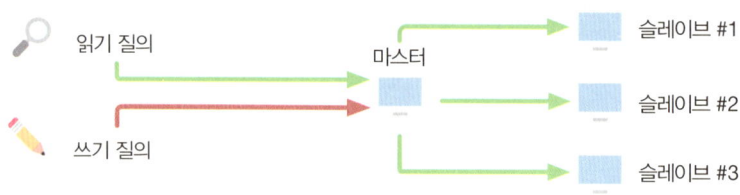

그림 6.8 단일 마스터 분산 데이터베이스

이 구성에서는 마스터가 읽기 질의를 여러 슬레이브에 맡겨 처리하도록 할 수 있습니다. 따라서 더 많은 양의 읽기 질의를 동시에 처리할 수 있지요. 시스템의 신뢰도도 더 높아집니다. 어떤 이유로 마스터 컴퓨터가 종료되더라도, 슬레이브 컴퓨터들이 협력하여 새로운 마스터를 자동으로 선택할 수 있기 때문입니다. 이렇게 함으로써 시스템 전체가 중단되는 것을 방지할 수 있습니다.

다중 마스터 레플리케이션

데이터베이스 시스템이 막대한 양의 쓰기 질의를 동시에 처리해야 한다면, 마스터 한 대로는 부하를 전부 감당해내기 어렵습니다. 다중 마스터 레플리케이션 방식은 클러스터[13]를 구성하는 모든 컴퓨터를 마스터로 삼는 방식입니다. 부하분산기load balancer를 이용해 시스템에 입력되는 읽기 질의와 쓰기 질의를 클러스터의 모든 컴퓨터에 골고루 나눕니다.

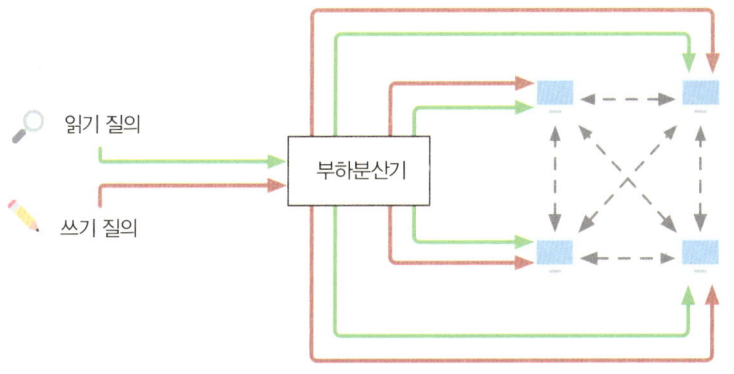

그림 6.9 다중 마스터 분산 데이터베이스

이 구성에서는 각 컴퓨터가 클러스터의 다른 모든 컴퓨터와 연결되어, 쓰기 질의를 서로 전파하며 데이터베이스를 동기화합니다. 전체 데이터베이스의 사본도 모든 컴퓨터가 각자 보유합니다.

샤딩

어떤 시스템에서 대용량의 쓰기 질의가 대량으로 발생한다면, 클러스터 곳곳의 데이터베이스 사본을 동기화하는 일도 문제가 됩니다. 컴퓨터 중 하나가 저장 공간이 작다면, 전체 데이터를 다 담지 못할 수도 있습니다. 이를 해결하기 위해 데이터베이스를 여러 컴퓨터에 분할해 저장하는 방법이 사용됩니다. 이를 **샤딩**sharding(조각내기)이라고 하며, 데이터베이스

---

13 (옮긴이) 여러 대의 컴퓨터를 연결해 하나의 시스템을 구성한 것

를 나눈 각 분할본을 **샤드**shard라고 합니다. 컴퓨터마다 갖고 있는 데이터베이스의 부분이 다르기 때문에, 질의를 처리하려면 먼저 그 질의를 수행할 수 있는 컴퓨터로 질의를 전달해야 합니다. 이때 질의 중계기query router를 이용합니다.

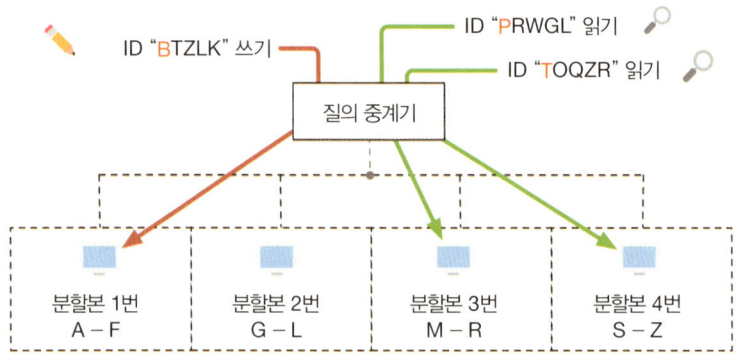

그림 6.10 샤딩 구성의 예. 대상 ID의 첫 글자를 보고, 그 글자에 할당된 컴퓨터로 질의를 전달합니다.

이 구성을 이용하면 매우 방대한 데이터베이스에서도 대량의 읽기·쓰기 질의를 처리할 수 있습니다. 하지만 이 방식에도 문제가 있습니다. 클러스터를 구성하는 컴퓨터 중 한 대라도 중지되면, 해당 데이터베이스 분할본을 사용할 수 없게 될 것입니다. 이런 위험성을 완화하기 위해, 다음과 같이 샤딩과 레플리케이션을 병행하기도 합니다.

그림 6.11 각 분할본마다 복제본을 세 개씩 두는 샤딩 구성

이 구성에서는 각 분할본마다 마스터-슬레이브 클러스터를 운용합니다. 이를 통해 전체 시스템의 읽기 질의 처리 능력을 높일 수 있습니다. 한 분할본의 마스터에서 연결이 끊기더라도 다른 슬레이브가 자동으로 마스터 역할을 맡아주므로, 시스템 전체의 고장이나 데이터 유실을 방지할 수 있습니다.

데이터 일관성

레플리케이션 방식의 분산 데이터베이스에서, 한 컴퓨터에서 데이터가 수정되었을 때, 수정된 내용이 모든 복제본에 즉시 반영되는 것은 아닙니다. 클러스터를 구성하는 모든 컴퓨터가 동기화되는 데는 시간이 걸립니다. 이로 인해 데이터의 일관성이 깨질 수 있습니다.

웹사이트에서 영화표를 판매한다고 생각해 봅시다. 많은 양의 요청을 동시에 처리하기 위해, 데이터베이스를 서버 두 개에 분산해 두었습니다.

그런데 앨리스는 A 서버에서, 밥은 B 서버에서, 두 사람이 동시에 같은 관람석을 예매합니다. 앨리스의 구매 기록이 A 서버에서 B 서버로 전파되기 전에, 밥도 B 서버에서 표를 샀습니다. 이렇게 되면 두 서버 사이에 데이터 불일치data inconsistency가 발생합니다. 둘 중 한 사람에게 표를 환불해주고 사과를 해야겠지요.

데이터베이스 시스템 제품들은 데이터 불일치 문제를 보완해주는 도구들을 제공합니다. 예를 들어, 어떤 질의가 수행될 때 전체 클러스터의 데이터 일관성이 강제되도록 할 수 있습니다. 하지만 이렇게 데이터 일관성을 강제한다면 데이터베이스 시스템의 성능이 나빠집니다. 어쩌면 특정 트랜잭션이 처리되기 위해 방대한 영역의 데이터를 잠가야 할 수도 있습니다. 이 범위의 데이터를 나눠 가진 모든 컴퓨터를 잠가버릴 것이고, 분산 데이터베이스에서 심각한 성능 문제를 일으킬 수도 있습니다.

일관성과 성능은 반비례 관계입니다. 데이터베이스에 질의를 수행할 때 데이터의 일관성을 강력히 강제하도록 하지 않는 것을, 결과적 일관성 eventual consistency하의 작업이라고 부릅니다. 이 방식에서도 시간이 지나면 결국 데이터의 일치가 이루어질 것입니다. 하지만 특정 시점에서는 몇몇 쓰기 질의가 적용되지 않을 수 있고, 읽기 질의가 때늦은 정보를 반환하는 경우가 생길 수도 있습니다.

사실, 데이터를 엄격히 일치시키지 않고 결과적 일관성만 충족하더라도 문제가 되지 않는 경우가 많습니다. 예를 들어, 온라인 쇼핑몰의 어느 상품 페이지에서 285번째 상품평이 막 등록된 순간 상품평이 아직 284개라고 표시되어 있는 것 정도는 큰 문제가 아닙니다.

6.4 지리 정보 저장하기

데이터베이스 중에는 지리 정보(도시의 위치, 국경을 정의하는 다각형 등)를 저장하는 것도 많습니다. 교통정보 프로그램을 예로 들면, 도로·철도·정류장 등이 서로 어떻게 연결되어 있는지에 관한 정보를 그 위치와 함께 저장해야 할 것입니다. 또한, 미국 인구조사국은 수천 개에 달하는 인구조사 구역의 지형 정보를, 각 구역에서 수집한 데이터와 함께 저장해야 합니다.

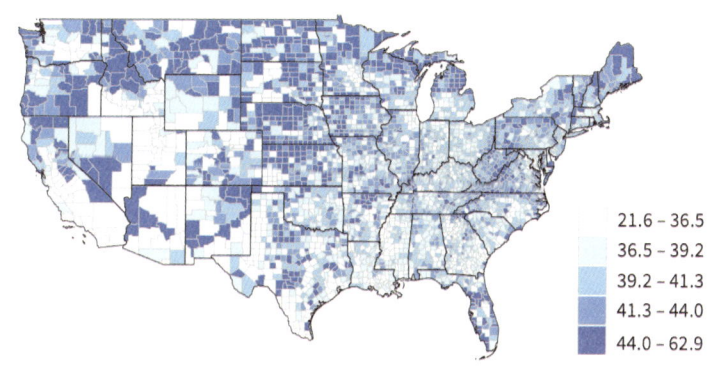

그림 6.12 미국의 지역별 중위연령. https://census.gov

이런 데이터베이스에서 공간(장소, 위치, 범위 등)에 관한 정보를 질의하려면 어떻게 해야 할까요? 예를 들어, 여러분이 응급의료 서비스를 운영한다면 담당 구역에서 운영 중인 병원의 소재지를 담은 데이터베이스가 필요할 것입니다. 그리고 특정 위치에서 가장 가까운 병원을 데이터베이스에 질의하여 신속히 찾을 수 있어야 하겠지요.

이러한 필요 때문에 지리 정보 체계Geographical Information Systems, GIS라는 공간 데이터베이스 시스템이 개발되었습니다. 이런 데이터베이스는 점 (PointField), 선(LineField), 다각형(PolygonField)과 같이, 지리 데 이터를 다루기 위한 특별한 필드 유형을 제공합니다. 이런 필드에서는 공간 정보를 저장할 뿐 아니라, 공간을 계산하는 질의를 수행할 수도 있 습니다. 예컨대, 강·아파트 정보를 담은 GIS 데이터베이스에서 한강 15 킬로미터 내 아파트 목록을 거주자 인구순으로 정렬하는 질의도 처리할 수 있습니다. GIS는 공간을 색인해 두므로, 거리를 기준으로 검색할 경 우 매우 효율적입니다.

GIS에서는 공간 정보를 저장하는 제약사항을 정의할 수도 있습니다. 예를 들어 표에 토지 구획을 저장해야 한다면, 각 토지 구획이 차지하는 영역이 서로 겹치는 것을 금지하는 제약사항을 정할 수 있습니다. 부동산 등기과 공무원이 이 책을 읽고 있다면 좋아하겠군요.

범용 DBMS 제품 중에서 GIS 확장 기능을 제공하는 제품이 많습니다. 여러분이 지리 데이터를 취급해야 한다면, GIS를 지원하는 데이터베이스 엔진을 선택하고, 공간 질의 기능을 활용하여 효율적인 질의문을 작성하 시기 바랍니다. GIS를 활용하는 프로그램은 대개 일상 생활에 관련되어 있습니다. 구글 맵스, 웨이즈 같은 GIS 내비게이터가 대표적입니다.

6.5 정보 교환을 위한 직렬화 형식

데이터를 데이터베이스 외부에 저장해야 할 때도 있습니다. 다양한 시스 템에서 호환되는 방식으로 데이터를 저장하려면 어떻게 해야 할까요? 예를 들어, 데이터를 백업해야 하거나 다른 시스템에 내보내야 한다고 생각해 봅시다. 이를 위해서는 데이터를 **직렬화**serialization하여 특정 부호화 형식으로 변환해야 합니다. 직렬화된 파일은 해당 형식을 지원하는 시스템이라면 어디서든 읽어들일 수 있습니다. 데이터 직렬화에 가장 많이 사용되는 부호화 형식 몇 가지를 알아봅시다.

SQL은 관계형 데이터베이스의 직렬화에 가장 많이 사용되는 형식입니다. SQL을 이용하여 데이터베이스를 직렬화하려면, 데이터베이스의 모든 세부사항을 복제하는 일련의 SQL 명령을 작성하면 됩니다. 여러분이 직접 해야 하는 것은 아니니 걱정 마세요. 대부분의 관계형 데이터베이스 시스템은 데이터베이스를 SQL 직렬화 파일로 저장하는 덤프dump 명령을 제공합니다. 물론, 이렇게 만들어진 덤프 파일의 데이터를 데이터베이스 시스템에 다시 적재해주는 복원restore 기능도 함께 제공하지요.

XMLeXtensible Markup Language 역시 구조화된 데이터를 표현하는 한 방식입니다. 하지만 XML은 관계형 모델이나 특정 데이터베이스 시스템의 구현 방식에 국한되지 않습니다. XML은 다양한 시스템에서 호환되며, 데이터의 구조가 복잡하더라도 충분히 표현할 수 있도록 설계되었습니다. 덕분에 XML을 개발한 학자들도 예상하지 못했을 정도로 널리 사용되고 있습니다.

JSONJavaScript Object Notation은 현재 세계적으로 많은 프로그래머들에게서 사랑받는 직렬화 형식입니다. JSON을 이용하면 관계형 데이터와 비관계형 데이터 모두 나타낼 수 있습니다. JSON으로 나타낸 데이터의 양식이 프로그래머들에게 친숙하며 직관적입니다. JSON에는 여러 가지 변형판도 있습니다. JSON의 데이터 가공 효율성을 극대화한 BSON Binary JSON, JSON에 XML 방식의 구조 표현 능력을 부여한 JSONLD가 대표적입니다.

CSV Comma-Separated Values는 가장 단순한 데이터 교환 방식 중 하나입니다. CSV는 데이터 항목 하나당 한 행씩 텍스트 형식으로 저장하는 방식입니다. 각 행의 속성은 쉼표(,) 또는 데이터에 포함되지 않은 다른 문자로 구분합니다. 그래서 '쉼표로comma 구분한separated 값values'이라는 이름이 붙었습니다. CSV는 간단한 데이터를 내보낼 때 유용하지만 복잡한 데이터를 표현할 때는 지저분해지기 쉽다는 단점이 있습니다.

장을 마치며

데이터를 효율적으로 저장하고 필요에 맞게 사용하려면 데이터베이스로 구조화해두어야 한다는 것을 배웠습니다. 그리고 이를 수행하기 위한 다양한 방법도 살펴보았습니다. 관계형 모델에서 데이터를 표로 나누는 방법과, 나누어진 데이터를 관계를 통해 다시 연결하는 방법도 배웠습니다.

프로그래머들은 대부분 관계형 모델까지만 공부합니다. 하지만 여러분은 그 너머로 고개를 내밀어 데이터를 구조화하는 비관계형 대안들도 둘러 보았습니다. 비관계형 방식에서는 데이터 불일치라는 문제가 있다는 점을 알아보았고, 트랜잭션을 이용해 이를 완화하는 방법도 살펴봤습니다.

분산 데이터베이스를 활용해 데이터베이스의 규모를 확장하여 막중한 부하를 감당해내는 방법도 살펴보고, GIS가 제공하는 지리 데이터 처리 기능도 알아보았습니다. 그리고 다양한 프로그램·시스템 사이에서 데이터를 교환하는 공통된 방법이 있다는 것도 확인했습니다.

마지막으로 조언하자면, DBMS를 고를 때 (단순한 실험 목적이 아니라면) 많은 사람들이 사용하는 것을 고르시기 바랍니다. 버그가 적고 성능이 좋을 가능성이 더 높기 때문입니다. 데이터베이스 시스템을 선택할 때 하나의 정답은 없으며, 모든 상황을 해결해주는 만능 DBMS 제품도 없습니다. 하지만 이 장을 읽으며 DBMS의 다양한 종류와 그 특징을 이해했다면, 올바른 선택을 할 수 있을 것입니다.

참고자료

- 『데이터베이스 시스템Database System Concepts』, S. 수다샨, 아브라함 실버스카츠, 헨리 F. 코스 공저 – https://code.energy/silber
- 『NoSQL』, 프라모느 사달게이, 마틴 파울러 공저 – https://code.energy/sadalage
- 『Principles of Distributed Database Systems』, M. 테이머 오주 저 – https://code.energy/ozsu

Chapter 07
컴퓨터의 동작 원리

Computer

과학이 충분히 발전하면 마법과 구별하기 힘들다.

— 아서 클라크 *Arthur Charles Clarke*

문제 해결을 위해 셀 수 없이 다양한 기계가 발명되었습니다. 화성 탐사 로봇에 탑재된 것부터, 핵잠수함의 항해 시스템을 구동하는 것에 이르기까지 다양한 컴퓨터가 존재합니다. 하지만 우리가 사용하는 노트북과 휴대전화를 포함한 거의 모든 컴퓨터는, 1945년 폰 노이만 John von Neumann이 최초의 계산 모델을 발명한 이래로 그 동작 원리가 달라진 점이 없습니다. 이 장에서는 컴퓨터 속에서 어떤 일이 벌어지는지 알려 드립니다. 다음 세 주제를 통해서요.

- 🏛 컴퓨터 구조의 토대 이해하기

- 🧑 사람이 짠 코드를 컴퓨터가 읽을 수 있도록 번역해주는 **컴파일러 선택하기**
- 🐎 메모리 계층 구조 속에서 공간과 속도 교환하기

프로그래밍이 마법처럼 보이는 건 어디까지나 프로그래머가 아닌 사람들의 얘기여야지, 여러분의 얘기가 돼서는 안 되겠지요.

7.1 컴퓨터의 기본 구조

컴퓨터는 일련의 명령에 따라 데이터를 조작하는 기계입니다. 컴퓨터의 핵심 부품에는 두 가지가 있는데, 프로세서와 메모리입니다. 메모리RAM[1]는 컴퓨터가 수행해야 할 명령어를 써넣는 공간입니다. 또, 이곳에는 연산의 대상이 되는 데이터도 저장됩니다. 프로세서CPU[2]는 메모리에서 명령어와 데이터를 읽어 그에 맞게 계산하는 부품입니다. 그러면 이 두 부품의 동작 방식을 알아보도록 합시다.

메모리

메모리는 수많은 셀로 나뉘어 있습니다. 메모리의 각 셀은 저마다 미세한 양의 데이터를 저장하며, 각 셀을 구별하기 위한 주소 번호가 순서대로 매겨져 있습니다. 메모리에서 데이터를 읽고 쓰는 작업은 메모리 셀을 한 번에 하나씩 조작하는 연산을 통해 수행됩니다. 여러 메모리 셀 중 어느

---

[1] Random Access Memory(임의 접근 메모리)의 줄임말
[2] Central Processing Unit(중앙 처리 장치)의 줄임말

특정한 셀에서 읽기·쓰기 작업을 수행하려면, 그 셀의 주소 번호를 통해 정보를 주고받아야 합니다.

메모리는 전기 부품이므로, 셀의 주소는 여러 가닥의 전선을 통해 이진수[3]로 전송해야 합니다. 각 전선마다 이진수 숫자를 하나씩 전송할 수 있습니다. 높은 전압이 걸린 전선은 '1' 신호를 나타내고, 낮은 전압이 걸린 전선은 '0' 신호를 나타내지요.

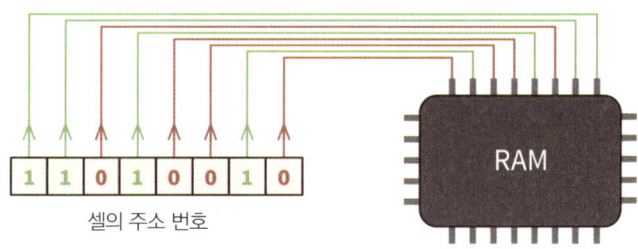

그림 7.1 RAM에게 210(11010010)번 셀의 처리 요청하기

주소가 어떤 셀을 가리키고 있을 때, 메모리가 그 주소에서 할 수 있는 일은 두 가지입니다. 셀의 값을 구하는 것(읽기)과 셀에 새 값을 저장하는 것(쓰기)이죠. 메모리에는 두 동작 중 어느 동작을 수행할 것인지, 즉 동작 모드를 설정하기 위한 특별한 입력 전선이 있습니다. 그림 7.2를 살펴보세요.

---

3 이진수는 2를 밑으로 하는 기수법(수 적는 법)입니다. 부록 I에서 그 원리를 설명합니다.

7.1 컴퓨터의 기본 구조 209

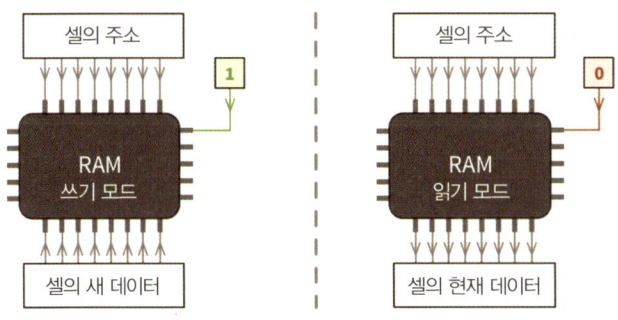

그림 7.2 메모리는 읽기 또는 쓰기 모드로 동작할 수 있습니다.

일반적으로 메모리 셀 하나에는 여덟 자리의 이진수를 저장할 수 있습니다. 이 여덟 자리의 이진수를 바이트byte라고 합니다. '읽기' 모드에서는 메모리가 셀에 저장된 바이트를 여덟 가닥의 데이터 전선으로 출력합니다.

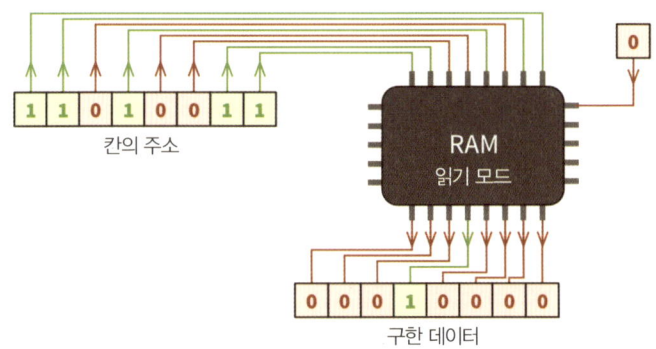

그림 7.3 메모리 주소 211번에서 수 16 읽기

반대로, 메모리가 '쓰기' 모드일 때는 그 전선들을 통해 바이트를 읽어들여 지시된 셀에 써 넣습니다.

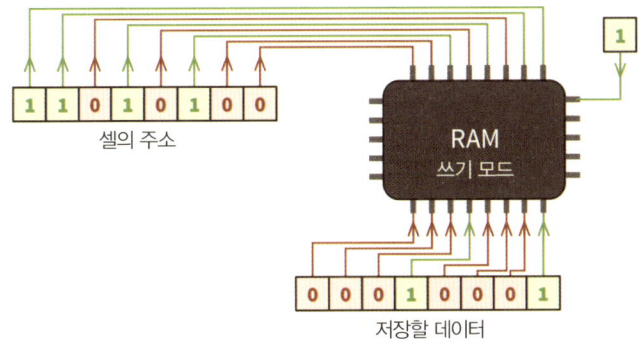

그림 7.4 메모리 주소 212번에 수 17 쓰기

한 덩어리의 데이터를 전송하는 전선의 모음을 버스bus라고 합니다. 주소를 전송하는 데 사용되는 여덟 가닥의 전선은 **주소 버스**를 구성합니다. 마찬가지로, 메모리 셀과 데이터를 주고받는 데 사용되는 다른 여덟 가닥의 전선은 **데이터 버스**를 구성합니다. 주소 버스는 단방향(데이터 수신 전용)인데 반해, 데이터 버스는 양방향(데이터 송수신)입니다.

어떤 컴퓨터에서든 CPU와 RAM은 끊임없이 데이터를 교환합니다. CPU는 메모리에서 명령어와 데이터를 지속적으로 읽어들이며, 때때로 출력 값이나 중간 계산을 메모리에 저장하기도 합니다.

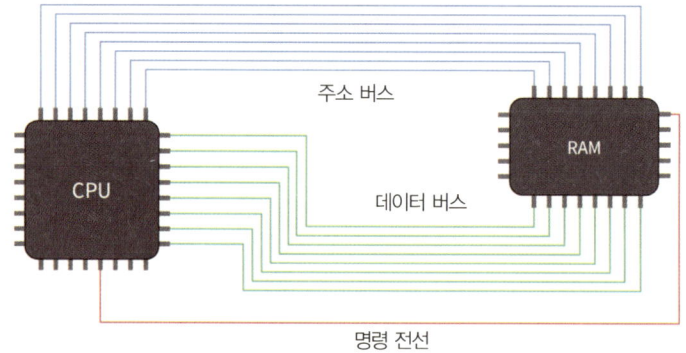

그림 7.5 CPU와 RAM의 배선

CPU

CPU 내부에는 레지스터 register라고 불리는 CPU의 자체 메모리 셀들이 있습니다. CPU는 레지스터에 저장된 수를 대상으로 간단한 수학 연산을 수행할 수 있습니다. 또, RAM과 레지스터 사이에서 데이터를 교환할 수도 있습니다. 다음은 CPU가 수행하는 명령의 전형적인 예입니다.

- 메모리 220번 셀의 데이터를 레지스터 3번으로 복사하라.
- 레지스터 3번의 수를 레지스터 1번의 수에 더하라.

CPU가 수행할 수 있는 모든 연산의 집합을 **명령어 집합** instruction set이라고 합니다. 명령어 집합의 각 연산에는 번호가 할당되어 있습니다. 컴퓨터 프로그램 코드는 근본적으로 CPU의 연산을 나타내는 번호들을 실행 순서에 따라 배열한 것입니다. 프로그램을 실행할 때, 이 연산(번호)들은 수로서 RAM에 저장됩니다. 우리는 RAM에 참 다양한 것들을 저장하는군요. 입출력 데이터, 중간 계산 데이터, 프로그램 코드 등이 모두 RAM

에 뒤섞여 저장됩니다.[4]

그림 7.6의 초창기 CPU 설명서를 살펴보세요. CPU 명령어에 번호가 어떻게 매겨져 있는지 확인하실 수 있습니다. 그동안 CPU 생산 기술은 비약적으로 진보했고, CPU가 지원하는 연산도 훨씬 많아졌습니다. 오늘날 CPU는 명령어 집합의 규모가 방대합니다. 하지만 지금도 사용되고 있는 CPU의 가장 중요한 핵심 연산들은 수십 년 전에 이미 만들어져 있었습니다.

4004 Instruction Set
BASIC INSTRUCTIONS

MNEMONIC	OPR $D_3 D_2 D_1 D_0$	OPA $D_3 D_2 D_1 D_0$	DESCRIPTION OF OPERATION
NOP	0 0 0 0	0 0 0 0	No operation.
INC	0 1 1 0	R R R R	Increment contents of register RRRR.
ADD	1 0 0 0	R R R R	Add contents of register RRRR to accumulator with carry.
LD	1 0 1 0	R R R R	Load contents of register RRRR to accumulator.
LDM	1 1 0 1	D D D D	Load data DDDD to accumulator.
CLC	1 1 1 1	0 0 0 1	Clear carry.
IAC	1 1 1 1	0 0 1 0	Increment accumulator.
DAC	1 1 1 1	1 0 0 0	Decrement accumulator.

그림 7.6 인텔 4004의 데이터 시트 일부. 연산에 번호를 매기는 방식을 볼 수 있습니다. 인텔 4004는 1971년에 발표된 세계 최초의 CPU입니다.

CPU의 동작은 메모리의 명령어를 끊임없이 가져와 수행하는 무한 루프로 이루어집니다. 이 주기의 중심에는 프로그램 카운터program counter(PC

---

4 이 점을 활용하면, RAM에 새로운 코드를 써넣도록 지시하는 명령을 프로그램에 삽입할 수도 있습니다. 즉, 실행 중인 프로그램이 자기 자신을 수정하도록 할 수 있다는 말입니다. 이런 방법으로 안티바이러스 소프트웨어의 탐지를 회피하는 컴퓨터 바이러스가 많습니다. 진짜 바이러스, 즉 생물학적인 바이러스도 숙주의 면역 체계로부터 몸을 숨기기 위해 자신의 DNA를 변형한다고 합니다. 컴퓨터 바이러스와 생물 바이러스의 생존 비결이 놀라울 만큼 비슷하군요.

레지스터)[5]가 있습니다. 프로그램 카운터는 다음에 수행해야 할 명령어가 기록된 메모리의 주소를 가리키는 특별한 레지스터입니다. CPU는 프로그램 카운터를 활용하여 다음과 같은 과정을 거쳐 명령을 수행합니다.

- 프로그램 카운터가 가리키는 메모리 주소에서 명령어를 가져온다.
- 프로그램 카운터를 1 증가시킨다.
- 가져온 명령을 수행한다.
- 1단계로 돌아간다.

CPU에 전원을 넣으면 프로그램 카운터가 기본값으로 설정됩니다. 이 값은 기계가 수행해야 할 첫 번째 명령어가 저장된 주소입니다. 이 주소가 가리키는 곳은 일반적으로, 컴퓨터의 기본 기능을 구동하는 역할을 담당하는 변경 불가능한 내장 프로그램[6]의 시작 위치입니다.

  CPU는 전원이 들어온 때부터 컴퓨터가 종료될 때까지 명령어를 가져오고 실행하는 과정을 반복하며, 이 과정이 한 번 수행되는 것을 주기cycle라고 합니다. 그런데 위의 과정대로라면 CPU는 그저 프로그램 카운터를 단순히 1씩 증가시키기만 할 것입니다. 그저 연산 목록을 순서대로 따를 수만 있겠지요. 그래서 CPU는 점프라는 명령도 지원합니다. 점프는 프로그램 카운터에 새로운 값을 써넣어 실행 흐름을 메모리의 다른 지점으로 건너뛰도록 하는 명령입니다. 또한, 이 분기를 조건부로 처리할 수도 있습니다. 예를 들자면 이런 명령을 내리는 것이죠. "레지스터 1번의 값이 0이면, 프로그램 카운터의 값을 200번 주소로 지정하라." 이를 활용

---

[5] 프로그램 카운터의 약어 'PC'를 개인용 컴퓨터의 약어 'PC'와 혼동하지 않도록 주의하세요.
[6] 많은 개인용 컴퓨터에서 이 프로그램을 BIOS라고 부릅니다.

함으로써 컴퓨터로 다음 코드와 같은 작업을 수행할 수 있는 것입니다.

```
if x = 0
    compute_this()
else
    compute_that()
```

여기까지 알아본 것이 컴퓨터의 기본 동작 원리입니다. 당신이 웹사이트를 방문하든, 컴퓨터 게임을 플레이하든, 스프레드시트를 편집하든, 컴퓨터가 수행하는 연산은 언제나 똑같습니다. 모두 덧셈, 비교, 데이터를 메모리 사이에서 옮기는 등의 단순한 연산들로 이루어지는 것입니다.

이런 단순한 연산들을 모으면 복잡한 프로시저도 표현할 수 있습니다. 여러 개의 프로시저를 조합하여 프로그램을 구성하므로, 프로그램은 결국 단순한 연산들을 모아 나열한 것입니다. 예를 들어, 고전 게임 '스페이스 인베이더'는 3천여 개의 기계어 명령(CPU 명령어)으로 만들어졌습니다.

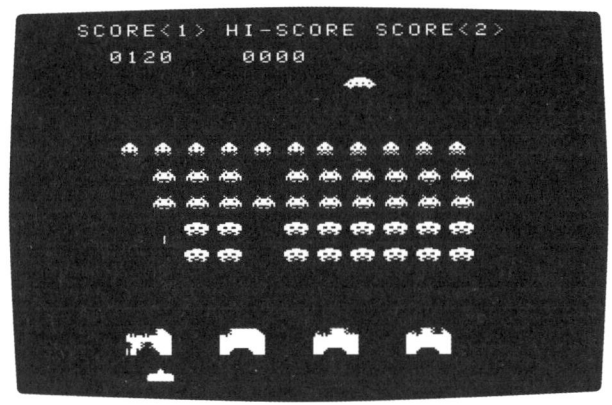

그림 7.7 1978년에 출시된 스페이스 인베이더.
비디오 게임 역사상 가장 영향력 있는 작품 가운데 하나

CPU 클락

1980년대에 스페이스 인베이더는 매우 인기 있는 게임이었습니다. 이 게임을 구동하는 오락기에는 2메가헤르츠MHz짜리 CPU가 장착되어 있었습니다. 이 수는 CPU의 클락을 나타냅니다. 클락이란, CPU가 1초 동안 실행하는 기본 연산이 몇 개인지를 나타내는 단위입니다. 2메가헤르츠의 클락이면 CPU가 1초에 약 2백만 개의 기본 연산을 수행한다는 뜻이지요. 기계어 명령 하나가 수행되는 데 필요한 기본 연산은 다섯 개에서 열 개 정도입니다. 따라서 옛날 오락기는 매 초당 수백 개 내지 수천 개의 기계어 명령을 실행한 셈입니다.

오늘날에는 평범한 데스크톱 컴퓨터와 스마트폰에도 흔히 2기가헤르츠GHz 가량의 CPU가 탑재됩니다. 이들은 매 초당 수억 개의 기계어 명령을 수행할 수 있습니다. 게다가 최근에는 멀티 코어 CPU가 대거 채택되고 있지요. 2기가헤르츠짜리 쿼드 코어 프로세서 하나가 수행할 수 있는 기계어 명령은 초당 십억 개에 이릅니다. 그리고 미래에는 점점 더 많은 코어가 CPU에 탑재될 것으로 전망됩니다.[7]

CPU 아키텍처

플레이 스테이션 게임 CD를 데스크톱 컴퓨터에 넣으면 게임이 실행되지 않습니다. 왜 그럴까요? 안드로이드 앱이나 아이폰 앱은 PC나 맥에서 실행이 되지 않습니다. 왜 그럴까요? 이 컴퓨터들의 CPU 아키텍처(구조)가 서로 다르기 때문입니다.

---

[7] 2016년에 이미 연구자들이 1천 개의 코어를 탑재한 CPU를 발표한 바 있습니다.

요즘 사용하는 개인용 컴퓨터는 대부분 x86 아키텍처 CPU를 사용합니다. 그래서 동일한 코드가 여러 컴퓨터에서 실행되는 것을 당연하게 생각하기 쉽습니다. 하지만 컴퓨터의 CPU 아키텍처가 서로 다른 경우도 있습니다. 예를 들어 휴대전화에 사용되는 CPU는 PC용 CPU의 x86 아키텍처가 아니라, 전력 효율이 좋은 별도의 아키텍처로 설계되어 있습니다. CPU 아키텍처가 다르다는 것은 CPU 명령어 집합이 다르며, 따라서 명령어에 숫자 번호를 매기는 방법도 다르다는 것을 뜻합니다. 데스크톱용 CPU의 명령어를 나타내는 수는 휴대전화용 CPU의 명령어를 올바르게 나타내지 못하며, 그 반대도 마찬가지겠지요.

32비트 아키텍처와 64비트 아키텍처

최초의 CPU(인텔 4004)는 4비트짜리 아키텍처로 설계되었습니다. 이는 이 CPU가 명령어 하나당 네 자리까지의 이진수를 연산(덧셈, 비교, 이동)할 수 있었다는 뜻입니다. 인텔 4004의 데이터 버스와 주소 버스는 각각 네 개의 전선만으로 구성되었습니다.

그로부터 얼마 지나지 않아 8비트 CPU가 보편화되었습니다. 이들은 DOS[8]를 구동하는 초기 개인용 컴퓨터에 사용되었죠. 1980년대와 1990년대를 풍미한 휴대용 오락기, '게임 보이'도 8비트 프로세서를 탑재했습니다. 이 CPU들은 명령어 하나당 여덟 자리의 이진수를 처리할 수 있었습니다.

기술은 빠르게 진보하여 16비트 아키텍처가 등장했고, 이제는 32비트

---

8 디스크 운영체제(disk operating system, 도스). 운영체제에 관해서는 다음 절에서 설명합니다.

아키텍처가 거의 모든 곳에서 쓰이게 되었습니다. 32비트 아키텍처에서는 CPU의 레지스터가 32비트 수를 수용할 만큼 증설되었습니다. 레지스터가 커지면 데이터 버스와 주소 버스도 커져야 합니다. 32개의 선으로 이루어진 주소 버스 덕분에 2^{32}바이트(4기가바이트) 크기의 메모리에까지 주소를 부여할 수 있게 되었습니다.

컴퓨터 성능에 대한 갈망은 그 뒤에도 계속되었죠. 컴퓨터 프로그램은 더욱 더 복잡해졌고 메모리를 더 많이 사용하기 시작했습니다. 4기가바이트의 RAM으로도 부족한 상황이 됐습니다. 그런데 4기가바이트가 넘는 메모리의 주소를 32비트 레지스터에 욱여넣으려면 꽤 까다로운 처리가 필요합니다. 그래서 결국 64비트 아키텍처가 등장했고, 오늘날 널리 사용되고 있습니다. 64비트 CPU에서는 명령어 하나가 극도로 큰 수를 처리할 수 있습니다. 또한, 64비트 레지스터도 매우 방대한 메모리 공간의 주소를 저장할 수 있습니다. 그 범위는 2^{64}바이트, 즉 170억 기가바이트 이상입니다.

리틀 엔디언과 빅 엔디언

컴퓨터를 설계한 사람 중에는 RAM과 CPU에 수를 왼쪽에서 오른쪽 순으로 저장하는 게 옳다고 생각한 사람들이 있었습니다. 이 방식을 **리틀 엔디언**little-endian이라고 합니다. 또 다른 컴퓨터 설계자들은 메모리에 데이터를 오른쪽에서 왼쪽 순으로 저장하는 방식을 선호했습니다. 이를 **빅 엔디언**big-endian이라고 합니다. 1-0-0-0-0-0-1-1이라는 이진 수열을 예로 들면, 이 수열은 어느 엔디언에 따라 배열되었느냐 의해 나타내는 수가 서로 다릅니다.

- 빅 엔디언: $2^7 + 2^1 + 2^0 = 131$
- 리틀 엔디언: $2^0 + 2^6 + 2^7 = 193$

오늘날 대부분의 CPU는 리틀 엔디언 방식입니다. 하지만 빅 엔디언을 따르는 컴퓨터도 여전히 많이 사용되고 있습니다. 리틀 엔디언 CPU에서 생성된 데이터를 빅 엔디언 CPU에서 해석하려면 **엔디언 불일치**endianness mismatch를 해결하기 위한 조치가 필요합니다. 여러분이 이진수를 직접 다루는 프로그래머, 특히 네트워크 스위치가 출력하는 데이터를 해석하는 분이라면 엔디언 불일치 문제를 잘 알아 두셔야 합니다. 비록 오늘날에는 대부분의 컴퓨터가 리틀 엔디언이지만, 초창기 네트워크 중계기(라우터)가 대부분 빅 엔디언 CPU를 사용한 탓에 인터넷 트래픽은 빅 엔디언으로 표준화되었습니다. 빅 엔디언 데이터는 리틀 엔디언으로는 제대로 해석할 수 없으며 그 반대도 마찬가지입니다.

에뮬레이터

다른 컴퓨터를 위해 설계된 코드를 여러분의 컴퓨터로 실행하고 싶을 때가 있습니다. 예컨대, 아이폰 없이 아이폰 앱을 테스트하거나, '슈퍼 닌텐도'용으로 개발된 고전 게임을 데스크톱 컴퓨터로 플레이하고 싶은 것이죠. 이를 위해서는 **에뮬레이터**emulator라는 소프트웨어가 필요합니다.

에뮬레이터는 목표로 하는 기계를 흉내 내는 프로그램입니다. 에뮬레이터를 이용하면 그 기계와 동일한 CPU, RAM, 기타 하드웨어를 갖고 있는 것처럼 흉내 내는 가상 기계를 구성할 수 있습니다. 에뮬레이터는 다른 기계를 위해 만들어진 프로그램의 명령어를 해독하여, 가상 기계 위에서 실행해 줍니다. 여러분도 짐작할 수 있듯이, 한 기계 안에서 다른 아키텍처로 이루어진 기계를 흉내 내려면 매우 복잡한 연산을 수행해야 합니다. 하지만 우리가 사용하는 컴퓨터가 옛날 컴퓨터보다 훨씬 빠르기 때문에 이런 처리가 가능합니다. 여러분도 '게임 보이' 에뮬레이터 프로그램을 구해 컴퓨터에서 가상 '게임 보이'를 생성하면, 물리적으로 '게임 보이'를 갖고 있는 것처럼 게임을 즐길 수 있습니다.

7.2 컴파일이란 무엇이며 왜 필요한가

프로그래머들은 다양한 프로그램을 만들어 냅니다. 이런 프로그램은 컴퓨터가 자기공명영상MRI 촬영, 음성 인식, 행성 탐사 등 복잡한 작업을 수행하도록 할 수 있습니다. 컴퓨터가 할 수 있는 모든 작업이 궁극적으로는 간단한 CPU 명령어(수를 더하거나 비교하는)를 통해 수행된다는 사실이 놀랍지 않습니까? 물론, 복잡한 프로그램은 그만큼 많은 기계어 명령이 필요합니다. 웹 브라우저와 같은 복잡한 컴퓨터 프로그램을 만드는 데는 수백만 내지 수십억 개의 기계어 명령이 필요합니다.

그러나 보통은 프로그램을 CPU 명령어로 작성하지 않습니다. 오늘날 우리가 PC방에서 즐기는 실사에 가까운 3차원 컴퓨터 게임들을 생각해 보세요. 사람의 손으로 CPU 명령어를 한 땀 한 땀 나열하여 이런 게임을 만들기는 거의 불가능할 겁니다. 따라서 CPU 명령을 좀 더 자연스럽고 간결하게 나타낼 수 있도록 **프로그래밍 언어**programming language[9]라는 것을 만들어 냈습니다. 프로그램을 만들 때는 작성하기 편리하고 이해하기 쉬운 언어를 이용합니다. 그런 뒤에 **컴파일러**compiler라는 프로그램을 이용해 작성한 코드를 CPU가 실행할 수 있는 기계어 명령어로 번역합니다.

컴파일러가 하는 일을 이해하기 위해, 간단한 수학적 비유를 떠올려 봅시다. 우리는 누군가에게 '5의 계승'을 계산하라고 시킬 때, 다음과 같이 씁니다.

$$5! = ?$$

하지만 상대방이 '계승'이 무엇인지 모른다면 이 문제를 이해할 수 없을 것입니다. 그러면 이를 좀 더 간단한 연산으로 바꿔, 다음과 같이 나타내야 하겠지요.

$$5 \times 4 \times 3 \times 2 \times 1 = ?$$

그런데 상대방이 곱셈도 모르고, 오직 덧셈밖에 할 줄 모른다면 어떻게 해야 할까요? 질문을 다음과 같이 더욱 더 단순하게 바꿔야 할 것입니다

$$5+5+5+5+5+5+5+5+5+5+5+5+$$
$$5+5+5+5+5+5+5+5+5+5+5+5 = ?$$

이처럼, 계산식의 형태가 단순할수록 작성해야 하는 연산은 많아진다는 것을 알 수 있습니다. 컴퓨터 코드를 컴파일하는 과정도 마찬가지입니다. 컴파일러는 프로그래밍 언어로 나타낸 복잡한 명령을 그와 동등한 CPU 명령어로 번역해 줍니다. 우리는 프로그래밍 언어(그리고 컴파일러)와 외부 라이브러리를 함께 사용하여, 수십억 개의 CPU 명령어가 필요한 복

---

9 8장에서 프로그래밍 언어에 관해 자세히 다룹니다.

잡한 프로그램을, 그보다 훨씬 적은 수의 코드로 표현할 수 있습니다. 이런 코드는 기계어 코드보다 이해하고 수정하기가 훨씬 쉽고 간단하지요.

앨런 튜링Alan Turing은 컴퓨터과학의 아버지라고 불립니다. 튜링이 컴퓨터의 원형이라고 할 수 있는 기계를 고안했기 때문입니다. 오늘날의 컴퓨터가 온갖 작업을 수행할 수 있는 것처럼, 튜링이 고안한 기계 역시 계산이 가능하기만 하다면 어떤 계산이든지 자동으로 수행할 수 있습니다. 튜링의 기계는 몇 가지 기능만으로 이루어집니다. 그저 다음과 같은 명령을 담은 프로그램을 실행할 수만 있으면 됩니다.

- 메모리에서 데이터를 읽고 쓰기
- 조건에 따라 분기를 수행하기(어떤 메모리 주소에 값이 주어지면 프로그램의 다른 지점으로 건너뛰기)

어떤 기계가 이 기능을 가짐으로써 범용적인 계산 능력을 갖추었다면, 이를 튜링 완전turing-complete하다고 합니다. 이 기계로 수행해야 하는 문제가 복잡하고 어렵더라도, 읽기·쓰기·분기의 간단한 명령어의 형태로 표현할 수 있습니다. 또한 튜링 완전한 기계는 시간과 메모리만 충분하다면 그런 프로그램을 얼마든지 수행할 수 있습니다.[10]

기계어 명령 중 하나인 '이동' 명령이 튜링 완전하다는 것이 최근에 밝혀졌습니다. 이는 MOV 명령어 하나만 수행하는 CPU로도, 여러 명령어를 지원하는 일반적인 CPU와 동일한 일을 해낼 수 있다는 뜻입니다. 바꿔 말하면, 어떤 코드라도 MOV 기계어만으로 표현할 수 있다는 뜻입니다.[11]

---

10 (옮긴이) 『컴퓨터과학이 여는 세계』(2015ⓒ이광근, 인사이트)에 튜링 기계에 관해 쉽고 자세하게 풀어 쓴 설명이 실려 있습니다. 어렵지 않으니 읽어보시기 바랍니다.

그림 7.8 컴퓨터 광들은 흥을 깬다. http://geek-and-poke.com

정리해 봅시다. 튜링 완전 기계는 모두 같은 계산 능력을 가집니다. 한 튜링 완전 기계용으로 만들 수 있는 프로그램은, 다른 튜링 완전 기계용으로도 만들 수 있습니다. 기계가 아무리 단순하더라도, 튜링 완전하기만

---

11 C 언어 코드를 MOV만 사용하는 이진 코드로 컴파일해주는 컴파일러. *https://code.energy/mov*

하면 충분합니다. 그런데 튜링 완전 기계와 마찬가지로, 범용 프로그래 밍 언어들도 튜링 완전합니다. 그래서 한 프로그램을 어떤 프로그래밍 언어로 작성할 수 있다면, 그 프로그램을 다른 프로그래밍 언어로도 작성할 수 있습니다. 컴파일러는 복잡한 고수준 프로그래밍 언어로 작성된 프로그램을 단순한 저수준 프로그래밍 언어(기계어)로 번역해주는 고마운 프로그램입니다.

운영체제

컴파일된 컴퓨터 프로그램은 결국 일련의 CPU 명령어 모음입니다. 앞에서 말했듯이, 데스크톱 컴퓨터용으로 컴파일된 코드는 스마트폰에서 실행되지 않습니다. 두 기계의 CPU가 서로 다른 아키텍처로 설계되었기 때문이죠. 그런데 어떤 두 컴퓨터가 동일한 아키텍처의 CPU를 사용하더라도, 컴파일된 프로그램이 두 컴퓨터에서 호환되지 않는 경우도 있습니다. 대표적으로, 두 컴퓨터의 운영체제가 다른 경우가 그렇습니다. 컴파일된 프로그램이 운영체제를 가리는 것은, 프로그램은 동작을 위해 컴퓨터의 운영체제operating system와 소통해야 하기 때문입니다.

프로그램은 내부 계산만을 처리하는 것이 아니라 외부 세계와 소통도 해야 합니다. 이를 위해서는 무언가를 입력받고 출력해야 합니다. 파일을 열고, 화면에 메시지를 띄우고, 네트워크에 접속하는 것 등은 모두 프로그램 입장에서 입출력 작업입니다. 그런데 컴퓨터들은 저마다 다른 하드웨어로 구성되어 있습니다. 하드웨어가 다양하다는 것은 하드웨어를 제어하는 방법도 다양하다는 의미입니다. 하나의 프로그램이 수많은 종류의 화면 장치, 사운드 카드, 네트워크 카드를 모두 직접 지원하기란 불가능합니다.

 운영체제가 필요한 이유 중의 하나가 바로 이 점입니다. 프로그램이 외부의 장치와 소통하려면 운영체제의 도움이 필요합니다. 운영체제 덕분에 프로그램은 어렵지 않게 다양한 하드웨어에서 동작할 수 있습니다. 프로그램은 그저 운영체제에 **시스템 호출**system call이라는 특별한 요청을 보내기만 하면 됩니다. 그러면 요청에 따라 운영체제가 특정한 입출력 연산을 처리해 줍니다. 그런데 프로그램을 작성할 때 운영체제의 시스템 호출을 요청하는 코드를 작성하는 경우가 거의 없습니다. 이는 컴파일러가 프로그래밍 언어의 다양한 입출력 명령을 운영체제에 알맞은 시스템 호출로 번역해주기 때문입니다.

 물론, 운영체제가 제공하는 시스템 호출은 대개 서로 호환되지 않습니다. 윈도우에서 화면에 무언가를 출력하기 위한 시스템 호출은, 맥 OS나 리눅스에서 하는 방식과는 다른 것이죠.

 이 때문에, 어떤 프로그램을 x86 프로세서용 윈도우에서 실행되도록 컴파일했을 때, x86 프로세서용 맥에서는 실행되지 않는 것입니다. 컴파일된 프로그램은 특정 CPU 아키텍처 전용일 뿐 아니라, 특정 운영체제 전용이기도 한 것입니다.

컴파일러 최적화

좋은 컴파일러는 자신이 만들어내는 기계어 코드를 가능한 한 최적화해 줍니다. 여러분이 작성한 코드를 더 효율적으로 실행할 수 있도록 바꿀 수 있다면, 컴파일러가 자동으로 그렇게 변경해 줍니다. 컴파일러는 수백 가지에 달하는 최적화 규칙을 갖고 있으며, 소스코드를 이진 코드로 번역하기 전에 이 규칙들을 적용합니다.

그러므로 프로그램을 세밀한 부분까지 최적화하겠다는 일념으로 코드를 읽기 어렵게 작성하는 것은 바람직하지 않습니다. 어차피 컴파일러가 사소한 부분까지 최적화를 해주니까요. 재귀를 사용한 아래의 코드를 예로 들어 봅시다.

```
function factorial(n)
    if n > 1
        return factorial(n - 1) * n
    else
        return 1
```

누군가는 이 코드를 아래와 같이 재귀를 사용하지 않는 버전으로 바꿔야 한다고 주장할 수 있습니다.

```
function factorial(n)
    result ← 1
    while n > 1
        result ← result * n
        n ← n - 1
    return result
```

일리는 있습니다. 재귀를 사용하지 않는 factorial을 계산할 때가 계산 자원이 더 적게 드니까요. 하지만 계산 자원을 고려하더라도 코드를 굳이 수정할 필요는 없습니다. 오늘날의 컴파일러는 간단한 재귀 함수는 반복 함수로 재작성해주기 때문입니다. 또 다른 예를 들어 보겠습니다.

```
i ← x + y + 1
j ← x + y
```

컴파일러는 위의 코드를 아래와 같이 수정해 x + y가 두 번 계산되지 않도록 방지해 줍니다.

```
t1 ← x + y
i ← t1 + 1
j ← t1
```

그러므로 이해하기 쉬운 코드로 작성하는 데 집중하도록 합시다. 성능이 문제가 될 때는 성능 분석profiling 도구를 활용하여 프로그램의 병목 구간을 알아내고, 그 부분을 좀 더 효율적인 방식으로 수정하면 됩니다. 불필요한 최적화에 시간을 낭비하지 마세요.

그런데 프로그램을 작성하고 수정할 때마다 컴파일을 꼭 해야만 하는 걸까요? 컴파일을 하지 않고 프로그램을 실행하는 방법은 없을까요?

스크립트 언어

프로그래밍 언어 중에 **스크립트 언어**scripting language라는 종류가 있습니다. 이런 언어로 작성된 코드들은 컴파일하지 않고도 실행할 수 있습니다. 자바스크립트JavaScript, 파이썬Python, 루비Ruby 등이 대표적인 스크립트 언어입니다. 스크립트 언어로 작성한 코드가 컴파일 없이도 동작할 수 있는 이유는, 코드를 CPU가 직접 실행하는 것이 아니라 **인터프리터**interpreter(해석기)를 통해 실행하기 때문입니다. 따라서 스크립트 언어로 만든 코드가 실행되려면 컴퓨터에 그 코드를 해석할 수 있는 인터프리터가 설치되어 있어야 합니다.

일반적으로 스크립트 언어로 작성한 코드는 이미 컴파일된 코드에 비해 '훨씬' 느리게 실행됩니다. 컴파일된 코드는 번역이 미리 이루어진 상태에서 실행되지만, 스크립트 언어의 코드는 실행 시점에 인터프리터가 실시간으로 코드를 번역하여 기계에 전하기 때문이죠. 하지만 입장을 바꿔 생각하면, 프로그래머는 컴파일 과정을 기다리지 않고 코드를 작성한 즉시 실행할 수 있는 셈입니다. 프로젝트의 규모가 클 때는 컴파일 한 번에 몇 시간씩이나 걸리기도 하므로, 절약되는 시간을 무시하지 못하죠.

그림 7.9 컴파일 중. *http://xkcd.com*

구글의 엔지니어들은 대규모 코드를 끊임없이 컴파일해야 했습니다. 많은 시간을 컴파일에 낭비할 수밖에 없었죠. 그렇다고 스크립트 언어로 전환할 수도 없었습니다. 미리 컴파일한 이진 코드의 빠른 성능을 포기할 수 없었기 때문입니다. 그래서 컴파일 속도가 놀라울만큼 빠르고 실행 성능도 좋은 고Go라는 언어를 개발했습니다. 컴파일 언어의 단점을 어느 정도 보완한 것입니다.

역어셈블리와 역공학

일단 한번 컴파일된 프로그램을 컴파일 이전의 소스코드로 되돌리는 것은 불가능합니다.[12] 하지만 이진 프로그램의 기계어 코드 배열을, 사람이 읽을 수 있는 명령어의 배열로 변환하는 것은 어렵지 않습니다. 이것을 **역어셈블리**disassembly(디스어셈블리)라고 합니다.

이렇게 이진수 코드를 명령어 코드로 변환한 후에는, 이 기계어들을 읽어 무슨 작업을 하는 것인지 조사할 수 있습니다. 이를 **역공학**reverse engineering이라고 합니다. 역어셈블리 프로그램 중에는 시스템 호출과 자주 사용되는 함수를 자동으로 탐지해 표시해주는 것도 있습니다. 이를 활용하면 프로그램의 구조를 좀 더 쉽게 분석할 수 있지요. 해커들은 역어셈블리 도구를 이용해 이진 코드를 구석구석 해석할 수 있습니다. 필시, IT 업계의 선두 기업들은 경쟁사의 소프트웨어를 연구하는 역공학 연구소를 비밀리에 운영하고 있을 것입니다.

한편, 어둠의 세계에서 활동하는 해커들은 윈도우, 포토샵, 그랜드 테프트 오토처럼 사용권이 제한된 프로그램의 이진 코드를 분석해 사용권 검사 코드를 찾아냅니다. 그러고는 사용권 검사 코드의 위치에 사용권 인증 후 실행될 코드로 바로 건너뛰도록 하는 JUMP 명령을 배치합니다. 이렇게 조작된 이진 코드에서는 사용권을 검사하기도 전에 해커가 주입한 JUMP 명령이 실행됩니다. 그래서 불법 복제된 소프트웨어를 돈을 내지 않고 이용할 수 있게 되는 것이죠.

정부의 비밀 첩보 기관에서도 역공학을 다룹니다. 이곳의 보안 연구

---

[12] 적어도 지금은 그렇습니다. 인공지능이 발전하면 언젠가는 가능해질지도 모르겠네요.

자·공학자들은 iOS, 윈도우, 인터넷 익스플로러 같은 대중적인 소프트웨어를 연구합니다. 사이버 공격에 대비하기 위해서이기도 하지만 동시에 많은 사람이 사용하는 소프트웨어의 취약성을 활용해 어떤 대상을 공격하려는 목적도 있습니다. 이런 식으로 정부 주도로 만들어진 악성 소프트웨어 가운데는 스턱스넷Stuxnet이 가장 유명합니다. 스턱스넷은 이란의 지하 핵융합로 제어 컴퓨터에 침입하여 핵 개발 계획을 방해하는 데 이용되었습니다.

오픈 소스 소프트웨어

앞서 설명한 것처럼, 이진 실행 파일의 기계어를 분석하는 것은 가능하지만 그 이진 파일을 생성하는 데 사용된 원본 소스코드를 복구하는 것은 불가능합니다. 이진 파일을 조금씩 해킹하는 것이라면 몰라도, 원본 소스코드 없이 프로그램에 상당한 수정(새 기능 추가 같은)을 가하는 것은 사실상 불가능합니다.

프로그래머 중에는 여러 사람이 협력해 프로그램을 만든다면, 더 좋은 프로그램을 만들 수 있을 것이라고 생각한 이들이 있었습니다. 그들은 자신이 작성한 소스코드를 다른 사람이 수정할 수 있도록 공개하기 시작했지요. 이것이 오픈 소스의 핵심 개념입니다. 소프트웨어를 누구나 자유롭게 수정하고 사용할 수 있도록 하는 것이지요. 운영체제의 경우 리눅스를 기반으로 한 배포판(우분투, 페도라, 데비안 등)들이 오픈 소스인 반면, 윈도우와 맥 OS는 오픈 소스가 아닙니다.

오픈 소스 운영체제에는 장점이 많습니다. 그 가운데 대표적인 것으로, 누구나 코드를 열어 보고 취약점이 없는지 검토할 수 있다는 점을 들 수 있습니다. 사람들이 일상적으로 사용하는 소프트웨어에는 패치되지 않은 보안 허점이 생각보다 많습니다. 정부 기관들이 이를 활용해 수백만 명의 민간인을 사찰했던 사실이 밝혀진 적도 있죠.

오픈 소스 소프트웨어에는 코드를 검토하는 눈이 훨씬 많습니다. 따라서 악의적인 누군가(제품의 개발사, 외부 해커, 정부 기관 등)가 감시용 백도어를 몰래 삽입해 두기가 어렵지요. 여러분이 윈도우나 맥 OS를 사용한다면, 마이크로소프트 또는 애플이 여러분을 위해 압력에 타협하지 않고 정부와 맞서며, 심각한 보안 결함을 방지하는 데 최선을 다해주기를 빌 수밖에 없을 겁니다. 반면, 오픈 소스 소프트웨어는 누구에게나 철저한 검토를 받을 수 있도록 열려 있기에 보안 결함이 슬쩍 자리잡을 가능성이 비교적 낮습니다.

7.3 효율적인 정보 저장을 위한 메모리 계층 구조

지금까지 살펴본 것처럼, 컴퓨터는 CPU가 간단한 명령어를 실행하면 동작합니다. 그리고 이 명령어들은 CPU 레지스터에 저장된 데이터만을 연산할 수 있습니다. 하지만 레지스터는 용량이 작다는 문제가 있습니다. 대개 1천 바이트 미만입니다. 그러므로 CPU 레지스터는 끊임없이 RAM과 데이터를 주고받아야 합니다.

따라서 메모리에 접근하는 속도가 느리다면, CPU는 RAM이 데이터를 읽고 쓰는 작업을 수행하는 동안 잠자코 기다릴 수밖에 없습니다. 즉, 메모리에 데이터를 읽고 쓰는 데 걸리는 시간은 컴퓨터의 성능에 직접적인 영향을 미칩니다. 메모리의 속도를 높이면 CPU 속도를 높이는 것만큼이나 컴퓨터의 성능이 좋아진다는 얘기죠. CPU가 레지스터의 데이터에 접근하는 데 걸리는 시간은 단 한 주기[13] 이내로, '순식간에' 이루어집니다. 반면에, RAM은 '훨씬' 느립니다.

프로세서-메모리 격차

최근의 기술 발전 덕분에, CPU 속도는 매우 빠르게, '지수적으로' 증가했습니다. 물론 메모리의 속도도 증가했습니다만, CPU와 비교하면 증가율은 훨씬 낮습니다. CPU 명령어는 짧은 시간에 많이 수행할 수 있으므로 싼데, RAM에서 데이터를 가져오는 데는 시간이 훨씬 많이 드니 비싸죠. 이러한 CPU와 메모리의 성능 차이를 프로세서-메모리 격차라고 합니다. 이 격차가 벌어질수록 메모리에 효율적으로 접근하는 것이 더욱 중요해질 겁니다.

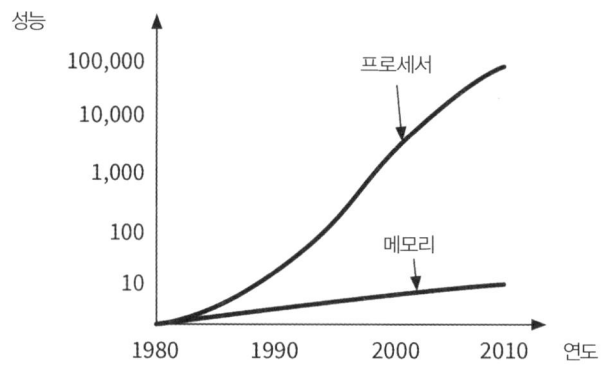

그림 7.10 지난 수십 년 동안의 프로세서-메모리 격차

---

[13] 1기가헤르츠의 클락으로 동작하는 CPU에서 한 주기는 약 십억 분의 1초입니다. 이 시간은 빛이 이 책에서 당신의 눈까지 이동하는 데 걸리는 정도의 시간입니다.

현대의 컴퓨터에서는 RAM에서 데이터를 가져오는 데 약 1천 CPU 주기 (약 1마이크로초[14])가 걸립니다. 이는 우리 인간에게는 상상하기 어려울 만큼 빠른 속도지만, CPU 레지스터의 접근 시간에 비하면 영겁의 시간처럼 아주 깁니다. 그래서 컴퓨터과학자들은 동일한 계산을 처리하는 데 필요한 RAM의 연산 횟수를 줄이는 방법이 없을까 궁리하기 시작했지요.

시간·공간 인접 주소

RAM 접근 횟수를 최소화하는 방법을 연구하던 컴퓨터과학자들은, 다음과 같은 두 가지 중요한 사실을 깨닫게 되었습니다.

- **시간 인접 주소**temporal locality : 어떤 메모리 주소에 접근한 경우, 잠시 후 같은 주소에 다시 접근할 가능성이 높다.
- **공간 인접 주소**spatial locality : 어떤 메모리 주소에 접근한 경우, 잠시 후 인접한 주소에 접근할 가능성이 높다.

이 경험을 토대로, 조만간에 접근이 발생할 가능성이 높은 메모리 주소들을 예측하여 CPU 레지스터에 저장해 둔다면 어떨까요? 그러면 값비싼 RAM 접근 연산을 상당량 줄일 수 있습니다. 그러려면 레지스터의 용량이 매우 커져야 하는데, 그만한 레지스터를 탑재한 CPU 칩을 설계할 방법을 현실적으로 찾을 수 없었습니다. 그럼에도 시간·공간 인접 주소를 효율적으로 탐색할 수 있는 방법들이 발견되었는데요, 하나씩 알아봅시다.

---

[14] 여러분의 목소리 음파가 앞 사람에게 닿는 데까지 걸리는 시간이 약 10마이크로초입니다.

1차 캐시

레지스터의 용량은 늘리지 못하더라도, CPU와 통합된 극도로 빠른 보조 메모리를 만드는 것은 가능합니다. 이를 1차 캐시L1 cache라고 합니다. 이 메모리의 데이터를 레지스터로 옮기는 것은 레지스터 자체 데이터에 접근하는 것보다 아주 조금 느릴 뿐입니다.

 1차 캐시를 활용하면, 접근 가능성이 높은 메모리 주소의 내용을 CPU 레지스터 가까이에 복사해 둘 수 있습니다. 이 방법을 활용하면 그 정보들을 CPU 레지스터에 매우 빠르게 올릴 수 있죠. 1차 캐시의 데이터를 레지스터로 옮기는 데는 약 10 CPU 주기밖에 걸리지 않습니다. 이는 데이터를 RAM에서 가져올 때보다 백 배 정도 빠릅니다.

 10킬로바이트 정도의 1차 캐시 메모리로 시간·공간 인접 주소를 활용하면, 절반 이상의 RAM 접근 요청을 캐시만으로 수행할 수 있습니다. 이 기법은 매우 획기적이었고, 컴퓨터 기술의 발전에 거의 혁명적인 영향을 끼쳤습니다. 1차 캐시를 CPU에 장착함으로써 CPU의 데이터 대기 시간을 급격히 줄일 수 있었습니다. CPU의 연산 처리 시간에서 대기 시간이 줄어든 만큼 성능이 크게 향상되었습니다.

2차 캐시

1차 캐시의 용량을 늘린다면, RAM에서 데이터를 조회하는 연산의 횟수를 한층 더 줄여 CPU의 대기 시간을 아낄 수 있지 않을까요? 하지만 1차 캐시의 속도를 건드리지 않고 용량을 늘리는 게 또 어렵습니다.[15] 1차 캐

---

15 (옮긴이) 전기 신호의 속력은 일정하므로, 캐시의 용량(물리적 공간)이 커질수록 접근 속도는 느려집니다.

시의 용량이 약 50킬로바이트를 넘어가면, 용량을 증설하는 비용이 매우 높아집니다. 그보다는 메모리 캐시를 한 단계 더 추가하는 것, 즉 2차 캐시 L2 cache를 사용하는 것이 더 효율적입니다. 2차 캐시는 속도가 좀 더 느려도 되므로 1차 캐시보다 훨씬 큰 용량으로 만들 수 있습니다. 오늘날의 CPU에는 200킬로바이트 정도의 2차 캐시가 탑재됩니다. 2차 캐시의 데이터를 CPU 레지스터로 옮기는 데는 약 1백 CPU 주기가 듭니다.

접근 가능성이 가장 높은 주소는 1차 캐시에 복사됩니다. 그 다음으로 접근 가능성이 높은 메모리 공간은 2차 캐시에 복사됩니다. 이제 CPU는 접근하려는 메모리가 1차 캐시에 복사되어 있지 않으면 2차 캐시에서 구합니다. 두 캐시 모두에 데이터가 없을 때만 RAM에 직접 접근하죠.

CPU 제조사 중 상당수가 3차 캐시를 탑재한 프로세서를 출시하고 있습니다. 3차 캐시는 2차 캐시에 비해 용량이 크고 속도가 느립니다. 물론 RAM보다는 빠르죠. CPU에서 1차, 2차, 3차 캐시는 매우 중요합니다. CPU 칩에서 물리적 공간의 대부분을 이들이 차지할 정도입니다.

1차·2차·3차 캐시를 활용함으로써 컴퓨터의 성능은 극적으로 높아졌습니다. 200킬로바이트 가량의 2차 캐시를 추가로 활용함으로써, CPU가 RAM에 직접 접근하는 메모리 요청이 10퍼센트 미만으로 줄었습니다.

컴퓨터를 살 때는 CPU의 1차·2차·3차 캐시 용량도 꼭 따져보세요. 좋은 CPU는 캐시 용량이 더 큽니다. CPU의 클락이 좀 낮더라도 캐시 용량이 큰 게 나은 경우가 많습니다.

그림 7.11 인텔 하스웰-E 프로세서의 현미경 사진.
가운데의 사각형 구조물들이 20메가바이트 규모의 3차 캐시입니다.

1차 메모리와 2차 메모리

컴퓨터에는 여러 종류의 메모리가 탑재됩니다. 이 다양한 메모리들은 속도·용량·비용에 따라 계층 구조를 형성합니다. 그림 7.12을 보면 알 수 있듯이 꼭대기 계층의 메모리는 속도가 가장 빠르지만 용량이 작고 매우 비쌉니다. 반대로, 계층 구조의 아래로 갈수록 메모리 용량이 커지지만 접근 속도가 느려집니다.

메모리 계층 구조에서 CPU 레지스터 다음에는 캐시가 오고, 그 아래에는 RAM이 있습니다. RAM은 실행 중인 모든 프로세서의 데이터와 코드를 저장하는 역할을 담당합니다. 2017년 기준으로, 컴퓨터에는 일반적으로 1기가바이트에서 10기가바이트 가량의 RAM이 탑재되어 있습니다. 그런데 이 정도 용량은 운영체제나 실행 프로그램을 모두 담기에 충

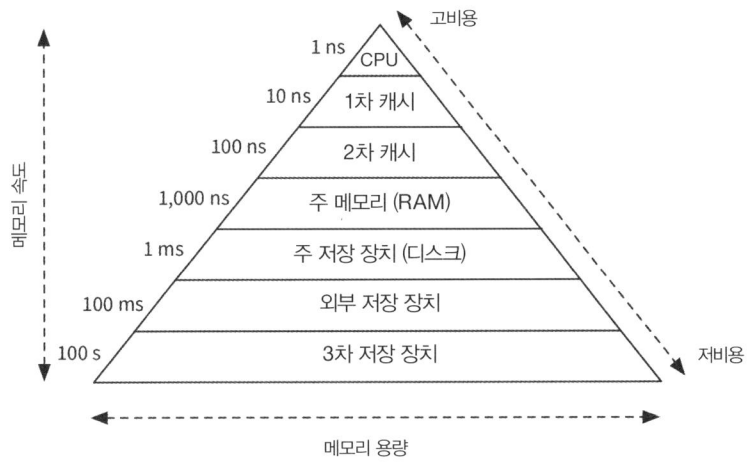

그림 7.12 메모리 계층 구조도

분하지 않습니다.

 메모리 계층 구조에서 한 단계 더 내려가 하드 디스크를 사용하는 수밖에 없습니다. 2017년 기준으로 컴퓨터에는 일반적으로 수백 기가바이트의 하드 디스크가 탑재되어 있습니다. 이는 실행 중인 모든 프로그램의 데이터를 담기에 충분하고도 남는 용량이지요. RAM이 가득 찼을 때, 당장 사용하지 않아 우선순위가 낮은 데이터를 하드 디스크로 옮겨 메모리 공간을 어느 정도 확보할 수 있습니다.

 문제는 하드 디스크의 속도가 극도로 느리다는 것입니다. 일반적으로 하드 디스크와 RAM 사이에 데이터를 옮기는 데는 약 1백만 CPU 주기(1밀리초[16])가 듭니다. 언뜻 보기에는 디스크의 데이터에 접근하는 것도 꽤나 빠르다고 생각할지 모릅니다. 하지만 CPU가 RAM에 접근하는 데 필요한 시간은 약 1천 CPU 주기밖에 안 됩니다.

7.3 효율적인 정보 저장을 위한 메모리 계층 구조 237

이런 속도와 용도의 차이를 반영하여 흔히 RAM 메모리를 1차 메모리라 하고, 디스크에 저장된 프로그램과 데이터를 2차 메모리라 부릅니다. CPU는 2차 메모리에 직접 접근하지 못합니다. 2차 메모리에 저장된 프로그램은 실행하기 전에 1차 메모리로 복사되어야 합니다. 사실, 운영체제마저도 컴퓨터가 부팅될 때마다 디스크에서 RAM으로 복사된 후에야 CPU로 실행할 수 있습니다.

RAM을 소진시키지 마시오

일반적인 작업을 수행할 때(꼭 그래야만 하는 이유가 없는 경우), 컴퓨터 한 대에서 동시에 처리하는 데이터와 프로그램이 RAM의 용량을 초과하지 않도록 주의해야 합니다. 초과될 경우, 컴퓨터는 디스크와 RAM 사이에서 데이터를 끊임없이 전송합니다. 이 작업은 매.우. 느.리.기. 때문에 사용하기 힘들 정도로 성능이 급격히 감소합니다. 실제 연산을 하는 데 시간을 쓰는 게 아니라 데이터 이동을 기다리는 데 대부분의 시간을 보내는 겁니다.

컴퓨터가 디스크에서 RAM으로 데이터를 끝없이 읽어들이는 상태를 스래싱 모드thrashing mode라고 합니다. 특히 서버는 스래싱 모드에 빠지지 않도록 항시 예의주시해야 합니다. 서버가 RAM에 다 담지 못할 작업을 처리하기 시작한다면 스래싱 모드에 빠져 서버 전체가 다운될 수도 있습니다. 은행 시스템이 이런 상태에 빠진다면 고객들이 은행 창구에서 줄지어 서 있더라도 담당자는 스래싱 모드에 빠진 컴퓨터를 탓하는 일밖에 할

---

16 사진을 촬영할 때 표준 노출 시간이 약 4밀리초입니다.

수 없을 겁니다. 이처럼, RAM 부족은 서버에 장애를 일으키는 가장 잦은 원인입니다.

외부 저장 장치와 3차 저장 장치

메모리 계층 구조에서 한 층 더 아래를 살펴봅시다. 컴퓨터가 네트워크에 연결된 경우, 지역(로컬) 네트워크 또는 인터넷(일명 클라우드 방식)을 통해 다른 컴퓨터가 관리하는 메모리에 접근할 수 있습니다. 하지만 이 방법은 훨씬 더 시간이 오래 걸립니다. 직접 연결된 디스크에서 데이터를 읽으면 1밀리초 정도가 걸리지만, 네트워크에서는 수백 밀리초가 걸릴 수도 있습니다. 네트워크 패킷 하나가 한 컴퓨터에서 다른 컴퓨터로 이동하는 데만도 약 10밀리초가 걸립니다. 네트워크 패킷이 인터넷의 복잡한 연결망을 거친다면 이동 시간은 훨씬 더 걸립니다. 보통 2백 내지 3백 밀리초 가량(눈 깜짝할 새 😉) 걸리지요.

메모리 계층 구조의 최하층에는 **3차 저장 장치**가 있습니다. 저장 장치가 언제나 컴퓨터와 연결되어 있는 것도 아니고, 늘 사용 가능한 상태인 것도 아닙니다. 예를 들어, 수천 기가바이트에 달하는 데이터라도 자기 테이프 카트리지나 CD 여러 장에 나누어 담으면 전부 저장할 수 있습니다. 하지만 이러한 매체에 저장된 데이터에 접근하기 위해서는 매체를 꺼내 재생 장치에 삽입하는 과정을 거쳐야 합니다. 이는 빨라도 몇 분 느리면 며칠까지도 걸릴 수 있는 작업입니다.[16] 그러므로 3차 저장 장치는 접근할 일이 많지 않은 데이터를 보관하는 용도로만 쓰는게 좋습니다.

메모리 기술의 동향

'빠른' 메모리(메모리 계층 구조의 최상층에 있는 것)에 사용되는 기술은 그다지 발전하지 못했습니다. 반면에, '느린' 메모리는 점점 더 빨라지고 저렴해졌지요. 수십 년간 하드 디스크의 가격이 용량에 비해 저렴해져 왔으며, 앞으로도 이 경향이 지속될 것으로 보입니다.

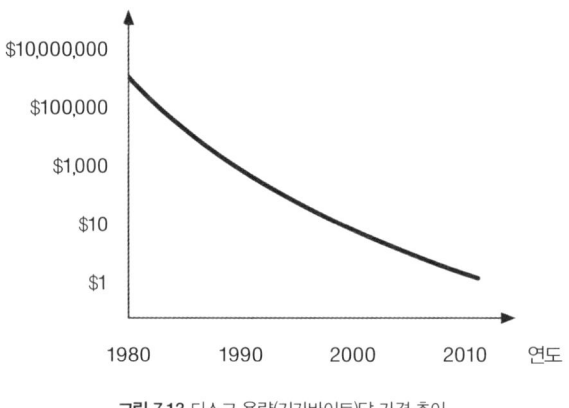

그림 7.13 디스크 용량(기가바이트)당 가격 추이

새로운 기술의 등장으로 디스크의 속도도 빨라지고 있습니다. 현재 우리는 자기 회전 디스크에서 SSD solid state drive(솔리드 디스크 드라이브)로 옮겨가는 중에 있습니다. SSD는 하드 디스크와 달리 모터나 헤드 같은 움직이는 기계 부품이 없기 때문에 더 빠르고 안정적이며 전력도 덜 소모합니다.

SSD 기술이 적용된 디스크는 날이 갈수록 저렴하고 빨라지고 있지만,

---

17 금요일 밤, IT 부서에 자기 테이프 백업본을 요청한다면, 월요일은 돼야 테이프를 받을 수 있겠지요.

아직까지는 비싼 편입니다. 그래서 일부 제조사는 SSD와 자기 디스크를 동시에 갖춘 하이브리드 디스크를 생산합니다. 자주 접근하는 데이터를 SSD에 저장하고 그렇지 않은 데이터를 속도가 느린 자기 부품에 저장하는 방식이죠. 자주 접근하지 않던 데이터의 접근 빈도가 높아지면 속도가 빠른 SSD 영역으로 복사합니다. 이 기법은 CPU가 내부 캐시를 이용해 RAM 접근 속도를 높이는 방식과 유사하군요.

장을 마치며

이 장에서는 컴퓨터가 동작하는 원리의 가장 기본적인 사항들을 알아보았습니다. 계산이 가능하다면 **어떤 프로그램이라도** 간단한 명령어들을 조합하여 만들 수 있다는 것도 살펴보았습니다. 컴파일러라는 프로그램이 사람이 작성한 복잡한 계산 명령을 CPU가 실행할 수 있는 간단한 명령어로 번역해준다는 것도 배웠습니다. 컴퓨터가 복잡한 계산을 수행할 수 있게 하는 비결은, 간단한 명령어를 매우 많이 조합하는 것입니다.

컴퓨터의 프로세서에 비해 메모리가 느리다는 것도 알아보았습니다. 하지만 메모리의 접근은 아무 지점에서나 무작위로 일어나지 않습니다. 시간·공간 인접 주소에 따라 다음에 접근될 가능성이 높은 지점을 예측할 수 있습니다. 그리고 이를 활용하여 접근 가능성이 높은 메모리의 데이터를 속도가 빠른 메모리에 캐시하여 성능을 높일 수 있습니다. 이 원리가 1차 캐시로부터 3차 저장 장치에 이르기까지 여러 단계의 캐시 방식에 적용되는 것도 살펴봤네요.

이 장에서 다룬 캐시 원리는 다양한 상황에 적용될 수 있습니다. 프로그램의 데이터 중 자주 사용되는 부분을 찾아내고, 그 접근 속도를 빠르게 하는 것입니다. 이것은 프로그램 속도 개선 전략 가운데 가장 많이 활용되는 것이기도 합니다.

참고자료

- 『구조화된 컴퓨터 구성Structured Computer Organization』, 앤드루 타넨바움 저 - *https://code.energy/tanenbaum*
- 『C로 살펴보는 현대 컴파일러 구현Modern Compiler Implementation in C』, 앤드류 아펠 저 - *https://code.energy/appel*

Chapter 08
프로그래밍 기법

Programming

"말하는 대로 프로그램이 바로 만들어지는 프로그래밍 언어는 없나요?" 하고 말하는 사람을 보면, 막대사탕을 물려주라.

– 앨런 펄리스 *Alan Jay Perlis*

여러분은 컴퓨터가 사람의 의도를 이해하기 바랄 겁니다. 내리고 싶은 명령을 프로그래밍 언어(기계가 이해하는 언어)로 표현하는 것도 그 때문이지요. 하지만 사람이 쓰는 언어로 컴퓨터에게 할 일을 지시하는 것은 불가능합니다. 여러분이 다른 프로그래머를 고용했거나 SF 영화 속에 사는 게 아니라면 말이죠. 현재로서는 기계가 해야 할 일을 제약 없이 지시할 수 있는 능력을 가진 사람은 프로그래머뿐입니다. 여러분이 프로그래밍 언어를 더 깊이 알아 갈수록 프로그래머로서의 힘 역시 성장합니다. 이 장에서는 다음과 같은 주제들을 다뤄 보겠습니다.

- ㊙ 코드를 지배하는 숨겨진 언어 요소 파헤치기
- x 변수에 정확한 정보 저장하기
- 　 문제의 해법을 다양한 패러다임으로 고민하기

전산언어학이나 통사론을 깊게 파고들려는 것은 아닙니다. 긴장할 필요 없으니 계속 읽으시길!

8.1 프로그래밍 언어의 세 가지 기본 요소

프로그래밍 언어들은 저마다 용도와 특징이 다르고, 문법과 표현 방식에서도 차이가 큽니다. 하지만 그 모든 언어가 존재하는 목적은 단 하나, 바로 정보를 조작하는 것입니다. 프로그래밍 언어가 정보를 표현하고 조작하는 데는 세 가지 기본 요소가 필요합니다. 정보를 나타내는 값, 값을 만들어 내는 식, 값을 이용하여 컴퓨터에게 명령을 전하는 문이 그것이지요. 프로그래밍 언어를 공부하다 보면 쉽게 접하는 용어들이지만, 그것이 정확히 무엇인지 설명하는 경우는 드문 것 같습니다. 이 기회에 알아 두도록 합시다.

정보를 나타내는 '값'

값value은 정보를 나타냅니다. 컴퓨터는 비트만을 취급할 수 있으므로, 일정한 약속에 따라 정보를 비트로 부호화해야 합니다. 하나의 값으로 부호화할 수 있는 정보의 종류는 프로그래밍 언어마다 다릅니다. 가장 기초적인 언어에서는 정수나 부동소수점[1] 수 같이 매우 간단한 정보만을 값으로 부호화할 수 있습니다. 언어가 복잡해지면서 문자와 문자열도 값으로 다루기 시작했습니다. C는 여전히 매우 저수준인 언어에 속하지만 프로그래머가 구조(구조체)를 정의하는 것을 지원합니다. 구조란 값의 집합으로 이루어진 값을 정의하는 방법입니다. 예를 들면, 위도와 경도를 나타내는 두 부동소수점 수로 이루어진 '좌표'라는 값의 유형을 정의하는 것이죠.

값은 너무도 중요하기에, 프로그래밍 언어의 '일급 시민'이라고 부르기도 합니다. 프로그래밍 언어에서 어떤 대상이 일급 시민이라는 것은, 실행 시간에 생성하기, 함수에 인자로 전달하기, 함수에서 반환하기 등의 연산을 허용한다는 뜻입니다. 데이터의 종류 중에는 이런 연산을 다 지원하지 않는 것들도 있습니다. 프로그래밍 언어들은 값에 한해서만큼은 이런 연산을 모두 허용합니다.

값을 만들어내는 '식'

식expression은 값을 생성하는 표현입니다. 값을 생성하는 방법에는 두 가지가 있습니다. 리터럴literal[2]을 작성하는 방법, 그리고 함수를 호출해 구하는 방법입니다. 리터럴 식은 다음과 같이 작성합니다.

    3

위의 코드를 실행하면, 코드에 표기된 문자 3이 의미하는 대로 값 3이 바

---

[1] 부동소수점은 소수를 표현하는 일반적인 방식입니다.
[2] (옮긴이) 'literal'은 '문자 그대로'라는 뜻입니다. 언어 규칙에 따라 코드의 기호 표현이 곧바로 대응하는 값으로 해석될 수 있는 종류의 표현을 가리킵니다.

로 생성됩니다. 코드의 표현을 그대로 값으로 옮기는 셈입니다. 숫자는 대표적인 리터럴이지만, 수 말고도 리터럴로 생성할 수 있는 값들이 있습니다. 대다수 프로그래밍 언어에서는 "hello world"와 같이 텍스트를 따옴표로 감싼 코드로 문자열 hello world를 생성할 수 있습니다.

함수의 경우, 다른 어딘가에 작성된 방법이나 절차에 따라 명령을 수행함으로써 값을 생성합니다. 태평양 표준시를 구하는 함수 호출을 예로 들어 봅시다.

```
getPacificTime()
```

제가 실행했을 때 이 식은 로스앤젤레스의 현재 시각과 일치하는 값을 생성했습니다. 여러분이 이 프로그램을 실행할 때 시간이 오전 4시라면, 4가 반환되겠지요.

모든 프로그래밍 언어가 제공하는 또 다른 기본 요소로 연산자operator가 있습니다. 연산자는 간단한 식을 결합해 더 복잡한 식을 형성하는 데 쓰입니다. 예를 들어, + 연산자를 사용하면 뉴욕의 시각과 동일한 값을 구할 수 있습니다.

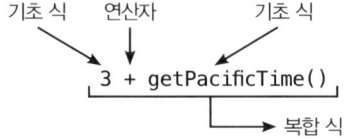

로스앤젤레스의 시각이 오전 4시라면 이 식은 7이라는 하나의 값으로 축

---

3 (옮긴이) 로스앤젤레스는 태평양 표준시(UTC-08:00)에 속하며 뉴욕은 동부 표준시(UTC-05:00)에 속합니다. 뉴욕의 시간대는 로스앤젤레스보다 3시간 늦습니다.

약됩니다.[3] 사실, 식이란 여러분이 어떻게 작성하더라도 컴퓨터의 계산 과정에서 하나의 값으로 축약되기 마련입니다. 연산자를 이용하면 여러 식을 하나의 큰 식으로 결합하고, 이것을 다시 한층 더 큰 식으로 만들 수도 있습니다. 하지만 마지막에는 아무리 복잡한 식이라도 결국 하나의 값으로 평가되는 법입니다.

식의 구성요소로는 리터럴, 연산자, 함수 외에 괄호도 있습니다. 괄호는 연산자의 평가 순서를 제어하는 데 사용합니다. 예를 들어, $(2+4)^2$는 괄호에 의해 먼저 6^2로 평가되고, 그 뒤에 36으로 평가됩니다. 괄호를 사용하지 않았다면 $2+4^2$ 식은 먼저 $2+16$으로 평가되고, 이어서 18로 평가됩니다.

명령을 내리는 '문'

식이 값을 나타내는 데 사용된다면, 문statement은 컴퓨터에게 무언가를 수행하도록 명령하는 데 사용됩니다. 예를 들어, `print("hello world")`라는 문은 메시지가 출력되도록 합니다.

그림 8.1 컴돌이의 탄생. *http://geek-and-poke.com*

더 복잡한 예로는 `if`, `while`, `for` 문을 들 수 있습니다. 프로그래밍 언어가 지원하는 문의 종류는 저마다 다릅니다.

정의

일부 프로그래밍 언어는 정의definition라는 특별한 문을 제공합니다. 정의는 새로운 값이나 함수처럼, 이전에 존재하지 않았던 대상을 추가하여 프로그램의 상태를 변경하는 것입니다. 정의된 대상을 가리킬 수 있으려면 이름을 대상에 연관시켜 두어야 합니다. 이를 이름 바인딩name binding(이름 묶기)이라고 합니다. 예를 들어 `getPacificTime`이라는 이름은 어딘가에 정의된 함수에 묶여 있습니다.

8.2 값을 가리키는 변수

변수는 이름 바인딩(이름과 값을 묶는 매개) 중에서 가장 대표적인 것입니다. 변수는 어떤 값이 저장된 메모리 주소와 이름을 연결한 것이며, 따라서 그 주소의 '별칭'이라고도 생각할 수 있습니다. 대부분의 프로그래밍 언어에서는 대입 연산자를 사용하여 변수를 생성합니다. 이 책의 의사코드에서는 대입 연산자를 다음과 같이 ←로 표기했지요.

```
pi ← 3.142
```

하지만 대부분의 프로그래밍 언어에서는 대입 연산자를 =로 표기합니다. 일부 프로그래밍 언어에는 이름을 정의하기에 앞서, 변수로 선언declaration하도록 하는 규칙이 있습니다. 그 방식을 따른다면 다음과 유사한 코드를 작성하게 될 것입니다.

```
var pi
pi = 3.142
```

이 코드는 메모리 블록을 확보하고, 값 3.142을 그 블록에 작성하고, 이름 pi와 그 메모리 블록의 주소를 연결합니다.

변수 유형 검사

대다수 프로그래밍 언어에는 변수에 특정 유형(정수, 부동소수점 수, 문자열 등)을 부여하도록 하는 규칙이 있습니다. 이 정보(변수의 유형)를 통해 프로그램은 변수의 메모리 블록에서 읽어들인 비트(0과 1)들을 어떻게 해석해야 할지 알 수 있습니다. 이는 변수에 연산을 수행할 때 오류를 검출하는 데도 도움이 됩니다. 예컨대, 문자열 유형의 변수와 정수 유형의 변수를 더하면 오류가 발생하리라는 걸 코드를 직접 실행하기 전에도 알 수 있습니다.

변수 유형 검사를 수행하는 방식에는 정적 방식과 동적 방식이 있습니다. **정적 유형 검사**static typing(정적 타이핑) 방식을 사용하려면, 프로그래머가 모든 변수의 유형을 사전에 선언해야 합니다. 예를 들어, 대표적인 정적 유형 검사 언어인 C와 C++에서는 코드를 다음과 같이 작성합니다.

```
float pi;
pi = 3.142;
```

이 코드는 첫 행의 선언문에서 pi라고 이름 붙인 변수가 부동소수점 수를 나타내는 데이터만을 저장할 수 있다고 선언합니다. 정적 유형 검사 언어는 (컴파일러가 데이터의 유형에 관한 힌트를 얻으므로) 코드를 컴파일할 때 좀 더 많은 최적화 규칙을 적용할 수 있으며, 코드를 실행하지 않고도 발생 가능한 오류를 일부 검출할 수 있습니다. 하지만 변수를 사용할 때마다 유형을 매번 선언하는 것은 프로그래머들에게 귀찮은 일이기도 합니다.

일부 언어에서는 유형 검사를 동적으로 수행하는 편을 선호합니다. 이를 **동적 유형 검사**dynamic typing(동적 타이핑)라 하며, 이 방식에서는 모든 변수가 유형에 상관없이 모든 값을 저장할 수 있습니다. 따라서 선언문도 필요하지 않지요. 하지만 프로그램의 실행 중에 변수를 대상으로 하는 연산이 수행될 때마다 연산과 변수들의 관계가 올바른지 확인하기 위한 동적 유형 검사가 추가로 수행되어야 합니다.

변수 유효 범위

모든 이름 바인딩이 프로그램의 모든 지점에서 유효하다면, 프로그래밍하기가 극도로 어려울 것입니다. 프로그램의 규모가 커짐에 따라 동일한 변수 이름(time, length, speed 등)이 서로 관계 없는 부분에서 마구 겹쳐 사용되는 참사가 벌어질 수 있기 때문이지요.

예를 들어, 여러분이 프로그램의 서로 다른 두 지점에서 length 변수를 모르고 정의했다면 이는 버그를 유발할 수 있습니다. 심지어, length 변수를 사용하는 외부 라이브러리를 임포트한다면 상황은 더 나빠지겠지요. 여러분의 코드의 length와 임포트한 코드의 length가 서로 충돌할 수 있는 것입니다.

이런 충돌을 방지하기 위해, 이름 바인딩은 소스코드 전체가 아니라 일부 영역에서만 유효하도록 되어 있습니다. 변수가 어디에서 유효하게 사용될 수 있는지는 변수의 유효 범위scope에 의해 정의됩니다. 대다수 언어는 변수가 자신이 정의된 함수 안에서만 유효하도록 하는 식의 일정한 규칙이 정해져 있습니다.

프로그램이 실행되고 있을 때, 특정 실행 지점마다 당시에 유효한 이름 바인딩들이 있을 것입니다. 그 시점의 유효한 모든 이름 바인딩의 집합을 문맥context 또는 환경environment이라고 합니다. 일반적으로 한 문맥에서 정의된 변수는 실행 흐름이 그 문맥을 벗어나면 즉시 삭제되고 메모리에서 해제됩니다. 권할 만한 것은 아니지만 이 규칙을 따르지 않는 방법도 있습니다. 프로그램의 어느 위치에서나 항상 접근할 수 있는 변수를 생성하는 것이죠. 이런 변수를 전역 변수global variable라고 합니다.

전역에서 유효한 모든 이름은 이름공간namespace을 구성합니다. 프로그램의 이름공간은 주의 깊게 다뤄야 합니다. 이름공간을 가급적 작게 유지하세요. 이름공간이 커질수록 이름이 충돌하기 쉬워집니다.

프로그램의 이름공간에 꼭 이름을 추가해야 한다면, 추가하는 이름의 개수를 최소한으로 줄이세요. 예를 들어, 외부 모듈을 임포트할 때 모듈의 구성 요소 가운데 실제 사용할 함수의 이름만을 추가하는 것입니다. 좋은 모듈이라면 사용자로 하여금 이름공간에 추가하도록 하는 이름이 많지 않습니다. 불필요한 것들을 이름공간에 마구 추가하면 이름공간이 더럽혀집니다. 이 문제를 이름공간 오염namespace pollution이라고 합니다.

8.3 프로그래밍 패러다임

패러다임paradigm이란 과학의 한 분야를 정의하는 일정한 개념과 관행의 집합입니다. 패러다임은 여러분이 문제에 접근하는 방식, 여러분이 사용하는 기법, 문제를 풀이하는 구조의 방향을 길잡이합니다. 같은 물리학을 다루더라도, 뉴턴 학파와 상대론 학파는 서로 다른 패러다임입니다.

프로그래밍에서든 물리학에서든, 어떤 패러다임을 따르는지에 따라 여러분이 문제를 다루는 접근법이 완전히 달라집니다. 즉, **프로그래밍 패러다임**이란 프로그래밍 세계를 바라보는 관점입니다. 패러다임은 코드를 작성하는 형식과 기술을 결정합니다.

하나의 프로그램에 여러 가지 패러다임을 적용할 수도 있습니다. 하지만 대개는 여러분이 사용하는 프로그래밍 언어가 기반한 패러다임을 따르는 편이 좋습니다. 1940년대의 최초의 컴퓨터에서는 0과 1을 컴퓨터 메모리에 삽입하기 위해 직접 손으로 스위치를 연결해가며 프로그래밍을 했습니다. 그것도 나름대로의 패러다임입니다. 프로그래밍은 끊임없이 진화하여, 더 복잡한 코드를 더 효율적이고 빠르게 작성할 수 있도록 하는 다양한 패러다임이 등장했습니다.

프로그래밍 패러다임에는 세 가지 큰 줄기가 있습니다. 명령형, 선언형, 논리형이 그것입니다. 안타깝게도 대부분의 프로그래머가 이 가운데 첫 번째 것만을 제대로 학습합니다. 하지만 여러 패러다임을 골고루 배워 두기를 권하고 싶습니다. 그래야 각 프로그래밍 언어의 고유한 기능과 잠재력을 충분히 활용할 수 있습니다. 올바른 패러다임을 적용할 때 프로그래밍 작업의 효율성도 최대로 끌어올릴 수 있습니다.

명령형 프로그래밍

명령형 프로그래밍 패러다임imperative-이란, 컴퓨터에게 수행해야 할 작업을 각 단계마다 특정한 명령을 사용해 명확하게 지시하는 것입니다. 각 명령이 수행될 때마다 컴퓨터의 상태가 변화하며, 컴퓨터는 프로그램을 구성하는 일련의 명령을 하나하나 차례대로 수행합니다.

명령형 프로그래밍은 프로그래밍 패러다임 중에서 가장 먼저 등장했습니다. 이 패러다임이 컴퓨터의 동작 원리를 그대로 연장한 것이기 때문이지요. 컴퓨터의 연산은 언제나 하나씩 순차적으로 실행되는 기계어를 통해 수행됩니다. 결국 모든 컴퓨터 프로그램은 (다른 패러다임으로 작성했다 하더라도) 궁극적으로 이 패러다임하에서 실행되는 것입니다.

명령형 프로그래밍은 가장 널리 알려진 패러다임입니다. 사실, 명령형 프로그래밍 패러다임에만 익숙한 프로그래머도 많습니다. 이 패러다임은 인간이 일하는 방식을 그대로 연장한 것입니다. 음식 조리법, 차량 정비 순서 등 일상 속의 절차를 설명하는 데 명령형 패러다임이 사용됩니다. 프로그래머들은 작업을 직접 수행하기가 귀찮아지면 작업을 수행하기 위한 지시사항들을 프로그램 코드로 작성하여 컴퓨터가 하도록 만듭니다. 프로그래머의 게으름 덕에 중요한 것들이 상당히 많이 탄생했지요.

그림 8.2 일반화 문제. http://xkcd.com

기계 코드 프로그래밍

초창기 프로그래머들은 컴퓨터에 코드를 직접 0과 1로 입력해야 했습니다. 매우 귀찮은 작업이었지요. CPU 명령어를 알아보기 쉬운 기호 mnemonic로 작성하면 좀 더 재밌지 않을까 생각했습니다. 예컨대 '복사 copy'를 CP로, '이동 move'을 MOV로, '비교 compare'를 CMP로 표기하는 것입니다. 물론, 이런 기호 코드는 직접 실행할 수는 없지요. 그래서 그들은 기호 코드를 그와 대응하는 이진수로 변환해 실행 가능하도록 하는 프로그램을 작성했습니다. 이렇게 하여 어셈블리 Assembly, ASM 언어가 탄생하게 되었습니다.

기호로 작성된 프로그램은 0과 1로 작성된 프로그램에 비해 훨씬 읽기 좋았습니다. 이때 만들어진 기호들과 프로그래밍 방식은 지금까지도 널리 사용되고 있습니다. 오늘날의 CPU가 더 복잡한 명령어들을 지원하고 있기에 그 후로 새로운 기호가 더 만들어지긴 했지만 기본 원리는 여전히 동일합니다.

어셈블리 언어를 직접 이용한 프로그래밍은 전자레인지, 자동차 내장 컴퓨터 등의 시스템 소프트웨어를 만드는 데 사용됩니다. 또, 코드 가운데 서너 CPU 주기마저도 줄여야 할 정도로 성능을 쥐어짜야 할 때도 이 프로그래밍 방식이 사용됩니다.

  예를 들어, 고성능 웹 서버를 최적화해야 하는데, 심각한 병목 구간을 발견했다고 생각해 봅시다. 여러분은 이 병목 구간의 코드를 어셈블리 코드로 변환해 분석할 수 있습니다. 실제로 분석해 보면, 명령어를 더 적게 사용하도록 코드를 수정할 수 있을 때가 많습니다. 저수준 프로그래밍 언어 중에는 코드 사이에 프로그래머가 기계어를 직접 입력할 수 있도록 해 주는 것들도 있습니다. 기계 코드를 직접 작성하면 CPU가 여러분의 코드를 실행할 때 실제로 무엇을 수행할 것인지를 완벽히 제어할 수 있습니다.

구조적 프로그래밍

초창기의 프로그램은 GOTO 명령을 사용해 실행 흐름을 제어했습니다. GOTO는 실행 흐름을 코드의 다른 영역으로 건너뛰게 하는 명령입니다. 그런데 프로그램이 갈수록 복잡해지자, 프로그램이 하는 일을 사람들이 이해하기가 점점 더 어려워졌습니다. 특히, 다양한 실행 흐름이 모두 GOTO와 JUMP 명령으로 마구 뒤엉켜, 이른바 스파게티 코드[4]를 만들어내곤 했습니다. 1968년 데이크스트라는 'GOTO 문의 해로움GOTO Statement Considered Harmful'이라는 유명한 선언을 발표했습니다. 혁신의 시작이었죠. 그 후 프로그래머들은 코드를 논리적 범위에 따라 나누기 시

---

[4] 다른 사람이 작성한 코드를 흠보고 싶을 때, 스파게티 코드라고 부르시면 됩니다. 👍

작했습니다. 아무 데나 GOTO를 사용하던 것에서 벗어나, 짜임새 있는 제어 구조(if, else, while, for)를 사용하기 시작한 것입니다. 결국 프로그램을 작성하고 오류를 수정하는 게 훨씬 쉬워졌습니다.

절차적 프로그래밍

프로그래밍 기법이 발전해 온 연보를 살펴보면, 구조적 프로그래밍 다음에는 절차적 프로그래밍이 등장합니다. 절차적 프로그래밍은 반복 사용되는 코드를 프로시저procedure(절차)로 묶어 내는 것입니다. 코드가 반복되는 것을 줄이고 코드의 재사용성을 높일 수 있습니다. 예를 들어, 미터 단위 값을 마일 단위로 변환하는 코드를 함수로 정의해 두면, 동일한 코드가 필요할 때마다 언제든지 함수를 호출하여 다시 사용할 수 있습니다. 프로시저를 사용함으로써 연관된 코드를 묶고 논리적 단위로 구분하는 것이 훨씬 쉬워졌습니다. 코드를 구조적으로 관리하는 능력이 구조적 프로그래밍보다도 더 발전된 것이죠.

선언형 프로그래밍

선언형 프로그래밍 패러다임declarative-이란 원하는 결과를 선언하는 방식으로 프로그램을 작성하는 것입니다. 그 결과를 얻기 위해 어떤 복잡한 단계를 거쳐야 하는지를 하나하나 직접 작성하지 않고 말이죠. 다시 말해, 작업을 수행하는 **방법**how을 서술하는 것이 아니라, 원하는 **결과**what만을 선언하는 것입니다. 선언형 프로그래밍 패러다임을 통하면 프로그램을 훨씬 간결하고 단순하게 작성할 수 있을 때가 많습니다. 이렇게 작성된 프로그램은 대개는 읽기도 더 쉬워요.

함수형 프로그래밍

선언형 프로그래밍의 범주에 속하는 패러다임 가운데 가장 유명한, 함수형 프로그래밍 패러다임에 대해 알아봅시다. 절차적 프로그래밍 패러다임에서는 흔히 함수와 프로시저는 같은 개념으로 쓰입니다. 둘 다 일정한 절차를 나타내는 코드를 묶어둔 것일 뿐이죠. 반면, 함수형 프로그래밍에서는 함수가 단순한 프로시저 그 이상입니다. 함수는 여러 대상 사이의 관계를 선언하는 데 사용됩니다. 마치 수학 방정식처럼 말이죠.

함수형 프로그래밍에서는 함수도 '일급 시민'입니다. 함수가 문자열·수 등의 다른 모든 기본 데이터 유형과 동일하게 취급된다는 뜻입니다. 다른 함수를 인자로 전달받을 수도 있고, 결과로 함수를 반환할 수도 있습니다. 이렇게 취급되는 함수를 고차 함수high-order function라고 부릅니다. 고차 함수는 기존의 함수보다 표현력이 뛰어납니다.[4] 요즘에는 주류 프로그래밍 언어에서도 이러한 함수형 패러다임 요소를 많이 차용하고 있습니다. 여러분이 사용하는 프로그래밍 언어에서 고차 함수 기능을 지원한다면, 한번 사용해 봅시다. 고차 함수의 뛰어난 표현력을 최대한 활용하는 것이 좋습니다.

대표적인 고차 함수의 예를 하나 살펴봅시다. 대부분의 함수형 프로그래밍 언어는 어떠한 시퀀스[5]라도 정렬할 수 있는 범용 정렬 함수(sort)를 제공합니다. 정렬을 수행하기 위해서는 각 항목들을 어떻게 비교할 것인지 정해야 합니다. 어떤 항목을 정렬할 것인지, 어떻게 정렬할 것인지

---

4 (옮긴이) 추상화 수준이 높아 코드를 간결하게 작성하더라도 많은 양의 명령이나 넓은 범위의 생각을 나타낼 수 있다는 뜻입니다.
5 (옮긴이) 리스트, 배열 등의 순차적 데이터 구조

에 따라 비교하는 방법도 달라지지요. 고차 함수가 아닌 정렬 알고리즘을 작성한다면 그 속에 특정한 비교 방법을 정의해 두어야 할 것입니다. 하지만 범용 정렬 함수 sort는 비교 방법이 그 속에 직접 정의되어 있지 않습니다. 그 대신 비교 방법이 정의된 별도의 함수를 인자로 전달받아 비교하는 데 사용합니다. 인자로 전달하는 함수만 바꾸면 얼마든지 다른 방식으로 정렬할 수 있는 것입니다.

범용 정렬 함수를 이용해 프로그래밍하는 경우를 예로 들어 보겠습니다. coordinates 변수에 지리 좌표의 리스트가 저장되어 있다고 합시다. 그리고 좌표를 두 개 입력받아 어느 좌표가 집과 더 가까운지 알려 주는 closer_to_home 함수도 정의해 두었다고 합시다. 그러면 다음과 같은 코드로 좌표 리스트를 집과 가까운 순서에 따라 정렬할 수 있습니다.

```
sort(coordinates, closer_to_home)
```

정렬 함수 외에도 다양한 고차 함수가 있습니다. 프로그래밍을 하다 보면 데이터 집합에서 어떤 조건에 맞는 항목들만을 선별해야 하는 경우가 종종 있습니다. 함수형 프로그래밍 언어들은 범용 정렬 함수 sort와 유사한, 범용 선별 함수 filter를 제공합니다. 이 함수는 선별할 대상 항목들의 집합, 그리고 각 항목마다 남길지 버릴지를 판단하는 함수를 입력받습니다. 예를 들어, 수 리스트(numbers)에서 홀수만 남기고 짝수를 걸러 내려면, 코드를 다음과 같이 작성할 수 있습니다.

```
odd_numbers ← filter(numbers, number_is_odd)
```

이 코드에서는 filter 함수에 number_is_odd 함수를 전달했습니다. 이 함수는 수 하나를 입력받아 그 수가 홀수이면 True, 그렇지 않으면 False를 반환합니다. filter 함수는 전달받은 함수를 이용해, numbers의 각 항목을 남길지 버릴지 판단할 수 있습니다.

프로그래밍할 때 자주 하는 작업을 한 가지 더 생각해 봅시다. 어떤 함수를 리스트의 모든 항목에 적용하는 작업입니다. 함수형 프로그래밍에서는 이 작업을 맵map이라고 하며, map 함수를 따로 제공하는 언어도 많습니다. 이 함수를 이용하는 간단한 예를 생각해 봅시다. 수 하나를 입력받아 그 수의 제곱을 반환하는 함수 square가 정의되어 있다고 합시다. 그러면 임의의 수 리스트의 모든 요소를 각각 제곱한 리스트를 다음과 같이 구할 수 있습니다.

```
squared_numbers ← map(numbers, square)
```

맵과 선별은 프로그래밍에서 매우 자주 수행되는 작업입니다. 그래서 프로그래밍 언어 중에는 이런 작업을 더 간결하게 작성할 수 있도록 특별한 문법 양식을 제공하는 것들도 있습니다. 파이썬Python이 한 예인데요. 바로 위에서 구한 리스트의 모든 수를 각각 제곱한 리스트를, 파이썬에서는 map 함수를 사용하지 않고 다음과 같이 파이썬의 특별한 문법으로 표현할 수 있습니다.

```
squared_numbers = [x**2 for x in numbers]
```

이처럼 식을 더 간결하게 작성할 수 있도록 해 주는 부가적인 문법을, 간편 표기법syntactic sugar이라고 부릅니다. 많은 프로그래밍 언어가 다양한 형식의 간편 표기법을 제공합니다. 이들을 잘 알아 두고 활용합시다.

정렬·선별·맵에 이어서, 마지막으로 reduce 함수를 소개하겠습니다. 이 함수는 리스트에 저장된 값들을 하나의 결과로 축약하고 싶을 때 사용합니다. 이 함수는 인자로 리스트, 초깃값, 축약 함수를 입력받습니다. 함수 내부에서는 계산이 진행되는 동안 중간 결과를 저장하기 위해 누산자(accumulator)라는 변수를 사용합니다. reduce 함수가 실행되면, 전달된 초깃값으로 누산자가 초기화됩니다. 그리고 중간 계산 결과와 리스트의 각 항목을 축약 함수로 계산하여 그 결과를 누산자에 계속 누적합니다.[6] 다음은 이를 코드로 나타낸 것입니다.

```
function reduce(list, initial_val, func)
    accumulator ← initial_val
    for item in list
        accumulator ← func(accumulator, item)
    return accumulator
```

위와 같이 정의한 reduce 함수로 수 리스트의 합계를 구해 봅시다. 다음과 같이 두 수의 합을 반환하는 함수를 정의하고, 이 함수와 수 리스트를 reduce 함수에 인자로 전달하면 됩니다.

```
sum ← function(a, b): a + b
summed_numbers ← reduce(numbers, 0, sum)
```

reduce를 사용하면 코드를 간결하고 읽기 쉽게 작성할 수 있습니다. 이 함수를 사용하는 예를 하나 더 들어 보겠습니다. 다음은 문장들을 담은

---

[6] (옮긴이) 예를 들어, reduce 함수에 두 수의 합을 반환하는 함수, 초깃값 0, 수 리스트 [1,2,3,4]를 인자로 전달했다고 합시다. reduce 함수가 실행되는 동안 누산자 변수의 값은 **0(초깃값)**, 1(0+1), 3(1+2), 6(3+3), 10(6+10)으로 갱신됩니다. 그리고 누산자가 저장하고 있는 10이 함수의 실행 결과로 반환됩니다. 참고로 이 책에서는 별도의 누산자 변수를 이용했지만, 누산자를 사용하지 않고 재귀 방식으로 reduce 함수를 정의하는 경우도 많습니다.

리스트 sentences에서 모든 문장의 단어 수 합계를 계산하는 코드입니다.

```
wsum ← function(a, b): a + length(split(b))
number_of_words ← reduce(sentences, 0, wsum)
```

split 함수는 문자열을 나누어 단어 리스트를 만드는 함수이고, length 함수는 리스트에 포함된 항목의 수를 세는 함수입니다. 이 코드가 어떻게 동작할지 직접 생각해 보시기 바랍니다.

고차 함수는 함수를 입력받을 뿐 아니라, 자신의 실행 결과로서 새로운 함수를 생성해 출력할 수도 있습니다. 또, 어떤 값을 가리키는 참조를 자신이 생성해 낸 함수 속에 가두어 enclose 두는 것도 가능합니다. 이렇게 가두어진 영역을 클로저 closure(닫힘)라고 합니다. 클로저를 가진 함수는 클로저에 갇힌 값의 환경을 기억하고, 그 영역의 값에 접근할 수 있습니다.[7]

클로저를 사용하면 여러 개의 인자를 전달받는 함수의 실행을 여러 단계로 분할할 수 있습니다. 이 기법을 커리 curry[8]라고 합니다. 예를 들어, 프로그램에 다음과 같은 sum 함수가 있다고 합시다.

```
sum ← function(a, b): a + b
```

---

7 (옮긴이) 일반적으로 함수의 실행이 끝나면 함수의 실행 문맥(환경)이 소멸됩니다. 하지만 함수(A)가 실행 결과로 새로운 함수(B)를 반환했다면, 이 함수(B)는 자신이 생성된 문맥(A의 문맥)에 접근할 수 있어야 합니다. 이런 경우에는 함수를 만들어 낸 함수(A)의 실행이 끝났더라도 새로운 함수(B) 때문에 문맥(A의 문맥)이 소멸되지 않습니다. 이렇게 유지된 문맥과 이 문맥에 접근하는 함수를 클로저라고 부릅니다.

8 (옮긴이) 수학자 해스켈 브룩스 커리(Haskell Brooks Curry)의 이름에서 딴 용어입니다. 그의 이름은 대표적인 함수형 프로그래밍 언어인 하스켈(Haskell)의 이름에도 차용되었습니다.

위의 sum 함수는 두 개의 인자를 전달받습니다. 하지만 하나의 인자만으로도 호출될 수 있습니다. 그렇다면 sum(3)과 같이 함수에 인자를 필요한 것보다 적게 전달하여 호출하면 어떻게 될까요? 원래는 함수가 수를 결과로 반환하지만 이 경우에는 커리된 새 함수를 반환합니다. 그리고 함수에서 전달한 값 3을 가리키는 참조는 커리된 함수의 문맥에 갇힙니다. 다음 예를 살펴봅시다.

```
sum_three ← sum(3)
print sum_three(1)       # 출력: 4

special_sum ← sum(get_number())
print special_sum(1)   # 출력: get_number() + 1
```

위 코드에서 special_sum 함수를 생성할 때, get_number는 호출·평가되지 않습니다. get_number 함수를 가리키는 참조는 special_sum 속에 갇힙니다. get_number 함수는 special_sum 함수를 평가할 때만 호출됩니다. 이를 느긋한 계산법lazy evaluation이라 하며, 함수형 프로그래밍 언어의 주요 특징 가운데 하나입니다.

동일한 틀을 공유하는 비슷한 함수들을 여럿 만들어야 할 때도, 클로저를 활용할 수 있습니다. 함수 템플릿 기법인데요, 이 방법으로 코드의 가독성을 높이고 중복을 줄일 수 있습니다. 다음 예를 살펴보세요.

```
function power_generator(base)
    function power(x)
        return power(x, base)
    return power
```

이렇게 정의한 power_generator 함수는 어떤 지정된 수를 밑수로 하여 거듭제곱을 계산하는 다양한 함수를 생성해 줍니다.

```
square ← power_generator(2)
print square(2)    # 출력: 4

cube ← power_generator(3)
print cube(2)      # 출력: 8
```

power_generator 함수가 반환하는 함수 square와 cube는 base 변수의 값을 유지합니다. 이 변수는 power_generator의 실행 문맥에서만 존재했습니다. 그런데 반환된 함수들은 power_generator와 완전히 독립적으로 존재하면서도 그 문맥에 접근할 수 있습니다. 이처럼 클로저(함수)는 자신의 환경 밖의 변수에 접근할 수 있습니다.

클로저는 어떤 함수의 내부 상태를 관리하는 데도 사용될 수 있습니다. 함수가 실행될 때마다 전달받은 모든 수들의 합을 계속 누적하는 함수가 필요하다고 가정해 봅시다. 전달된 수를 계속 누적하기 위해서는 함수가 종료된 뒤에도 값을 기억해야 합니다. 즉, 함수의 실행 문맥 밖에 있는 변수에 값을 저장해야 합니다. 이를 수행하기 위해서 쉽게 떠올릴 수 있는 방법은 전역 변수를 사용하는 것입니다. 전역 변수를 사용하면 다음과 같이 코드를 작성할 수 있습니다.

```
GLOBAL_COUNT ← 0
function add(x)
    GLOBAL_COUNT ← GLOBAL_COUNT + x
    return GLOBAL_COUNT
```

하지만 앞서 말했듯이 전역 변수는 프로그램의 이름공간을 더럽히기 때문에 사용하지 않는 편이 좋습니다. 이름공간을 청결하게 유지하는 방법은 없을까요? 클로저를 이용해 누산자 변수의 참조를 함수에 삽입하도록 하면 됩니다. 다음 코드를 보세요.

```
function make_adder()
    n ← 0
    function adder(x)
        n ← x + n
        return n
    return adder
```

이렇게 누산 함수를 생성하는 함수를 정의해 두면, 전역 변수를 전혀 사용하지 않고도 여러 개의 누산 함수를 만들 수 있습니다. 다음은 이 함수를 이용해 누산 함수를 생성하고 사용하는 예입니다.

```
my_adder ← make_adder()
print my_adder(5)   # 출력: 5
print my_adder(2)   # 출력: 7    (5 + 2)
print my_adder(3)   # 출력: 10   (5 + 2 + 3)
```

패턴 부합

함수형 프로그래밍에서는 수학 함수를 정의하듯이 프로그램을 위한 함수를 정의할 수 있습니다. 수학 함수를 정의하는 것은, 함수가 입력에 따라 어떤 값을 내놓아야 하는지를 기술하는 것입니다. 예를 들면, 수학에서 계승 함수는 아래와 같이 정의하지요. 이 정의를 통해 입력된 수에 맞는 식에 따라서 알맞게 계산할 수 있습니다.

$$0! = 1,$$
$$n! = n(n-1)!$$

함수형 프로그래밍에서도 이러한 패턴을 인식하는 절차, 패턴 부합pattern

matching을 활용할 수 있습니다. 패턴 부합을 이용하면 코드를 다음과 같이 간결하게 작성할 수 있습니다.

```
factorial(0): 1
factorial(n): n × factorial(n - 1)
```

똑같은 함수를 명령형 프로그래밍 패러다임으로 작성하면 다음과 같은 형태가 됩니다.

```
function factorial(n)
    if n = 0
        return 1
    else
        return n × factorial(n - 1)
```

여러분이 보시기에는 어느 코드가 더 간결하고 명확한지요? 저는 항상 함수형 방식을 따르고 싶습니다.

프로그래밍 언어 중에는 모든 코드가 순수한 수학 함수와 동등한 **엄격한 함수형 언어**도 있습니다. 이런 언어는 코드의 동작이 프로그램의 상태에 따라 달라지는 것을 방지합니다. 이것은 시간의 흐름에 따라 프로그램의 동작이 달라지는 것을 방지하는 것이기도 합니다. 이런 언어에서는 모든 값을 불변 변수에 대입합니다. 이를 **단변 대입**single assignment이라고 합니다. 프로그램의 상태가 존재하지 않으므로 변수가 변할 필요도 없는 것이죠. 엄격한 함수형 패러다임에서는 함수와 패턴 부합을 평가하는 것만으로 모든 프로그램을 정의합니다.

논리형 프로그래밍

여러분이 다루는 어떤 문제가 여러 논리식 속에서 조건에 맞는 해를 구하는 것이라면, 논리형 프로그래밍logic programming을 사용할 수 있습니다. 논리형 프로그래밍에서 프로그래머가 할 일은 어떤 상황에 대한 논리 명제(1.2절)들을 작성해 두는 것입니다. 이렇게 논리 모델을 만들어 둔 후에는 질의문을 작성해 답을 얻을 수 있습니다. 논리 변수와 질의를 해석하는 것은 컴퓨터가 알아서 처리해 줍니다. 또한, 컴퓨터는 명제를 만족시키는 해의 범위solution space(해공간)를 생성하여 질의문에서 모든 명제를 만족시키는 해를 탐색해 주기도 합니다.

논리형 프로그래밍 패러다임의 가장 큰 장점은 프로그램의 크기가 매우 작다는 것입니다. 프로그래머가 컴퓨터에 전달해야 하는 것은 사실·명제·질의문이 전부입니다. 최적의 방법을 택하여 해의 범위를 탐색하고 결과를 구하는 것은 컴퓨터의 몫입니다.

논리형 패러다임은 주류 프로그래밍에서는 잘 사용되지 않습니다. 하지만 인공지능이나 자연어 처리를 다룬다면 꼭 살펴봐야 합니다.

장을 마치며

다양한 프로그래밍 기법이 진화하면서 새로운 프로그래밍 패러다임들도 속속 등장했습니다. 덕분에 프로그램 코드는 표현력도 더 풍부해지고 형태도 우아해질 수 있었습니다. 여러분이 다양한 프로그래밍 패러다임을 배울수록 더 훌륭한 코드를 작성할 수 있게 될 것입니다.

이 장에서는 프로그래밍 언어와 패러다임의 진화를 살펴봤습니다. 초창기의 프로그래밍은 0과 1을 메모리에 직접 입력하던 원시적인 방식이었습니다. 이것이 꿈틀꿈틀 진화하여 어셈블리 코드를 작성하는 방식이 나왔습니다. 이어서 루프·변수와 같은 제어 구조가 확립되었고, 프로그래밍은 좀 더 쉬운 일이 되었습니다. 또한, 함수(프로시저)를 사용함으로써 코드를 좀 더 효과적으로 조직할 수 있게 되었습니다.

선언형 프로그래밍 패러다임의 일부 요소도 살펴보았습니다. 이들은 주류 프로그래밍 언어에서도 점차 활용이 증가하는 추세이므로, 잘 알아두도록 합시다. 마지막으로, 비교적 한정된 분야에서 선호되는 논리형 프로그래밍 패러다임도 소개했습니다.

앞으로 어떠한 새로운 프로그래밍 언어를 마주했을 때 피하지 말고 도전해 보시기 바랍니다. 모든 프로그래밍 언어에는 그만의 장점이 있습니다. 자, 소매를 걷어 올리고 코드를 작성해 봅시다!

참고자료

- 『Essentials of Programming Languages』, 다니엘 P. 프리드만 저 – *https://code.energy/friedman*
- 『코드 컴플리트 Code Complete』, 스티브 맥코넬 저 – *https://code.energy/code-complete*

맺으며

붓과 물감을 연구한다고 숙련된 화가가 되는 것은 아니듯이, 컴퓨터과학 교육을 받는 것만으로 숙련된 프로그래머가 될 수 없다.

– 에릭 레이먼드 *Eric Steven Raymond*

이 책은 컴퓨터과학에서 가장 중요한 주제들을 매우 간결하게 다뤘습니다. 실력 있는 프로그래머라면 최소한으로 알아 두어야 할 정도의 수준이지요.

이 책에서 얻은 지식 가운데 좀 더 흥미를 느끼는 주제가 있다면, 그 분야를 더 깊게 학습해 보시기 바랍니다. 도움이 될 수 있도록 각 장마다 마지막에 유용한 참고자료의 링크를 실었습니다.

컴퓨터과학에서 중요한 주제지만, 이 책에는 미처 포함하지 못한 것들도 있습니다. 예컨대, 지구 전체를 연결하는 네트워크(인터넷)에서 컴퓨터들이 서로 신뢰성 있게 소통하려면 어떻게 해야 하는지, 여러 개의 프로세서가 협동하여 하나의 계산 작업을 빠르게 해결하려면 어떻게 해야 하는지에 관한 것들입니다. 객체지향 프로그래밍이라는 매우 중요한 프로그래밍 패러다임도 싣지 못했습니다. 이러한 빈틈은 다음에 책을 낸다면, 다루어 볼까 합니다.

 이 책에서 읽은 내용을 온전히 학습하기 위해서는 프로그램을 작성해 보아야 합니다. 프로그래밍 언어로 기초적인 작업을 배우는 동안은 프로그래밍이라는 활동이 도대체 어디에 써먹을 수 있는 것인지 알기 힘들기도 합니다. 하지만 일단 기본 사항을 배운 뒤에는 엄청난 보상이 뒤따릅니다. 그러니 컴퓨터 앞에 앉아 코드를 작성하시기 바랍니다.

 『한 권으로 그리는 컴퓨터 과학 로드맵』은 제가 쓴 첫 책입니다. 읽을 만하게 나왔는지 모르겠군요. 이 책에 대한 의견을 보내 준다면 매우 큰 도움이 될 것입니다. 어떤 점이 좋았는지, 어떤 부분이 헷갈리는지, 더 개선할 점이 있는지 등등에 대해서 hi@code.energy로 한마디 남겨 주세요.

부록

I 기수법

컴퓨터가 하는 모든 계산은 결국 수를 대상으로 하는 연산입니다. 모든 정보는 수로 표현될 수 있기 때문입니다. 예컨대, 문자의 집합을 수의 집합에 대응시킬 수 있습니다. 그 덕분에 수를 이용해 글을 쓰는 것이 가능합니다. 또, 색은 빨강·파랑·초록 세 광원의 강도의 조합으로 나타낼 수 있습니다. 세 광원의 강도를 수로 나타내면, 색을 수로 표현할 수 있습니다. 그리고 이 색들을 이용해 색깔 있는 정사각형을 모자이크식으로 조합하면 이미지를 구성할 수 있습니다. 따라서 이미지 역시 수로 표현이 가능합니다.

I, II, III, …으로 수를 나타내는 로마 숫자를 아실 겁니다. 이처럼 고대의 수 체계는 나열한 숫자를 모두 더하는 방식으로 이루어졌습니다. 오늘날의 수 체계 역시 나열한 숫자를 모두 더하는 방식입니다. 하지만 그냥

더하지는 않죠. 우리가 사용하는 수 체계에서는, 숫자들을 더하기 전에 i 번째 위치의 숫자 값을 d의 i승만큼 곱한 뒤에 더합니다. 여기서 d는 수 체계를 구성하는 숫자의 개수인데, 이를 기수라고 부릅니다. 인간의 손가락이 열 개다보니, 흔히 $d = 10$을 사용하지요. 하지만 위치 기수법은 d가 어떤 수가 되든 잘 동작합니다.[1]

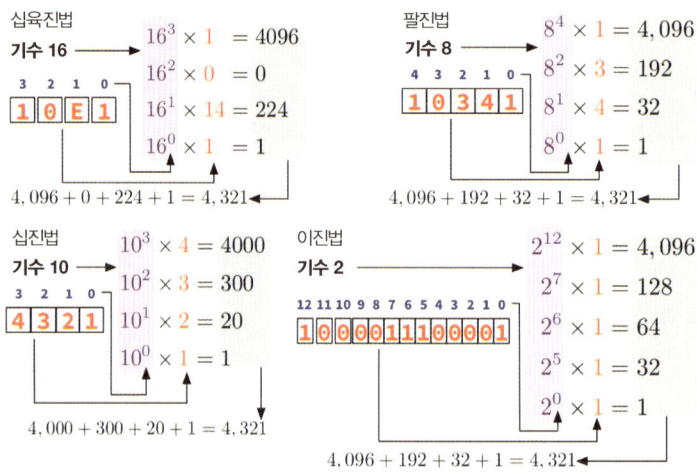

그림 10.1 십진수 4,321을 다양한 기수로 표현하기

II 가우스의 계산법

수학자 가우스가 초등학생 시절, 선생님은 가우스에게 1부터 100까지의 모든 자연수의 합을 계산하라고 시켰습니다. 시간이 한참이나 걸리는

---

[1] (옮긴이) d가 2 이상이어야 합니다. 일진법은 위치 기수법에 해당되지 않습니다.

귀찮은 숙제를 별로 냈던 것이죠. 그런데 가우스는 몇 분도 지나지 않아 5,050이라는 정답을 선생님께 들고 갔습니다. 선생님은 깜짝 놀랐죠. 가우스가 이렇게 빠르게 답을 구할 수 있었던 요령은 다음과 같습니다. 계산할 수열과 그 수열을 거꾸로 뒤집은 것을 나란히 배열하여, 각 요소를 모두 더합니다. 이것을 모두 더하면 원래 수열의 합의 두 배가 됩니다.

$$2 \times \sum_{i=1}^{100} i = (1+2+\cdots+99+100) + (1+2+\cdots+99+100)$$
$$= \underbrace{(1+100) + (2+99) + \cdots + (99+2) + (100+1)}_{100쌍}$$
$$= \underbrace{101 + 101 + \cdots + 101 + 101}_{100번 더합니다 (곱하기 100)}$$
$$= 10,100$$

이렇게 수열의 두배를 모두 합하고, 다시 2로 나누면 5,050이라는 답을 구할 수 있습니다. 이 재배열 방법을 식으로 나타내면 $\sum_{i=1}^{n} i = \sum_{i=1}^{n}(n+1-i)$이 됩니다.[2] 이를 활용하면 다음과 같이 일반식을 정리할 수 있습니다.

$$2 \times \sum_{i=1}^{n} i = \sum_{i=1}^{n} i + \sum_{i=1}^{n}(n+1-i)$$
$$= \sum_{i=1}^{n}(i+n+1-i)$$
$$= \sum_{i=1}^{n}(n+1)$$

Ⅱ 가우스의 계산법

위의 정리 과정에서 마지막을 보면, 시그마에서 합하는 수에 i가 없습니다. 그러므로 각 i번째 계산마다 i의 값에 관계없이 $(n+1)$을 더하기만 하면 됩니다. 그리고 이런 덧셈을 n회만큼 수행해야 합니다. 최종적으로 다음 공식을 유도할 수 있습니다.

$$\sum_{i=1}^{n} i = \frac{n(n+1)}{2}$$

III 집합

어떤 사물의 모음을 가리킬 때 우리는 **집합**이라는 용어를 사용합니다. 예를 들어, 원숭이 얼굴 이모티콘의 집합 S를 다음과 같이 표기할 수 있습니다.

$$S = \{\text{🐵}, \text{🙈}, \text{🙉}, \text{🙊}\}$$

부분집합

어떤 집합이 다른 집합 속에 들어있는 경우, 그 집합을 **부분집합**이라고 합니다. 예를 들어, 손과 눈이 보이는 원숭이의 집합은 $S_1 = \{\text{🙈}, \text{🙉}\}$입니다. S_1의 모든 원숭이는 S에 포함됩니다. 이것을 $S_1 \subset S$와 같이 표기합니다. 한 집합은 여러 개의 부분집합을 가질 수 있습니다. 손과 입이 보이는 원숭이를 또 다른 부분집합 $S_2 = \{\text{🙈}, \text{🙊}\}$로 묶을 수 있습니다.

---

2 (옮긴이) n이 100이라고 할 때, 좌변은 1 이상 100 이하의 자연수의 합계, 우변은 100 이하 1 이상의 자연수의 합계입니다. 즉, 동일한 수열의 합계를, 더하는 순서만 뒤집은 것입니다.

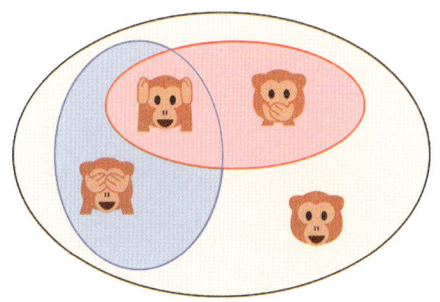

그림 10.2 S_1과 S_2는 S의 부분집합입니다.

합집합

S_1 또는 S_2에 속하는 원숭이는 어느 원숭이들인가요? S_3 = { 🙈, 🙊, 🙉 } 에 속하는 원숭이들입니다. 이렇게 두 집합의 원소들을 합한 집합을, 두 집합의 **합집합**이라고 합니다. 합집합은 $S_3 = S_1 \cup S_2$와 같이 표기합니다.

교집합

S_1과 S_2 둘 다에 속하는 원숭이는 어느 원숭이인가요? S_4 = { 🙊 }에 속하는 원숭이입니다. 이렇게 두 집합에 공동으로 포함된 원소의 집합을 두 집합의 **교집합**이라고 합니다. 교집합은 $S_4 = S_1 \cap S_2$와 같이 표기합니다.

멱집합

S_3과 S_4는 둘 다 여전히 S의 부분집합입니다. 그리고 $S_5 = S$와 공집합(원소가 없는 집합) S_5 = {}를 생각해 보면, 이들 역시 S의 부분집합입니다. S는 총 $2^4 = 16$개의 부분집합을 만들 수 있습니다. 이 부분집합들을 하나의 집합으로 모을 수 있습니다. 이렇게 구한 S의 모든 부분집합의 집

합을 **멱집합**이라고 합니다.

$$P_S = S_1, S_2, \cdots, S_{16}$$

IV 케이든의 알고리즘

다음은 3.3절에서 소개한 최적 거래 문제입니다.

> **최적 거래 문제**
> 일정 기간 동안의 금 가격이 주어져 있다. 이 기간 중 며칠에 금을 사고 며칠에 금을 팔았을 때 이윤을 최대화할 수 있는지 알고 싶다. 금을 사고 파는 최적의 두 날짜를 구하라.

3.7절에서 이 문제를 $O(n)$ 시간 복잡도와 $O(n)$ 공간 복잡도로 해결하는 알고리즘을 소개했습니다. 이 알고리즘은 1984년 제이 케이든(Jay Born Kadane)이 발견했는데, 그는 당시 이 문제를 $O(n)$ 시간 복잡도와 $O(1)$ 공간 복잡도로 해결하는 방법도 함께 소개했습니다.

```
function trade_kadane(prices):
    sell_day ← 1
    buy_day ← 1
    B ← 0
    for each s from 2 to prices.length
        if prices[s] < prices[buy_day]
            B ← s
        profit <- prices[s] - prices[B]
        if profit ≥ best_profit
            sell_day ← s
            buy_day ← B
            best_profit ← profit
```

```
    return (sell_day, buy_day)
```

이 방법이 가능한 것은 모든 날짜 입력마다 최적 구입일을 저장할 필요가 없기 때문입니다. 각 시점에서 발견된 최적 판매일에 대한 상대적인 최적 구입일만 저장하면 됩니다.

콜로폰

이 책의 원서는 XeLaTeX(도널드 커누스의 TeX 시스템을 위한 서식 설정 프로그램)로 제작하였습니다. 원서에서는 Charter(18세기 피에르 사이먼 푸르니에의 글씨를 바탕으로 매튜 카터가 1987년에 디자인한 서체)를 기본 서체로 사용했고, 그 외에도 Source Code Pro, Source Sans Pro, Calendas Plus 서체를 사용했습니다.

이모티콘 😋은 트위터가 관리하는 오픈 소스 프로젝트인 트위모지 Twemoji를 사용했습니다.

원서의 표지 그림은 찰스 배비지가 고안한 해석기관의 1845년 도면을 활용한 것입니다. 해석기관은 인간이 설계한 최초의 프로그래밍 가능한 계산기입니다.